金庸传

何 南 著

中国商业出版社

图书在版编目（CIP）数据

金庸传 / 何南著. —北京：中国商业出版社，2015.1

ISBN 978-7-5044-8828-2

Ⅰ.①金… Ⅱ.①何… Ⅲ.①金庸—传记 Ⅳ.①K825.6

中国版本图书馆 CIP 数据核字 (2015) 第 011434 号

责任编辑：王　彦

中国商业出版社出版发行

0010 - 63033100　www.c-cbook.com

(100053　北京广安门内报国寺 1 号)

新华书店总店北京发行所经销

三河市天润建兴印务有限公司

* * * * *

710毫米×1000毫米　1/16 开　　印张：20　　千字：200千字

2015 年 1 月第 1 版　2015 年 1 月第 1 次印刷

定价：39.80 元

* * * *

（如有印装质量问题可更换）

目 录

第一章　人杰地灵袁花镇　群星闪耀一查家 …………… 1

　　袁花·查家 ………………………………………… 3
　　"奇创之才"：查慎行 ……………………………… 6
　　其心如丹：查文清 ………………………………… 11
　　迟到的平反：查枢卿 ……………………………… 14
　　查氏·疗伤与成长 ………………………………… 18
　　大侠金庸 …………………………………………… 21
　　金庸，是一种现象 ………………………………… 24

第二章　江湖浪迹有云志　足迹深浅为书香 …………… 29

　　镛者，大钟也 ……………………………………… 31
　　小儿郎，上学堂 …………………………………… 33
　　书香浸透的时光 …………………………………… 37
　　南湖·碧湖 ………………………………………… 41
　　母丧，尖利的疼痛 ………………………………… 45
　　惹祸的"阿丽丝" …………………………………… 48
　　千里求学路 ………………………………………… 53
　　从重庆到杭州 ……………………………………… 59

第三章　妙思生花赖鹰眼　入木三分有椽笔 …………… 65

　　累并快乐着 ………………………………………… 67
　　香港，我来了 ……………………………………… 70
　　梦醒时分 …………………………………………… 73

姚馥兰与林欢 ················· 76

手谈，与梁羽生 ················· 78

别了，《大公报》················· 82

"长城"，聚散太匆匆 ················· 84

《明报》：画眉深浅入时无？················· 87

夹缝中 ················· 90

《明报》之明 ················· 92

第四章　数段才子佳人梦　一怀东海浮槎心 ················· 97

前尘梦影 ················· 99

夏梦，仲夏迷梦 ················· 101

爱情的颜色 ················· 104

其乐如饴 ················· 107

最深的伤 ················· 109

佛与棋 ················· 111

第五章　才情似海非偶然　剑气如虹铸乾坤 ················· 117

书剑恩仇露锋芒 ················· 119

三剑客 ················· 124

争看《射雕》处，千里暮云平 ················· 127

狐影满雪山 ················· 131

"师生恋"的古代版本 ················· 134

"外传"，果在孙山外？················· 137

谈笑间，倚天屠龙 ················· 139

天龙几部，魅力连城？················· 141

恼人侠客，石破天惊 ················· 145

非常时期，笑熬浆糊 ················· 147

鼎定乾坤封笔时 ················· 150

痛下杀手为哪般 ················· 153

4

第六章 雪泥有痕非吾意 润物无声正当时 ……………… 157

- 百变"金庸" …………………………………… 159
- 1元的特惠广告 ………………………………… 162
- "金"字招牌 …………………………………… 165
- 作家富豪 ………………………………………… 169
- 口水横飞的2009 ……………………………… 170
- 教科书，谁的后花园 …………………………… 174
- 云、松、书，舍了 ……………………………… 177
- "金学"新释义 ………………………………… 179

第七章 商海浮沉侠客行 《明报》长明耀香江 …… 185

- 撰写社评 ………………………………………… 187
- 辱骂和恐吓，都是战斗 ………………………… 190
- 那个叫"明报"的家族 ………………………… 193
- 《明报》被卖，祸耶福耶？ …………………… 197
- 《明报》：品海之后见晓卿 …………………… 200

第八章 头上光环已无数 阅尽荣辱是达人 ………… 205

- 牛津，牛气之津 ………………………………… 207
- 有所思，乃在北国春 …………………………… 209
- 对谈也"疯狂" ………………………………… 215
- 浙大，梦想终成真 ……………………………… 216
- 有颗星，叫金庸 ………………………………… 218
- 尴尬人难免尴尬事 ……………………………… 220
- 金庸江湖深似海 ………………………………… 222
- "朔迷"与"金迷"之争 ……………………… 228
- 放下无求心自在 ………………………………… 233
- 挑战，从斜刺里杀来 …………………………… 235
- 剑桥：放下剑，拿起书 ………………………… 240

第九章　高山流水有雅客　沧海月明是学人 ········· **243**

　　诤友：董千里 ················· **245**
　　慧星·彗星：古龙 ················ **247**
　　腻友：倪匡 ·················· **251**
　　散文大家：董桥 ················ **257**
　　老小孩：黄霑 ················· **261**
　　真潇洒者：蔡澜 ················ **265**
　　"明月"耀明：潘耀明 ·············· **267**
　　读武侠的学者：严家炎 ············· **270**
　　横跨"红学""金学"：冯其庸 ·········· **272**

第十章　红雨随心翻作浪　青山着意化为桥 ········· **275**

　　香港，永远的家园 ··············· **277**
　　大陆，梦里的故乡 ··············· **281**
　　台湾，美丽的期待 ··············· **285**

第十一章　情到深处最动人　儿慧女娇有天伦 ········ **291**

　　"忘年爱情"经营术 ··············· **293**
　　美食"八袋弟子"：查传倜 ··········· **295**
　　丹青缘于心灵：查传讷 ············· **297**
　　晚年，不晚点 ················· **299**

尾　声 ······························ **301**

第一章
人杰地灵袁花镇 群星闪耀一查家

浙江海宁,自古以来便是一个盛产名人的地方,而海宁美丽的袁花镇,更有一个历久不衰的名门望族——查氏家族。一代武侠小说大师——金庸就是这个家族的成员。金庸的远祖是清代著名诗人查慎行,族兄查良铮、爱国实业家查济民、著名教育家查良钊亦是这个家族的杰出代表。

袁花·查家

袁花镇位于浙江海宁市东南部，是海宁三大中心镇之一，全国首批绿化造林"百佳"乡镇、省级绿色小城镇、海宁市首家省级卫生城镇。

袁花镇是典型的江南水乡：毛竹山①虽不甚高，但多了几分灵秀，花溪水潺潺向前，若素手轻拂琴弦。乡间小道弯弯曲曲，伸向幽静纵深处，浑若诱人前往；满眼桑林茂密葱茏，风脚轻柔踏过，声响若耳畔低语。云淡天高，空气清新；白墙黛瓦，环境古幽。未见行人往来，已闻笑声隐约。龙头烟雨，王气隐隐可见；西阡早梅，异香携春而来。前木桥渔唱声声，令人模糊了时空；峒腔山红叶殷殷，每一片都有故事。黄道远眺，顿生胸阔天低之感；石壁听经，忽觉心灵已被净化。赏东林残雪，人世间一切奇妙都会释然；观更楼晓月，时光如流水的声音便清晰可闻。妙果山庄，新竹万竿感恩造化生万物；龙竹坟畔，诗词歌赋都化作沉默无声。龙尾山云蒸霞蔚，所有美景原是无心之举；崇教寺美女照镜，后来人看不尽绝代风华。身置其中，让人不由觉得自己俨然是《桃花源记》中的武陵人。

袁花的环境之美自不待言。

袁花，其名最早见于785年（唐贞元元年）的《张希超墓志铭》，名"袁花里"。旧时，袁花被称作园花、花园，或者称作元化、袁化。袁花旧有崇教寺，原是南北朝梁江州长史戚衮的宅基，宅后皆山，相传为戚夫人莳花处，袁花

---

① 毛竹山，即龙山，也叫龙尾山、妙果山、城隍山、袁花山。《海宁州志稿》记载："龙尾山，旧名袁花山，在县东六十里，上有小山城，袁花山即妙果山之尾……"清代邑人马庆蓉《花溪山水记》："……整襟跃坐于万家屋角眉黛者，妙果也。修竹插天，寒绿倒泻，赭石隐苔藓中欲出不出……"因为山上满是毛竹，袁花人唤作毛竹山。

（园花）之名源于此。① 其别名则极富诗意，曰百花溪或者花溪。从此，袁花之美渐渐为人所知。

然而，真正令袁花"艳名"远播的，并非其美景，而是查家。

查，出自姬姓，鼻祖为姬延②，数千年来，名人辈出，辉煌耀世。岁月的巨轮沉重地碾过，至公元1357年（元至正十七年），世代居于徽州婺源（现属江西省）③的查家后人查瑜为避战乱，挈妇将雏，居无定所，四处漂泊。心内凄惶如斯，若前方再无道路，幼儿啼饥号寒，何时才能安身？偶然的机会里，经友人介绍，查瑜有缘到海宁袁花镇一户人家当了"家庭教师"。但不久他便惊喜地发现，袁花镇竟然像极了其故乡婺源——有山有水，有树有花，空气纯净，土地膏腴，民风淳朴，让人顿生留恋之意。且袁镇所属的海宁与查家祖籍休宁的旧称相同。④ 更令查瑜欣喜的是，袁花与婺源竟然合了"龙凤呈祥"的吉兆：海宁有座龙山，婺源有个凤山岗。于是，浙江海宁查家的第一代人物查瑜便举家定居于这片"龙凤宝地"，"勤恳耕作，敦睦乡里"。

---

① 引自《海昌备志》，钱泰吉纂修。

② 查姓家谱记载："一世，延，号东安。本姬姓，周惠王时肇封于查，以邑为姓"，"同……本姓姬，同生延，封查邑，以邑为氏，故延为一世祖"。（引自查德祥《查氏渊源之我见》）查姓相传是由先秦时期的齐国再分封而来的姓氏。齐国原是由炎帝后裔建立的国家，开国君主姜尚，又称吕尚……自他数代至顷公，约生活在春秋中期，有子数人，对他们进行再分封，其中的一人被分封于楂（今址不详），成为齐国的诸侯国之一。再后来，这位被分封于楂的诸侯王的后代便以封地的名称为姓，姓楂，或者进而简化为查……相传查姓还有一个来源，即与春秋时楚国被分封于柤（今湖北南漳西）。由于其封地的名称也写作查，他也被认为是查的封主。以后，他的后代也以封邑的名称为姓，姓查。（引自查文海《查姓溯源初探》）一、出自姬姓说。受姓鼻祖是春秋时鲁庄公之子姬延，号东安（一说是东周末代国王姬延，即周报王）；二、出自姜姓说。该说法比较典型，流传较广泛；三、出自芈姓说。但说法又略有不同。一说"公族大夫（芈姓）食邑于查"，一说"诸侯（芈姓？）分封于查"。故址都说是"湖北南漳西"。对于以上"三说"的探讨，产生了两种不同的结论和观点，可概括表述为："一源"观，即查姓源自姬姓，始祖是鲁庄公之子姬延，号东安，现在散居在全国甚至世界各地的汉族查姓同根共祖——天下查姓是一家；"多源"观，即现在汉族的查姓，来自不同的源头，是多始祖、多源姓的混合。（引自崇兰《查姓书简》，小说阅读网。）

③ 1995年2月，查良镛在给浙源查传宦的信中称其为"传宦族侄"，并对他说："据长辈所言，我家的确于早年自婺源迁浙江海宁，故我们应是本家。"

④ 吾查之先，以地为氏。下迄唐宋而族大于新安，后之分迁各派咸以新安为宗，则《新安统谱》之原始即为迁派之原始矣。但中间有休（宁）、婺（源）分支，而我海宁又分支下之迁支。（引自《海宁查氏族谱·查克敏按》）休宁，在隋朝名为海宁，隋开皇十八年，各取"休阳"、"海宁"中一字，改"海宁"为休宁。

从此，查家不仅借袁花镇这块风水宝地繁衍生息，"以儒为业，诗礼传家"，成为赫赫大族，并为规模不大的袁花镇平添了无数传奇。

1490年（明弘治三年），海宁查家的第五代后人查焕高中进士，成为查家登科甲的第一人。从此，一发而不可收，在明朝最令人瞩目的盛事是查秉彝、查志立、查允元祖孙三代连中进士。

到了清朝康熙年间，查氏家族进入全盛时期，人丁逾300人，计有十多人考取进士，5人入翰林院，因此有了"一门十进士，兄弟五翰林"之美誉，其中查嗣琏（查慎行）、查嗣瑮、查嗣庭亲兄弟三人同为翰林院编修。更让查氏家族世代为之荣耀的是，陪康熙皇帝在南书房念书并成为近侍的查昇，被御赐"澹远堂"匾额和"唐宋以来巨族，江南有数人家"楹联。此后，康熙帝陆续为查家题写了"敬业堂"、"嘉瑞堂"的匾额，隆隆皇恩，山高海阔，浩浩宠幸，至此无极。放眼普天之下，似查家这般尊荣的家族，一时无两。

经过明末清初"《明史》案"[①]的虚惊和雍正时"江西科场案"[②]的血腥之后，在数次惊魂甫定之后，查家的后人渐渐熄灭了对官场仕途的渴望，转而一心向学。于是，曾经一度站在政治前沿任风吹浪打的查家，从此远离了官场的风云变幻与尔虞我诈，得到了翰墨馨香的濡染，这不唯是因祸得福，而且泽被后世了。

---

① 明末清初，浙江一户姓庄的大户人家编了本《明史辑略》，请了16位名士帮忙修订。查继佐也收到了邀请，但他生性谨慎，并未答应。书成之后，为了扩大名气，庄家自作主张，将查继佐的名字列在修订者之中。此书大量刊印，流传甚广。清初权臣鳌拜以书中有"讽刺朝廷"的内容为由，下令彻查，杀戮上百人，查继佐以"大逆罪"被判腰斩。幸好之前查继佐早早地就上书浙江官员，声明自己并不知情，再加上与康熙关系密切，几经周折，他才被放出来，海宁查家侥幸免罪。

② 本章第2节对此有详细介绍。

"奇创之才"：查慎行

清朝是一个非常另类的朝代：入关之后，既有胜利后守成的雄心豪情，又有面对数量庞大的汉人的不自信；既有学习汉文化、重用汉人的愿望与胸襟，又有非我族类、其心必异的疑惧。这复杂的心态决定了清朝自尊、自大和自卑、自封交织的治国心理。在这样的"扭曲"心理下，查慎行和许许多多有才、有志向、有个性的汉臣们的生存空间是逼仄的，供他们呼吸的空气是稀薄的。

从某种意义上说，没有这样的恶劣环境，没有查慎行等人的遭遇，就没有查氏家族后世的辉煌。

查慎行，原名查嗣琏，字夏重，生于1650年，是比金庸高九代的远祖。《清史稿》上有他200多字的列传——

> 查慎行，字悔余，海宁人。少受学黄宗羲。于经邃于易。性喜作诗，游览所至，辄有吟咏，名闻禁中。康熙三十二年，举乡试。其后圣祖东巡，以大学士陈廷敬荐，诏诣行在赋诗。又诏随入都，直南书房。寻赐进士出身，选庶吉士，授编修。时族子升以谕德直内廷，宫监呼慎行为老查以别之。帝幸南苑，捕鱼赐近臣，命赋诗。慎行有句云："笠檐蓑袂平生梦，臣本烟波一钓徒。"俄宫监传呼"烟波钓徒查翰林"。时以比"春城寒食"之韩翃云。充武英殿书局校勘，乞病还。坐弟嗣庭得罪，阖门就逮。世宗识其端谨，特

许于归田里，而弟嗣瑮谪遣关西，卒于戍所。①

查慎行是清初诗坛的代表作家，是"清代六家之一"。查慎行一生作诗1万多首，几乎平均每天一首，数量也与陆游相当。

查慎行5岁"始入小学"，6岁"通声韵，工属对"，10岁时因作《武侯论》而名传乡党，19岁"读书于武林吴山，从慈溪叶伯寅先生学"，23岁应童子试。

从1679年开始，30岁的查慎行追随同乡人、时任贵州副抚的杨雍建讨伐吴三桂残部，远征云南。沸腾的军旅生活开拓了查慎行的视野，生死悬于一线间的考验磨炼了其心灵，饱满的感情充盈于他笔下，促使他写出了大量格调昂扬、意境清新的诗歌。

回京以后，查慎行进入相国纳兰明珠家，成为纳兰性德②弟弟的家教，又因为这个身份使他的人生发生重大转折。

1689年（康熙二十八年），康熙的孝懿仁皇后佟佳氏薨，当时京城正盛演洪昇的《长生殿传奇》，查慎行一时忘记了"国丧"期间不准从事娱乐活动的禁令，与洪昇、赵执信等文人朋友喝酒、观剧，被人告发。结果，洪昇被革除国子监籍、下刑部狱，同时被革职的还有侍读学士朱典、赞善赵执信、台湾知府翁世庸等人，查慎行则被逐出京城。时人有"可怜一夜《长生殿》，断送功名到白头"之句。痛定思痛之后，查慎行改其名"嗣琏"为"慎行"，改其字"夏重"为"悔余"，以告诫自己要谨言慎行、切莫再做莽撞之事。为此，查慎行还写一首诗给赵执信："竿木逢场一笑成，酒徒作计太憨生。荆高市上重相见，摇手休呼旧姓名。"

从此，在相当长的一段时间里，查慎行过起了"漫游生活"，他一方面

---

① 引自《清史稿·卷四百八十四·列传二百七十一》

② 纳兰性德（1655－1685），字容若，号楞伽山人，清代最为著名的词人之一。纳兰明珠长子，一生淡泊名利、善骑射、好读书，词以"真"字取胜，长于写情。著有《纳兰词》。

游历江湖，饱览名山大川之瑰丽，结交好友，极尽潇洒之能事，陶醉于风物，诉诸诗文之中；另一方面，仍然想重入京师，大隐隐于朝，光宗耀祖。

然而，长达15年的时间里，怀揣梦想的查慎行七入京城，四次科考，四次名落孙山外，又让他饱尝落第的失意、落魄的辛酸和世态的炎凉。

1702年（康熙四十一年），已然54岁的查慎行由直隶巡抚李光地推荐，受到康熙皇帝的召见，破例专命入直南书房，次年成为进士，进入了人生的辉煌期。受此莫大的恩宠，查慎行自然感激涕零，这种感情便反映在他的诗文中："臣一介微贱，遭逢盛事。千载一时，舞蹈讴吟，自不能已。譬诸秋虫春鸟，生复之内，亦知鸣天地之恩。"

然而，查慎行很快就看到，他的"大隐隐于朝"根本行不通，整个清朝鬼影幢幢，南书房当然也非清净之地，时刻暗流涌动。身在君侧，时刻会产生伴君如伴虎的恐惧，同僚间的猜忌、倾扎与争斗时刻构成的威压让人提心吊胆，饶是谨言慎行，也难保安然，官场生活的无聊和单调，家乡田园生活的诱引，对亲人的思念，使查慎行归隐的念头越来越炽烈。于是，查慎行在他64岁时，向康熙皇帝"乞休归里"。

"小雨流莺外，蒙蒙紫界墙。不知春过半，但觉日添长。白发驱中禁，芳时感日乡。多烦玉阶草，为我报年光。"[①]思乡，是一种病，生于查慎行心中，难以排遣，逐日笃甚。

回到海宁老家以后，查慎行在"久在樊笼里，复得返自然"的狂喜与放松心态下，先游历闽、粤、南昌，后将自己的时光交给了"隐居"。

然而，灾难并未因为查慎行的"退出政坛"而放过他。

1726年（雍正四年），查慎行的弟弟查嗣庭任江西乡试正考官时，命了四道考题，分别是"君子不以言举人，不以人废言"、"正大而天地之情可见矣"、

[①] 查慎行《直庐集·春分禁中雨》。

"其旨远其辞文"、"百室盈止妇子宁止"。因为试题中先有"正",后有"止"字,而"止"为"雍正"之"正"被砍了头。此时,因为雍正刚篡位不久,正欲铲除隆科多党羽,而查嗣庭的内阁学士正是隆科多所荐,便以"心怀怨望,讥刺时事"等罪名,将查嗣庭系狱,其兄查慎行自然也被牵连下狱。①

雍正在上谕中说:"查嗣庭……朕令在内廷行走,后授内阁学士,见其语言虚诈,兼有狼顾之相,料其心术不端。今阅江西试录所出题目,显系心怀怨望,讥刺时事之意。料其居心乖张,平日必有记载,遣人查其寓所行李中,有日记二本,悖乱荒唐、怨诽捏造之语甚多。又于圣祖之用人行政,大肆讪谤……热河偶发水,则书淹死官员八百余人,又书雨中飞蝗蔽天:此一派荒唐之言,皆未有之事……着即拿问,交三法司严审定拟。"

第二年,查嗣庭死于狱中,死后被戮尸枭示,其子16岁以上判斩刑,15岁以下流放;次兄查嗣瑮被流放关西;长兄查慎行因年岁已高,被赦出狱,侥幸逃过一劫。

查家获罪的真实原因,且不说聪明过人的当事人查慎行,即使是局外人也很清楚,这不过是雍正排除异己而设的局罢了,欲加之罪,何患无辞?查慎行受不了如此打击,加之年老体弱,忧惧而死,终年78岁,这一年是1727年(雍正五年)。不仅查家遭受莫大灾难,江西一地也被敕令停止乡试、会试三年,这就是震惊全国的"江西科场案"。

查慎行的诗中,直抒政治理想的不多,多为反映百姓疾苦、直写纯朴民风、抨击兵灾战乱的悲天悯人的诗,颇富有人民性;也不乏对田园山水的赞

---

① 另有一种说法是,查嗣庭作了一部书,书名《维止录》。有一名太监向雍正说"维止"两字是去"雍正"两字之头。又据说《维止录》中有一则笔记:"康熙六十一年某月日,天大雷电以风,予适乞假在寓,忽闻上大行,皇四子已即位,奇哉。""大行"是皇帝逝世,皇四子就是雍正,书中用到"奇哉"两字,显然是讥刺雍正以不正当手段篡位。《维止录》中又记载,杭州附近的诸桥镇,有一座关帝庙,庙联是:"荒村古庙犹留汉,野店浮桥独姓诸。"诸、朱两字同音,雍正认为是汉人怀念前明。引自金庸《鹿鼎记》第一回《纵横钩党清流祸 峭茜风期月旦评》注。

美和对家乡热爱、对亲人思念等。

其代表作《舟夜书所见》:"月黑见渔灯,孤光一点萤。微微风簇浪,散作满河星。"颜色黑白相间、写法以动写静,极具艺术之美。

其恩师黄宗羲[①]评价查慎行的诗能够"步武分司,追踪剑南",把查慎行比作了陆游,王士禛[②]则称其为"奇创之才"。

金庸对这位远祖查慎行极为推崇,评价他"在清朝算得是第一流诗人,置之唐人宋人间大概只能算第二流了"[③],似乎颇为客观,应该已经跳出了感情桎梏。在其武侠小说《鹿鼎记》中,特意用查慎行的诗句来作为回目,以示对先祖的纪念和崇敬。《鹿鼎记》第一回后的"注"中说:"本书五十回的回目都是集查慎行诗中的对句。"仅此一点即可表明金庸对先祖查慎行的态度,因为用查慎行的诗句作为回目,实在并非信手拈来的易事,要费很多工夫。[④]

[①] 黄宗羲(1610—1695),字太冲,一字德冰,号南雷、梨洲老人、梨洲山人等,世称其为梨洲先生。浙江余姚人,明末清初经学家、史学家、思想家、教育家,与顾炎武、王夫之并称明末清初三大思想家,有"中国思想启蒙之父"之誉。著述有《明儒学案》、《宋元学案》、《明夷待访录》等。另有专家认为称查慎行"步武分司,追踪剑南"的是黄宗羲弟弟黄宗炎。

[②] 王士禛(1634—1711),原名士禛,字子真、贻上,号阮亭、渔洋山人,人称王渔洋。山东新城人,常自称济南人,清初杰出诗人。著述有《渔洋山人精华录》、《蚕尾集》、《池北偶谈》等。

[③] 引自《鹿鼎记》第一回《纵横钩党清流祸 峭蒨风期月旦评》注。

[④]《敬业堂诗集》篇什虽富,要选五十联七言句来标题每一回的故事内容,倒也不大容易。这里所用的方法,不是像一般集句那样从不同诗篇中选录单句,甚至是从不同作者的诗中选录单句,而是选用一个人诗作的整个联句。有时上一句对了,下一句无关,或者下一句很合用,上一句却用不着,只好全部放弃。因此有些回目难免不很贴切。所以要集查慎行的诗,因为这些诗大都是康熙曾经看过的("狱中诗"自是例外),康熙又曾为查慎行题过"敬业堂"三字的匾额。当然,也有替自己祖先的诗句宣扬一下的私意。引自《鹿鼎记》第一回注。

其心如丹：查文清

金庸的祖父查文清，字沧珊，海宁百姓都称之为"沧珊先生"。按查家族谱的排序，查文清应该是"美"字辈，因其为人为文都以"文清"自励，进学和应考便使用了"文清"这个名字。查文清是公元1886年（光绪十二年）间进士，也是海宁查家的最后一位进士。

1891年4月25日，"丹阳教案"发生。江苏丹阳县的百姓发现教会育婴堂内的婴儿全被杀死，林地埋葬着70多具儿童尸首，这些童尸"纵横交错于地，或剜其目，或断其肢"，死状之惨令人发指。于是，群情激愤，放火烧毁了县城的天主教堂。随即，相邻的无锡、金匮、阳湖、江阴、如皋等县民众也群起响应丹阳县，开展了烧教堂、反洋教、驱教士的反洋教斗争。这一系列轰动全国、震惊朝廷的活动总称为"辛卯教案"。在英、法为代表的外国列强的强大压力下，清政府迅速派官兵镇压。

丹阳教案的发生，自有其历史原因。早在19世纪40年代"五口通商"时期，"教案"就在中国的东南沿海地区时有发生。从鸦片战争时起，基督教的传教士们多伴随着西方列强的洋枪大炮和商品进入中国。他们之中，除少数专心于传教事业外，其余大多数则充当着帝国主义侵华的急先锋和帮凶。他们的活动，是以当时殖民主义者以征服和统治整个中国为目的的。

到了19世纪60年代，由于中法《北京条约》的签订，法国传教士获得了"在各省租买田地建堂自便"的特权。从此，教会势力就像洪水猛兽般进入中国。19世纪90年代初，外国人兴办的教堂以及其他教会机构星罗棋布，长江流域地区更是教士遍布、教堂林立。单就江苏一省而言，就有大小教堂

608所，仅当时的镇江府的丹徒、丹阳两县就各有8所。当时在中国的外国传教士，计有533人，法国籍最多，达到356人[①]。这些教士以本国的强权外交、强横武力为坚强后盾，以教堂为据点，凭借其享有的治外法权身份，在中国大地上横行霸道，无恶不作。而其中直接侵害到民众利益和影响到民众生活的罪孽是霸占土地房产、包庇和鼓动教民欺凌百姓、拐骗和残害妇女儿童。

美国传教士狄考文曾经说过："传播基督教的工作，很适当地比作军队的工作，军队的目的，不单是杀伤和擒获敌人，乃在于征服全部敌人……基督教的工作目的也是一样，它不单尽量招收个别信徒，乃在征服整个中国。"[②]

狼子野心，昭然若揭。传教的外衣下，是侵略的魔鬼本性。他们的侵略行径就不能不引起中国人民的激烈反抗与斗争。

丹阳教案发生后，时任丹阳知县的查文清面对压力，毫不畏惧。他毫不掩饰地向素有"直言敢谏、清流风骨"之誉的镇江知府王仁堪道出了"教案"的原委，并与王仁堪一起勘查现场。看罢惨状，查、王二人为无辜而死者气愤，为多难的民族担忧，难掩哀痛，竟相对流涕。

此时，邻县已奉命抓捕了发起"暴乱"的一些民众，而丹阳县却胆敢"顶风作案"，未逮捕一人。丹阳县的百姓深感查老爷所承受的巨大压力，为了不失去这位好父母官，便有两位义士自称为领头的，自愿领罪。查文清便与王知府商议如何处理这二人。肝胆相照的两个人同怀为民请命之心，便各自在手上写一个字，视天命而为。查、王二人各自用茶水在桌上写一个字，结果查文清写了一个"放"字，王仁堪写的是一个"走"字。于是，二人决心"力为民请命，不济则以官殉"。

计划已定，查文清从牢中将二位义士释放，任其远走高飞，并于翌日

[①] 引自光绪十八年八月二十五日两江总督刘坤一向总理衙门呈报江苏各府县教堂清册、十一月初四德国公使巴兰德清册数据。

[②] 引自《在华新教传教士1877年大会记录》。

——通知参与其事的30多人,使之即刻外出避祸,而自己则不惜揽下"纵逸"之罪。

对查文清的重罪如何处理,朝廷中虽有不同意见,但亦有富有正义感的官员挺身而出,为查文清辩解、开脱。就连两江总督刘坤一,也钦佩查文清的正义之举,顶住压力,对查文清"网开一面","甄别参革",略施薄惩,也算是给朝廷和洋人一个交代。

对查文清"甄别参革"的公文下达时,查文清正在海宁过着隐居生活。他读书作诗以自娱,也致力于造福乡里的事业。比如,查文清设了一座义庄,买了几千亩地专门出租,将出租得来的钱用来资助族里的孤儿寡母,对上中学、大学者,提供每年两次的津贴;对于出国深造者,更是如此。据金庸长兄查良铿说,查文清将查家行医资料汇编成《查氏医案》,以方便百姓,还完善了《海宁查氏族谱续编》;金庸也在其《连城诀·后记》中说,查文清还编了一部《海宁查氏诗钞》,但可惜都未刻印便已去世,这些雕版便成了他们弟兄小时候的玩具。

1921年,查文清去世。[①]当年被他救出的"教案"的"肇事者"及丹阳几十位士绅齐来祭奠。他们既代表自己,也代表丹阳百姓,三步一磕头,一直跪拜至查文清灵前。他们又共同出资,购下了查文清坟墓周围60亩的土地给查家,以示感谢。其中,还有一名对查文清感激至深的丹阳拜祭者留下遗嘱:他的子孙,男子须到查家为奴,如不纳,方可另觅他业;女子须到查家为妻为妾为婢,如不收,方可另嫁他人。

[①] 查文清去世的时间另有版本。说1921年去世,是据《海宁文史资料》所记,其时徐世昌任中华民国大总统的时间为1918—1922,其时正为其在任期间;若据金庸所忆,既然祖父为他起小名,去世时间当在金庸出生之后。据查良琇回忆,她出生后不久,祖父去世,而查良琇比金庸小一岁。在与池田大作的对话中金庸还说过:"可惜我出生不久,祖父就去世了。"对自己最敬爱的人,这样大的时间节点当不会错。

当时的总统徐世昌[①]听到查文清去世的消息,也写诗讣之:"萧萧白发丹阳尹,曾并簪花竞少年。大好河山供写照,春风回首一潸然。"

查文清是对青少年时代的金庸影响最大的人,也是金庸最敬佩的人。"祖父是对二哥影响最大的人。"金庸的妹妹查良琇的介绍也为此作了佐证。金庸的小名就是祖父起的。金庸说,祖父对他的影响主要有两点,一是让他懂得了要多读书,二是告诉他外国人欺凌中国人时,不要逆来顺受。这是多么了不起的熏陶。家有长者,世事通达;族有楷模,德行双懿。金庸的武侠作品里体现出来的侠义精神都能看出祖父教育的痕迹来。

迟到的平反:查枢卿

刑事判决书

1951年4月26日,海宁县人民法庭第134号刑事判决,以不法地主罪判处查枢卿死刑。查时年五十五岁。本院院长发现原判在认定事实上确有错误,根据《中华人民共和国刑事诉讼法》第一百四十九条之规定,提交审判委员会讨论,决定再审。

本院依法组成合议庭进行了审理,现查明:

原判认定查枢卿在解放后抗粮不交、窝藏士匪、图谋杀害干部以及造谣破坏等罪行,均失实。至于藏匿枪支一节,情节上与原判的认定有很大出入。本庭认为,原判认定查枢卿不法地主罪的事实不能成立,判处查枢卿死刑属错杀。经本院审判委员会讨论,判决如下:

[①] 徐世昌(1855—1939),字卜五,号菊人、弢斋、东海等,出生于河南卫辉。1918年10月被选举为总统,1922年去职。著有《欧战后之中国》、《退耕堂政书》、《东三省政略》等。

撤销海宁县人民法庭一九五一年四月二十六日第134号刑事判决，宣告查枢卿无罪。

海宁县人民法院
一九八五年七月二十三日

《判决书》中的查枢卿就是金庸的父亲，早年曾在上海震旦大学念书，受过西洋教育，并非寻常意义上的土财主。回乡以后，守着祖上留下的3600多亩田地度日。

查枢卿经营商业无方，虽然想依靠办实业将祖业发扬光大，并且在乡下开了钱庄、丝厂和茧厂，但都失败了。为此，他不少发愁，也深责自己的无能。

但查枢卿毕竟是喝过洋墨水的人，有着潇洒的一面。他奉行"有朋自远方来，不亦乐乎"的圣人之言，认为交朋友远比做生意重要。因为家里藏书甚富，他常邀当时的文人雅士到"敬业堂"来，盛情款待他们，边品茗，边畅谈学问。每当这样的时候，查枢卿都不再是一个商人，不再是一个承担着昌盛家业重任的人，而是一个文人雅士。

虽然受过西洋教育，但查枢卿仍是一个传统而和气的人，受查家家风的影响，他每到清明节和重阳节这些传统节日，都会带着孩子们到祠堂去，祭拜祖先，让孩子们与遥远的先辈完成心灵的对接。在祠堂里，不管见了哪一个族人，查枢卿都会亲切地与他们打招呼，恭敬地拱手作揖，一点儿架子都没有。这也给金庸深远的影响，他对老师的尊敬，对人的和气，都颇有乃父之风。

1914年腊月，公历已经进入了1915年，两三个月前，在山东平度县，日军出示了《斩律5条》，规定"如该村有1人妨碍日军行动者，将全村人民尽处斩刑"；几天前，袁世凯政府正式照会日、英两国，声明取消战区，请英、日军撤出，但遭到日军拒绝，并向袁世凯递交了《二十一条》，此刻，袁政府正处于对《二十一条》的商谈之中。但这些似乎与海宁无关，与查家无关。此时，平日里严肃寂静的查家笼罩着喜气，尖硬的冻风也忽然变得柔软而多情起来。这不仅仅是因为春节的脚步已经渐渐临近，更因为查枢卿与海宁硖石镇徐家的女儿徐禄结为秦晋之好。

徐家在当地也是有名的望族，与查家可谓门当户对。徐禄是著名诗人徐志摩父亲徐申如最小的堂妹。徐申如在商业的智商远高于查枢卿，被人称为"浙江的张謇"，他除了发扬光大祖上的酱园、绸庄和钱庄外，还承前启后地创办了纺织、缫丝、发电和电话等时髦产业，这让他在经商的风雨中更多了自信，也让徐家的名声因之更加显赫。徐禄长得妩媚而不失端庄，曾就读于杭州女子学校，擅长绣花绘画，能写一笔娟秀的蝇头小楷，既是气质美女，又是淑女才女；既受传统家风的良好教育，又受处于萌芽期的现代教育深刻的影响。嫁给查枢卿时，徐禄年仅19岁，正值花一样的青春年华。

"如花美眷，似水流年"，在琴瑟偕调、夫妻恩爱中，查枢卿与徐禄添了五个儿子、两个女儿。儿子是良铿、良镛、良浩、良栋、良钰；女儿是良琇和良璇。

父柔母慈，金庸的少年时代是蜜糖一样的时光，他既可以读书、写字、习文，也可以观潮、下棋、玩耍，既无拘无束，又不放任无羁；他的少年生活既井然有序，又不苛刻呆板。查家像一个大花园，少年金庸就像是一只蝴蝶，悠哉游哉地飞舞；查家像一个宽阔澄净的池塘，少年金庸就像是一尾小鱼，在自由自在地游动……

1951年4月26日，查枢卿被海宁人民法院判处死刑，时年55岁。

上世纪50年代初，阶级斗争是个纲，不少人因为地主这个身份像查枢卿一样被镇压。自山东南下的解放军进入海宁，查家虽然历经日本侵略、毁坏之后，早已没有了当时的辉煌，但瘦死的骆驼比马大，在当时仍然算是名门望族，就这一项，被定为"地主"并没收全部家产的厄运就逃脱不掉。

查良镛的老师章克标[①]老人回忆这一段历史时说："解放后，第一个运动是镇压反革命，时间在1950年到1951年……乡村里小地方，没有大头目，全是'小八剌子'，比方是当过一程乡长、镇长等等职务……"[②]可见，查枢卿是在没有名副其实的"反动地主"的前提下被不得已"破格提拔"为"反动地主"被枪毙的。

1957年，查良镛在文章中表达了对父亲的深切怀念：

我不是基督教徒，但这个节日从小就有好感，有糖果蛋糕吃，又能得到礼物，那总是一件美事。在中学读书时，爸爸曾在圣诞节给了一本狄更斯的《圣诞述异》给我。这是一本极平常的小书，任何西书店中都能买到，但一直到现在，每当圣诞节到来的时候，我总去翻来读几段……[③]

1981年7月18日上午，邓小平以中共中央副主席的身份会见时任香港《明报》社长的查良镛，并同查良镛的妻子和子女合影。谈话中，邓小平主动与查良镛谈起他父亲被杀的事情，说："团结起来向前看。"查良镛点点头，说："人入黄泉不能复生，算了吧！"这次接见之后，浙江省海宁县委、县政府与嘉兴市委统战部、市侨办联合组织调查组，对查良镛之父查枢卿的案件进行了复查，发现是件错案冤案，遂由海宁县人民法院撤销原判，宣告查枢卿无罪，给予平反昭雪。

查良镛得知后，专门写信给海宁县委的领导，信中说："大时代中变乱激烈，情况复杂，多承各位善意，审查三十余年旧案，判决家父无罪，存殁俱感，谨此奉书，着重致谢。"在与池田大作的对谈中，查良镛说："我当然

[①] 章克标（1900—2007），浙江海宁人。20岁时官费赴日留学，回国后当过一段教师后向文坛发展。曾与胡愈之、丰子恺、叶圣陶等人共同轮值主编《一般》月刊，同时与滕固、方光焘等人创办我国新文学早期著名社团之一的狮吼社。1928年章克标入开明书店工作，主编当时影响广泛的开明数学教科书以及《开明文学词典》。以后，又参与创办时代图书公司，并主编《十日谈》旬刊。

[②] 引自《世纪挥手》，海天出版社1997年版。

[③] 引自查良镛《圣诞节杂感》。

很悲伤，但并没怀恨在心，因为我已充分了解，这是大时代翻天覆地大动荡中极难避免的普通悲剧……"①

2000年1月，查良镛在《收获》上发表了记实性小说《月云》，回忆少年时的生活，其中有对父亲之死的叙述："从山东来的军队打进了宜官的家乡，宜官的爸爸被判定是地主，欺压农民，处了死刑。宜官在香港哭了三天三晚，伤心了大半年，但他没有痛恨杀了他爸爸的军队……"

人死不能复生，对于生者而言，过度悲伤百害而无一益；对于逝者，甚至连安慰的作用都不会有。心怀悲伤，节哀顺变，若亲人果然泉下有知，这也当是他们的心愿。《月云》，也算是查良镛对父亲的一个交待吧。

查氏·疗伤与成长

应当看到，海宁查家是一个脆弱的家族，当政治风暴袭来的时候，他们脆弱得几乎不堪一击，多年的繁荣瞬间便被击成碎片，命薄如纸，一戳便透；尊严像露珠，经不起挫折；但也不可否认，查家又是一个坚强的家族，它的生生不息、它的韧性会在受伤之后迅速体现出来，这条路走不通了，还有新路可以选择，进而很快便走出一片新天地。

这时潮声愈响，两人话声渐被淹没，只见远处一条白线，在月光下缓缓移来。蓦然间寒意迫人，白线越移越近，声若雷震，大潮有如玉城雪岭，际天而来，声势雄伟已极。潮水越近，声音越响，正似百万大军冲锋，于金鼓齐鸣中一往无前……潮水愈近愈快，震撼激射，吞天沃月，一座巨大的水墙

---

① 引自金庸、池田大作《探求一个灿烂的世纪——金庸、池田大作对话录》，北京大学出版社1999年版。

直向海塘压来……月影银涛，光摇喷雪，云移玉岸，浪卷轰雷，海潮势若万马奔腾，奋蹄疾驰……①

这是金庸对钱塘潮的描写，这种气势，不仅没有极高文学素养的人写不出，不仅未亲眼见过的人写不出，而且未经过政治和生活风浪的人、没有宽阔胸襟的人同样写不出。只有心里先装有钱塘潮一般气势的人才能摹状出这种气势来。这是金庸的气势，也是海宁查氏家族的气势，虽然在某些情况下，他们平静了、低头了，但那是积蓄力量，待时机成熟了之后，会再兴起潮头的。

历经劫难之后，查家逐渐淡出政治舞台，获取了"休养生息"、养精蓄锐的绝好机会，到了近现代，实现了全面复兴——不仅仅在文学上，在教育、商业、政治、法律等方面均有扛鼎的巨人才子，绽放出令人仰慕的异彩。

海宁查家历来是"诗文传家"，中国社会科学院的资料显示，《查氏海昌诗集》中，收入了200多名查姓诗人的诗。其中最有代表性的是查继佐和查慎行，他们奠定了查家在诗坛的地位。在查继佐家，不仅男人下笔千言、诗才如海，女人也才华横溢、诗思如泉，甚至连下人都会写诗，其气象直逼东汉末年的郑玄家之于《诗经》的热衷程度。文学对查代家族的熏陶可见一斑。

除了上文已然介绍过的查继佐和查慎行之外，现当代查家还涌现了"纺织大王"、大紫荆勋章获得者查济民，教育家查良钊，教育家、政治家、法学家查良鉴，实业家、慈善家、武侠小说大师金庸（查良镛），革命家查人伟，革命家、学者查猛济，还有著名的"九叶派"爱国诗人、翻译家穆旦（查良铮）。

虽为同宗兄弟，金庸与穆旦终身缘悭一面，因而并不相识。然而，可能是相同的血脉使然吧，他们在为自己取笔名的方式上竟然不谋而合：查良铮将查字上下拆分为"木"、"旦"两半，然后将"木"字改作与之读音相同的"穆"字；而比穆旦小四岁的金庸将自己名字中的"镛"字左右拆分为"金"、"庸"二字。二人同以笔名行世，并成为卓然大家。

---

① 引自金庸《书剑恩仇录》，三联书店1994年版。

除了查家宗族，查家亲戚也是群星璀璨。

徐志摩，著名诗人，才华横溢，文名满人耳，韵事世共知，其《再别康桥》倾倒了无数读者，是金庸表哥；

蒋复璁，著名学者，图书馆专家，影印古籍，苦心孤诣；保护国宝，不计安危，是金庸表哥；

蒋英，著名歌唱家，钱学森的夫人，高音入层云，桃李满天下，是金庸表姐；

曹时中，国际著名建筑结构专家、纠偏大师，思路独特，成就斐然，是金庸妹夫。

……

海宁至今尚有这样一句话流传："查诗、陈书、朱文章"，查、陈、朱这三大家族共同奠定了海宁的文学基础和文化基础，使海宁赫然成为文化之乡。而查氏家庭无疑是诗这一领域的巨擘。时至今日，藏书文化、名人文化、潮文化和灯文化，仍然被称为"海宁四大文化"。[1] 其中，藏书文化的代表家族便是查氏家族。查氏家族给海宁留下了许多藏书楼，对海宁文化的影响，非语言所能形容。

受家族藏书风气的濡染，金庸也酷爱藏书。

"金庸爱书，私人藏书之丰，令人吃惊。他曾有一个超过两百平方米的大书房，全是书橱。近两三年来，精研佛学，佛学书籍之多，怕是私人之最。为了要能直接读佛经，他更开始学全世界最复杂的文字：印度梵文，毅力之高，简直是超人。"[2]

查氏家族，在疗伤中成长，在挫折中成熟，在磨难中提升了高度，或许这正是查氏家族人才济济的原因之一吧。

---

[1] 引自李鹭芸、胡婷婷《金庸家族六百年传奇》，《环球人物杂志》2011年10月31日。
[2] 引自倪匡《武侠小说大宗师——金庸》。

大侠金庸

台湾诗人余光中自称右手写诗，左手写散文，意思是诗是他的"主业"，散文只是他的"副业"。有人也以这样的方式来评金庸，说金庸是右手写社评，左手写武侠。意思也再明白不过：武侠小说不是金庸的主业。然而，金氏武侠这个副业却喧宾夺主，远远走过了主业，并为金庸奠定了在汉语文坛上的地位，被人誉为"大侠"，实在是"意外"之得、"意外"之喜。这当然也应了陆游训诫儿子的那句话——汝果欲学诗，功夫在诗外。

很多时候，超脱了名利的东西，结果反而更加绚烂。

金庸写武侠，原本出于偶然。原为《新晚报》武侠小说作家梁羽生写完《草莽龙蛇传》之后，新派武侠小说因后继不上，引起了读者不满，总编辑罗孚[①]和"天方夜谭"版编辑一齐向金庸软硬兼施地施压，无奈之下，金庸便写了他的第一部新派武侠小说《书剑恩仇录》，于1955年2月8日在《新晚报》刊登出来。

谁也不曾想到，由于梁羽生的"临阵脱逃"，造就了金庸，也造就了武侠小说新的高度。

金庸写武侠小说也没有什么高远的理想和高雅的志趣，只是为了"养家糊口"：社会动荡，生存日艰，报纸亟需发行量，否则便只能倒闭——就这

[①] 罗孚，原名罗承勋，1921年生于广西桂林。1941年在桂林加入《大公报》，先后在桂林、重庆、香港三地《大公报》工作。后任香港《新晚报》编辑、总编辑。以丝韦、辛文芷、吴令湄、文丝等为笔名，在内地曾以柳苏为笔名，在《读书》杂志发表了大量介绍香港作家的文章。著有《南斗文星高——香港作家剪影》、《燕山诗话》、《西窗小品》等，编有《聂绀弩诗全编》、《香港的人和事》等。

么简单。然而，这一最初级的"理想"却给了金庸最强大的力量，使他一上手即发而难收，直到他的小说拥有大批的读者，直到他成为世界闻名的武侠小说大家，直到他成为版税最高的作家之一。

"遭遇金庸已经快二十年了，金庸已经成了一个有点碎嘴唠叨的老人，金庸作品改编的影视也越来越俗不可耐。但是我忘不了金庸小说带给我的感动和我知道的带给别人的感动。"[1]

孔"醉侠"的话很不客气，也很真诚，金庸小说的魅力曾经是、正在是很多年轻人的青春营养，但也正是它的魅力，催生了"越来越俗不可耐"的影视剧，但这并非金庸的本意。

因为小说，或者说，因为一支笔、一腔情，金庸获荣誉无数——

被英国政府特授 O.B.E 勋衔；受到邓小平、江泽民等国家领导人的接见；获香港市政局颁授"文学创作终身成就奖"、香港（及海外）文学艺术协会颁授"当代文豪金龙奖"、"2008 影响世界华人终身成就奖"、"2009 香港艺术发展奖"、"终身成就奖"、2010 大本钟奖个人奖之终生成就奖；2000 年，获香港政府颁赠最高荣誉——大紫荆勋章；2001 年，国际天文学会将由北京天文台发现的编号 10930 的一颗小行星以"金庸"命名。

……

然而，金庸本人却非常低调，他对自己和自己的小说似乎有更清醒的认识。

1995 年 11 月 16 日起，金庸和日本学者池田大作进行了一番对话，历时两有余，产生了世界性的影响。对谈中，金庸对池田说："我以小说作为赚钱与谋生的工具，谈不上什么崇高的社会目标，既未想到教育青年，也没有怀抱兴邦报国之志，说来惭愧，一直没有鲁迅先生、巴金先生那样伟大的

---

[1] 引自孔庆东《笑书神侠》。

动机。"①

"武侠小说本身是娱乐性的东西，但是我希望它多少有点人生哲理或个人的理想，通过小说可以表现一些自己对社会的看法。"②

"我自己也在慢慢不断进步，希望小说内容跟这个主题包含的思想提高一点，不单单是打打杀杀……我觉得作品应该不单单是娱乐性的。"③

金庸的这些话，看似矛盾，其实体现了他对自己的小说的认识在变化，在进步，对自己的要求也越来越深刻，社会责任感越来越强。

2010年11月15日，第五届"中国作家富豪榜"发布，金庸以350万元的版税收入，荣登作家富豪榜第12名。金庸几乎是一个神话——大侠、企业家、报人、政论家、社会活动家、小说家、学者、教授、文学院院长、编剧、导演……他尝试过很多种职业，他想尝试完有机会尝试的各种职业，他在很多种职业上取得过很高的成就……池田大作称金庸为香港"良知的灯塔"，冷夏称他为"文坛侠圣"。

有人褒之，奉之若神明，研究者甚繁，以至形成了一门"金学"。

老友倪匡写过这样一段话来评价金庸："曾向一位洋人介绍金庸，说：'这是一位名作家。'洋人追根究底，问：'有名到何等程度？'进一步介绍：'凡是有中国人的地方，都有人知道他的名字。'金庸的小说，不但风靡了港、台、南洋、欧美，不知使得多少人废寝忘食，连中国大陆，高级干部，也都以能看到金庸小说为幸，这种情形，一直到如今不变。金庸的小说，能吸引每一个人，上至大学教授，国家元首，下至贩夫走卒，仆役小厮，真正做到了雅俗共赏的地步，堪称是中国近代，拥有读者最多的一位小说家。"④

---

① 引自金庸、池田大作《探求一个灿烂的世纪：金庸、池田大作对话录》，北京大学出版社1999年版。
② 引自王力行《新辟文学一户牖——访金庸谈武侠、文学与报业》
③ 引自《白岩松与金庸对话》，1999年9月16日
④ 引自倪匡《武侠小说大宗师——金庸》。

有人贬之，弃之若敝屣，认为其作品毫无价值。对此，金庸均能保持沉默的态度，像武功极高的大侠一样，不与人过招。引用一位电影演员的病句来描述此时的金庸，似乎让人觉得非常恰当："我不会妄自菲薄地认为自己比别人强。"

在文人与金庸的"华山论剑"中，金庸的一段话对自己和自己的小说有这样的定位：

> 我写小说的最初动机是娱乐读者，让大家开开心心就好，但与生俱来的是非观爱憎观还是会影响我的小说创作。我的小说写武侠自然有夸张的成分，但不宣传伪科学，也反对神功。我写的武侠只是一种精神。这种"侠"指的是见义勇为，遇到不平的事能够挺身而出，甚至不惜牺牲个人的一切……我的小说之所以拥有这么多的读者，得益于用汉字写作，因为华人多，所以我的读者也多。[①]

本是文弱书生，却不忘抨击时政，故不止一次被学校开除；又因抨击时政，健笔如椽，故赢得好评如潮。想当外交官，却因出身而被拒，梦想破裂时的痛苦又化作前进的动力和理想的柔光，于是改弦更张办报纸。在查良镛的生命里，多是阴差阳错的诱因，孕育水到渠成的成就。初写小说，原是被逼无奈，文名鹊起，原为糊口。这一路糊口下来，竟成亿万身家、赫赫之名，赚得美人归。

这便是金庸。

金庸，是一种现象

[①] 引自万润龙、韩宏《衣要尺度米须斗量——华山论剑说金庸》

首先声明，本节说的"金庸"，并不仅指金庸小说，而是指包括小说在内的金庸作品及与之相关的其他文艺或文化形式。

印金庸、拍金庸、播金庸、看金庸、谈金庸、骂金庸、收藏金庸……无疑，金庸在人们的生活里已成了一种符号，在人们成长的过程中，许多人生侧面都打上金庸的标记。有人受到金庸作品里侠义思想的影响，成为一个古道热肠的人；有人受到金庸作品中动人爱情的启示，在生活里寻找自己的另一半；有人因为金庸走上了小说创作、影视创作或者研究评论的道路，从而名利双收，即便是通过怀疑金庸甚至斥骂金庸也有了不菲的收获。

金庸热虽然是一种基于主观的东西，但已经是一种客观的现象、避不开的话题。

金庸现象的产生不是偶然的，张五常[1]认为，这首先是因为世界这个大气候："说金庸，我们要从第二次世界大战后的社会说起。'年年难过年年过，处处无家处处家。'当时是一个无可奈何的社会，今天不论明天事，过得一天算是一天。市场的取向，是在不知去向的日子中找点刺激。"[2]

当今社会，随着社会运转速度的日渐加快，由人类自身引发的问题日渐其多，生存的压力日渐其大，在奋斗的夹缝里，在紧张的间隙里，人们很容易选择金庸以释放自己，舒缓紧张的情绪，排解折磨人的焦虑；即便是一些因种种原因生活无忧而导致的无所事事者，也会从金庸里寻找到适合自己的元素来。严家炎先生曾说："它虽然产生在香港商业化环境中，却没有旧式武侠小说那种低级趣味和粗俗气息。金庸小说不仅有神奇的想象、迷人的故事，更具有高雅的格调，深邃的思想，通俗而不媚俗。他的小说武侠其表，世情其实，透过众多武林人物的描绘，深入地写出历史和社会的人生百

---

[1] 张五常，1935年12月1日出生于香港，经济学家，现代新制度经济学和现代产权经济学创始人之一。著有《佃农理论》、《蜜蜂的神话》等，其中《佃农理论》获得芝加哥大学政治经济学奖。

[2] 引自张五常《我也看金庸》，《学术上的老人与海》，社会科学文献出版社2001年8月版。

态……"①

和张五常的观点一样,严家炎也认为,金庸会成为一种"阅读"现象,不是偶然的。这种"必然"虽然为大家所认可,但仍有不少人持怀疑、批评态度,他们怀疑、批评的对象并非对金庸现象本身,也并非否定读者对金庸的接近,而是严家炎为代表的学者对金庸无限推崇的态度。

推崇或吹捧也好,拒绝或批评也罢,金庸现象已经存在,并且会存在下去。只要生存压力还在,只要侠义意识还在,只要对爱情的渴求还在,金庸现象就会持续存在。紧张、焦躁的情绪需要轻松的故事缓解,无助、虚弱的心灵需要武侠精神抚慰,水位渐低的爱情河床需要感人、刺激的元素注入,无聊、菜色的时光需要阳刚的东西填充……这些都是金庸现象持续下去的理由。不仅仅是金庸,能够对人们的精神或抚慰或激发的其他作家和作品也同样会持续存在。

或许,随着时代的发展,人们对传统纸质的金庸的需求会减少,但与高科技结合之后的金庸会增加;人们对熟悉的金庸的热情或许会下滑,但加入了新鲜元素的金庸又会加入进来。

下面撷拾一则新闻——

北京、上海、香港三地文化界正在联手助推华语原创音乐剧"生根发芽"。著名小说家金庸的武侠经典《天龙八部》4月将"变身"大型音乐剧在上海百年老地标文化广场公演……《天龙八部》是首部经金庸授权改编的"武侠系列音乐剧",演出主创班底来自北京和香港,导演钱永强、音乐总监金培达、武术指导元彬等,在京沪港三地都颇具人气。上海方面将提供音乐剧演出场地、优惠的场租及周到的演出衍生服务等,支持华语原创音乐剧发展。②

---

① 引自严家炎《一场静悄悄的文学革命——在查良镛获北京大学名誉教授仪式上的贺辞》,《金庸散文集》,作家出版社2006年9月版。
② 引自许晓青、蔡青《金庸〈天龙八部〉将"变身"音乐剧》,新华社2012年2月19日电。

人们的阅读口味在变刁，这其中的"刁"既包含着"新"，也意味着"怀旧"。前者催生了无数新奇的形式，后者则形成了"复古"之风。谁也无法否认，饮食习惯上，人们花样翻新的口味选择促成了菜肴国内国外杂交、东西南北融合、海陆空一网打尽的局面，但也刺激了一些农家饭、私房菜、颇具民族风情的饮食形式得见天日。饮食如此，阅读也同样。这些，或许都意味着金庸作品的新旧皆宜、"黑白通吃"。

第二章
江湖浪迹有云志　足迹深浅为书香

　　江南小镇的宁静美丽，为金庸的童年镶上了更多无忧无虑的色彩。这个爱读书的少年到了求学年龄时，正赶上战火纷飞的年代。他从故乡小学堂到嘉兴中学，后转至衢州中学，又辗转千里西去重庆，最后又离渝至沪，考入东吴大学。时艰并未消淡金庸矢志求学的决心，反而大大增加了他的阅历、淬炼了他的意志。这期间，金庸母亲和小弟却因病不幸死于动乱中。

镛者，大钟也

1924年2月[①]，查氏家族中一个重要代表人物——查良镛出生，这给浙江海宁袁花赫山房里的查枢卿、徐禄夫妇巨大的幸福感，所有的查家人都处于添丁的无比喜悦之中。这一年的中国局势仍然动荡，军阀间的混战频仍，江苏军阀齐燮元与浙江军阀卢永祥为争夺上海的地盘，垄断鸦片买卖，激战正酣，值得庆幸的是，海宁仍能暂时拥有难得的宁静。

海宁查家自查瑜以下的六代，并没有严格的字辈，自第七代起，方规定了字辈排行："秉志允大继嗣克昌奕世有人济美中良，传家孝友华国文章宗英绍起祖德载光。"[②] 因为是"良"字辈，故起学名为良镛。镛者，大钟也，是古代的一种乐器。大喜之中的祖父查文清为孙儿起小名曰"宜孙"，口呼曰"宜官"。

金庸曾这样阐释他的姓名："宜官姓查，'宜官'是家里的小名，是祖父取的，全名叫宜孙，因为他排行第二，上面还有一个哥哥。宜官的学名叫良镛，'良'是排行，他这一辈兄弟的名字中全有一个'良'字。后来他写小说，把'镛'字拆开来，笔名叫做'金庸'。"[③]

在金庸出生以后的几年里，中国历史仍然喘着粗气缓慢地前行，人民在

[①] 查良镛的出生时间另有版本：有人认为查良镛生于1919年，依据是，1981年邓小平会见查良镛时，曾问及年龄问题，邓小平认为查良镛与赵紫阳同岁，查良镛默认了。赵紫阳生于1919年。傅国涌先生认为是1923年2月，依据是查良镛本人于1946年填写的简历，该简历中，"出生年月"栏中，查良镛亲笔写的是"民国十二年二月"；然而，查良镛弟弟查良珏说："小阿哥良镛是属猪的，生在阴历1923年底，阳历1924年初。"

[②] 引自《海宁查氏族谱》。

[③] 引自《月云》，《收获》2000年第一期。

战争的夹缝里苟延残喘，痛苦地呻吟和悲伤绝望的眼泪充斥于历史的字里行间。1924年9月，大军阀孙传芳乘齐燮元与卢永祥的"齐卢之战"正炽之际，挥师入浙江，赶走了卢永祥，将这块土地成为了自己的"禁脔"。接着，孙传芳击败奉系，掌握了福建、江西、安徽、江苏。

1925年3月，孙中山逝世，7月中华民国政府在广州成立，击败了陈炯明叛军，掌握两广，国共合作，准备北伐。

1926年3月20日，蒋介石制造中山舰事件，从此加紧限制共产党的活动。5月，在国民党二届二中全会上提出《整理党务案》，从国民党领导机构中排挤共产党人，由此逐步控制了国民党、国民政府和国民革命军的大权。

1926年7月9日，国民革命军誓师北伐。国民革命军有8个军，约10万人，总司令是蒋介石。北伐的主要对象是三支军阀部队：一是直系吴佩孚，二是奉系张作霖，三是由直系分化出来、自成一派的孙传芳。在帝国主义指使下，这三支反革命力量联合了起来。7月12日，中共中央发表《中国共产党关于时局的主张》，14日国民党发表《北伐出师宣言》，两党一致号召全国人民支持国民革命军进行北伐。至11月，基本消灭军阀吴佩孚、孙传芳的势力。

不管外界有着怎样的风云变幻，但仍未被战火侵袭的海宁查家尽自己的力量为查良镛的童年营造了一种安宁祥和的氛围，查良镛在快乐地成长着。

查良镛有着幸福的童年，由于幼年时的他聪颖顽皮，母亲徐禄非常疼爱他，他时时处于被呵护之中，他的生活内容丰富多彩：读书、下棋、和堂兄弟们嬉戏追逐，在祖父留下的《海宁查氏诗钞》雕版堆里玩耍，边玩耍边背诵上面的诗词，涨潮时节，跟着父亲看离家十几里的钱塘潮，清明节、重阳节这些重大的日子里，查良镛兄弟便由父亲带着，到查氏祠堂去，拜列祖列宗，与同族的人相见……日子过得不亦乐乎。

在与池田大作的对谈中，查良镛回忆道："我母亲和她的姊妹、姑嫂们则爱读《红楼梦》，大家常常比赛背诵回目和书中的诗词，赢了的可拿一粒糖。我在旁听着，觉得婆婆妈妈地毫无兴趣，但从母亲手中接过一粒粒糖果，自然兴趣盎然。"① 儿童的世界，是查良镛的天堂乐园；外界的战争，与小小的查良镛无关。

对家乡的热爱、对童年的留恋是查良镛的营养，这营养不仅使其心健康丰腴，更使其笔健力含情。

陈家洛上马奔驰，八十多里快马两个多时辰也就到了，已牌时分已到达海宁城的西门安戍门。他离家十年，此番重来，见景色依旧，自己幼时在上嬉游的城墙也毫无变动，青草沙石，似乎都是昔日所曾抚弄。……坐在海塘上望海。回忆儿时母亲多次携了他的手在此观潮，眼眶又不禁湿润起来。在回疆十年，每日所见尽是无垠黄沙，此刻重见海波，心胸爽朗，披襟当风，望着大海，儿时旧事，一一涌上心来。眼见天色渐黑，海中白色泡沫都变成模糊一片，将马匹系上海塘柳树，向城西北自己家里奔去。②

小说中，陈家洛十年后回乡，睹一草一物皆蕴浓烈感情，思一人一事皆流泪悲催，无限遥想，时光不驻，回忆无根，难以生出往昔，这些莫不是查良镛对故乡、对儿时、对亲人的爱使然。写《书剑》之时，查良镛正远在香港，归乡不易，万千回忆若钱塘潮来袭，如何不黯然？又如何不文情并茂？儿时的匆促无邪，孕育成长时的缅怀；当年的快乐，催生日后的怆然泪下。

小儿郎，上学堂

快乐的时光总是像鸟一样，翅膀有力，飞行健捷。在与兄弟姐妹的玩耍中，在父母家人的呵护里，很快，查良镛到了上学读书的年龄。他先是入了本村

---

① 引自金庸、池田大作《探求一个灿烂的世纪——金庸、池田大作对话录》，北京大学出版社1999年版。
② 引自金庸《书剑恩仇录》第四回。

附近的一所学堂读书，几年之后，由初小到高小的他便转入袁花龙山小学堂。

龙山小学堂又名海宁第三高等小学堂，是海宁最早的四所高等小学堂之一，始建于光绪十八年（公元1902年），是一所现代小学[①]，在这里，查良镛受到了良好的教育。

龙山小学堂在袁花镇上，天仙河河水清澈如镜，任白云、飞鸟的影子映在水里，又任它们离开。清风徐来，水波涌起，像一首首的诗，轻轻的声音，像儿童在呢喃，又像低吟诗歌的少女。春夏时节，河畔杨柳低垂，绿荫匝地，让人不由心生阴凉，一种依恋与自豪感沛然而起；河水里浮萍泛起的时候，那平铺的绿色，让人怜爱顿生，不忍离去。一个站在水边、被这美景陶醉的孩子，听到了稚嫩的琅琅书声时，他该怎么办？

在这里，查良镛度过了他绿色而充满生机的少年时光，这些青葱的记忆，让他永世不忘。

在与池田大作的对谈中，他深情地回忆起在这里上的一堂历史课："记得我在小学念书时，历史老师讲述帝国主义欺压中国的凶暴。讲到鸦片战争，中国当局中如何糊涂无能，无数兵将英勇抗敌，但枪炮、军舰不及英国，以致惨遭杀害，他情绪激动，突然掩面痛哭。我和小同学们大家跟着他哭泣……"[②] 一节原本普通的历史课，因为老师的爱国，竟致师生为国土的沦丧、国权的丧失而齐声痛哭，多么令人感动的场景！

因此，对于这所给他童年时的愉悦，也给他成年后的正直的小学堂，查良镛永远感佩。1988年，当地政府在为查良镛父亲查枢卿平反后，将没收的查家房产折合成16000多元人民币退还给了查良镛，但他全部捐赠给了已经改名为袁花镇中心小学的他的母校——他念念不忘的地方。

四年之后，查良镛重回母校，当年的天真孩童，如今已成为"鹤发童颜"

[①] 金庸曾对记者说："我不是上私塾，我一开始上的就是现代小学。"引自《金庸：我现在讲话就很雅，没有"文字暴力"》，《中国青年报》2001年5月30日。

[②] 引自金庸、池田大作《探求一个灿烂的世纪——金庸、池田大作对话录》，北京大学出版社1999年版。

的老者。那小小的身影，那快乐的笑声，已归于岁月的深处，只能在回忆里暂时唤回。重温当年的求学生活，查良镛抚今思昔，感慨万千。他题词道：

重游母校，深感当年教诲恩德。

袁小旧生　查良镛

一九九二年十二月三日

在袁花镇小学堂，查良镛遇到了很多好老师，让他印象最深且终生感佩的老师是陈未冬老师。

陈未冬，浙江诸暨人，上世纪30年代初期到袁花镇龙山小学堂执教，并成为查良镛的老师。陈未冬在教学之余，勤于笔耕，给少年查良镛以极深的影响。

七七事变后，战争让这对师生彻底失去了联系。1937年下半年，陈未冬与朋友们一起去了延安进抗日军政大学学习，1938年加入中国共产党，从此开始了他的革命生涯，毕业后回到诸暨参加抗日斗争，后受上级委派，改名为张光，去余姚工作，曾任中共余姚县人民政府第一任县长。1983年，张光先生从浙江省轻工业厅副厅长的职位上正式离休。

上世纪80年代后期，查良镛给陈未冬老师数度写信，其一曰："我的作文中，将'大都'写成了'大多'，是老师翻出《辞海》，予以指正。当时我年少顽皮，自封为'独裁者'，老师颇加优容，此时思之，仍感汗颜……"

小学期间，陈未冬老师曾让查良镛主编级刊《喔喔啼》，这不仅让查良镛对国文产生了更加浓厚的兴趣，大大提升了其国文素养，还使他朦胧中产生了编报的兴趣，数十年之后，他创办《明报》，其源头或许即是小学时的办级刊经历，他能将《明报》由小而大，终使之屹立于报刊之林，或许也得益于当年将级刊办得有声有色的"辉煌过去"。

1988年10月14日，查良镛又给陈未冬老师写信，往事历历注入心头，他在信中不厌其烦，一一罗列，几乎不顾布局及语法，信的结尾处，他对陈未冬老师说："生受老师教诲，已五十余年，回思教诲爱护之恩，感怀良深。明年若能抽空，当来杭州叩见。受业弟子查良镛"

重游母校之时，1992年12月8日，查良镛和夫人来到陈未冬家，向恩师行大礼，以感当年的教诲之恩。

"说起我的恩师，一位是小学五年级时的班主任兼国文老师陈未冬先生，前年在杭州相会时几乎已相隔六十年。我仍记得他为我改正的作文错字，提到这些字时，他不禁大笑，赞我记性好，并说牢记错误是求得进步的要诀……"[1] 金庸深情地说。

数十年岁月沧桑，桃李满天下的陈未冬仍然记得"查良镛"这个名字，虽然后来音讯杳然，但他一直将查良镛当年的一本作文本保存在诸暨的家中，遗憾的是，这本作文本后来被造反派查抄到烧了。

后来，大陆刮起了"金庸"旋风，此时，陈未冬老师早已退休，从武侠小说的作者介绍上，他看到了金庸本名查良镛，于是，他便怀疑这个查良镛是他当年的学生，但又不敢确定，毕竟，这中间隔着那么多的人事沧桑呢。直到1983年他在浙江省第二医院住院，与香港《大公报》的一位编辑碰巧同一病房，便通过这位编辑为媒介，使师生二人辗转接上了中断数十年的联系。精诚所至，金石为开；冥冥之中，似乎真有神助。

---

[1] 引自金庸、池田大作《探求一个灿烂的世纪——金庸、池田大作对话录》，北京大学出版社1999年版。

书香浸透的时光

小学时代，不管是村口巷里十七学堂，还是龙山小学堂，查良镛都酷爱读课外书。低年级时，他喜欢看《儿童画报》《小朋友》《小学生》等"小书"，后来便看内容更为丰富、更吸引人的"大书"，如《小朋友文库》，各种各样的章回体小说。

随着年龄的增长和知识的增多，他开始接触时效性强的书报。于是，让他的少年时代获益最多的书便来到了他面前。那便是邹韬奋[①]撰写的《萍踪寄语》《萍踪忆语》等世界各地的旅行记，还有邹韬奋主编的《生活》周刊，这些刊物和书都是查良镛的父亲和哥哥购买的。它们大大开阔了查良镛的视野，丰富了查良镛的知识，更重要的是，这些文章和书籍使一颗少年的心变得越来越不安分，他的心里，已经不再仅仅是一个袁花镇，而是海宁，中国，甚至是世界。

查良镛最喜欢读小说。他父亲查枢卿即是一个热心的小说读者，受查家藏书之风的影响，极热衷于购买小说，各种各样的小说都有，明清的，新出版的，如张恨水的小说，各种新生派的武侠小说等，应有尽有。除此以外，还有当时的著名小说杂志，如《小说月报》《红杂志》《红玫瑰》等。

查良镛的兄长查良铿更让弟弟的阅读视野得到开阔，在上海上大学的他，不顾吃饭钱都不够的尴尬、更不顾父亲的严辞责备，硬是购买了许多即便是

[①] 邹韬奋（1895—1944），原名邹恩润，曾用名李晋卿，江西余江人。政论家、出版家。三联书店的创办者，以他的名字命名的"中国韬奋出版奖"是目前我国出版界最高的奖项，以他名字命名的另一奖项"韬奋新闻奖"是中国新闻界的最高奖项。著述有《韬奋漫笔》《坦白集》《再厉集》等。

现在也生命力极强的名著，如鲁迅、茅盾、巴金、老舍等人的著作，加上查良镛各位伯父、堂兄、堂姊都拥有不少书，便互相换着看，查良镛的家族图书已经成了一个丰富多彩的世界。

还有学校的图书馆，藏书甚多，更可贵的是，老师们很鼓励学生阅读课外书，这是极为难得的肥沃土壤。甚至有一位姓傅的老师，将他珍藏的三本书——《小妇人》、《好妻子》、《小男儿》——拿出来让查良镛看。

由于查良镛整天沉浸于书海，致使身份虚弱，他的父母非常担心，便常带他到野外去玩，骑自行车、放风筝等，但这些活动似乎都引不起查良镛的兴趣，他只是碍于父母之面，敷衍塞责而已，牵着少年心的，仍然是这些书。

查良镛第一次接触武侠小说是他八岁的时候，刚一接触，他就被吸引住了，他想不到，世界上竟然还有这样如此的书，从此以后，他对武侠小说日渐入迷起来。那曲折的情节、奇异的招式、新鲜的景物、紧张的打斗场面，像一只只手，拉着少年的心，让他情不自禁地往下读。1969年，查良镛对林以亮说："从小就喜欢看武侠小说，八九岁就在看了，第一部《荒江女侠》。"[1] 查良镛弟弟查良珏也说："听小阿哥讲，他八岁时开始读第一本武侠小说《荒江女侠》。"[2]

这本书叫《荒江女侠》，是顾明道自1929年应严独鹤之邀开始在《新闻报》的副刊"快活林"连载的小说，后来《荒江女侠》出了单行本，洋洋120万字，91回。顾明道是上世纪二三十年代以言情、武侠小说活跃于文坛报界的作家。

以后便是平江不肖生[3]的《江湖奇侠传》，该部小说自1922年开始在《红杂志》连载，那时查良镛还未出生，1924年8月，《红杂志》改名为《红玫瑰》后，又在《红玫瑰》上接其第54回连载，共150回，100万字。

---

[1] 引自《金庸访问记》，《金庸：中国历史大势》，湖南大学出版社2001年版。

[2] 引自《人物》2000年第7期。

[3] 平江不肖生，本名向恺然（1890—1957），湖南平江人。现代著名武侠小说家，为上世纪20年代武侠小说巨擘，领导南方武侠潮流。

然后是刊载于《侦探世界》上的《近代侠义英雄传》，同样是平江不肖生的作品，这两部武侠小说在查良镛面前展开了更加精彩的武侠世界，令他如醉如痴。

除了读家里和图书馆的书之外，查良镛还常到外面租书来看，外面，更大更精彩的世界，小小的书摊，也是查良镛的系念。在接受卢玉莹采访时，他说："我小时都到书摊租书看。"① 因此，他得以读家里没有的《七侠五义》、《小五义》等书，还珠楼主和白羽等人的作品也得以涉猎。

在回忆这一段时间的读书时光时，查良镛曾对池田大作说："我年轻时代最爱读的三部书是《水浒传》《三国演义》以及法国大仲马的《三个火枪手》及其续集②。还有一部法国小说《十五小豪杰》我印象也很深，是十五个法国少年航海及在荒岛历险的故事。"③

中国古典名著《三国演义》、《水浒传》当然逃不出少年查良镛的"手心"，读它们，不仅增加了查良镛的知识，还让他有了自己的见解，虽然当时他并不清楚这见解是否正确。

查良镛读《三国演义》时，立场完全站在刘备和诸葛亮一边，看了结局之后，始终不相信刘备为代表的蜀国会最先灭亡，他毕竟拥有那么多厉害的人物啊——诸葛亮、赵子龙、张飞、关羽……为此还与大哥舌战三百回合，直到大哥"祭"出他的历史书让弟弟看，他才不得不相信。《三国演义》的人物中，他最喜欢的是赵云，其次是马超和吕布，其中最重要的原因是三人的武功都非常高强，其次是三人的外形都非常"帅"。这种评判人物的标准对查良镛日后写小说、塑造人物形象有不小的影响。

---

① 引自《金庸：中国历史大势》，湖南大学出版社2001年版。
② 这部书系伍光建先生译，书名更具武侠色彩，因此更符合少年查良镛的阅读口味，译名为《侠隐记》和《续侠隐记》。
③ 引自金庸、池田大作《探求一个灿烂的世纪——金庸、池田大作对话录》，北京大学出版社1999年版。

读《水浒传》，查良镛更多的吸取了其在主题思想上的影响，少年的他便觉得，反抗一定要彻底，如果向朝廷投降，结局可能就会像梁山好汉一样惨。在生活中，他也难免受到读《水浒》的影响，之所以被浙江省联合高中和中央政治学校勒令退学，便是因为他太过正直、富有反抗精神、敢于出头的缘故。他将这种理解写在他的第一部小说《书剑恩仇录》里，用陈家洛的红花会投降朝廷的悲惨结局来形象地告诉人们。

查良镛认为，《侠隐记》这本书对他影响极大，他之所以写武侠小说，就是受了该书的启发。他的小说，也颇具大仲马小说的风格，因为他最喜欢的外国作家也是大仲马。可能正因如此吧，查良镛在被法国政府授于骑士团荣誉勋章时，法国驻香港总领事 Gilles Chouraqui 高度评价他是"法国的大仲马"，的确是有不俗见地的。

在查良镛读过的书中，有一本书不得不提，是它将少年查良镛带入了一个绝美的幻想天地，它便是《陆沉》，著者赛尔维司，译者安子介、艾维章。在查良镛的武侠小说中，之所以有那么多美的元素，那便是幻想的结晶，如果我们要探求启迪这种幻想的源头，恐怕绕不开《陆沉》。

1936年小学毕业时，查良镛只是一名12岁的少年，他一直生活在海宁的袁花镇，一个可以说是局促的地方，由于太贪读书，他也不喜欢到主动外面的世界看看转转，父母逼着或者引着出去游玩除外。但这并不意味着查良镛的世界是狭窄的，更不意味着他的心灵天空是低矮的，恰恰相反，他的世界更加广阔、精彩、神奇，他的心灵天空已经非常高远，他此时的一些思想，已经远非同龄的少年所能企及。

之所以如此，一言以蔽之，都归功于书，归功于查良镛爱书。

还有，袁花镇距离观钱塘潮胜地盐官镇仅十几里地，年幼时，他被大人带着亲观海潮的壮阔，海潮那浩大的景象，那逼人的气度，那百折不回、勇往直前的执著，那令人回味千遍万遍也放不下的魅力，不仅为少年查良镛的心胸吹入一股豪放的风，更以血液的形式融入了他的性格。

南湖·碧湖

1936年1月，在中共满洲省委领导下，"东北反日联军总司令部"成立，东北抗日联军最盛时期发展到5万余人。2月20日，红军为扩大抗日武装和根据地，东渡黄河，发起东征战役，但遭到阎锡山军队拦击，蒋介石调集10个师的兵力增援阎锡山，企图彻底消灭红军和摧毁陕甘革命根据地。为顾全抗日大局，红军于5月5日全部回师河西，发出《停战议和一致抗日通电》，呼吁蒋介石"停战议和，一致抗日"。3月底，刘少奇主持的北方局大力肃清党内"左"倾错误影响，正确地贯彻执行了抗日民族统一战线政策，进一步推动了全国各阶层人民群众的抗日救国运动。4月，日军侵略华北，全国抗日救国运动更加高涨……

此时，时代的风云对12岁的查良镛影响尚小，这一年，他考入了嘉兴中学，要离开故乡海宁，离开袁花镇，离开他熟悉而亲切的"一亩三分地"，异地求学了。

嘉兴中学原为嘉兴府学，1902年改为府中学堂，民国以后又改为浙江省立第二中学、嘉兴中学。查良镛在嘉中读书的年代，校长是张印通[①]，曾留学日本，为人刚直不阿。

老师中也不乏真才实学的人才，如国文老师王芝簃、数学老师章克标都是当时非常有名的老师。他们与张印通校长互相倾慕，才答应到嘉兴中学任教的。

[①] 张印通(1897—1969)，字心符，嘉兴泰石桥人。1917年赴日本留学，在赴日留学期间即怀抱教育救国的志愿。1923年回国，历任浙江省立第二师范学校、省立二中、江苏松江女中教员、教务主任，省立一中教员。1931年起任浙江省立嘉兴中学校长达十多年，崇严务实，治校有方。

嘉兴是一座古城，史称"吴头越尾"，兼有"泰伯辞让之遗风"与"夏禹勤俭之余习"，界于苏杭之间，揽江河湖海之灵，当钱塘东海之会，香樟树枝繁叶茂、生生不息；石榴花映日盛开，热情似火。嘉兴历来文风鼎盛，美丽的南湖风光如画、美丽宜人，嘉兴中学环境清幽，加上有好校长、好老师，这些都给少年查良镛和他的同学们提供了极好的读书场所。实指望这种宁静的学习生活会持续下去的，但好景不长，七七事变爆发，"八一三"事变再起，花花世界的上海炮火连天、硝烟弥漫，离上海甚近的嘉兴和海宁也听到了隆隆的炮声，南湖的平静被打破，炮声替代了悠扬的钟声……[1]

"八一三"之后，由于不少人认为战争很快便会结束，虽然离上海较近，虽然炮声就在耳畔，但并未引起足够重视，人们仍然在原来的轨道上不紧不慢地生活。"嘉兴中学还是于9月1日照常开学，照常上课。……学校里挖掘了防空洞、防空壕，布置灯火管制，窗户上做了黑布窗帘。同时，采取了预防措施……"这是章克标老师若干后的回忆。

然而，战争愈来愈烈，死神的影子越来越逼真，在多数学校不得已停办的情况下，张印通校长启动预案，将学校暂时迁至嘉兴北部的大镇——新塍镇继续上课，做好两手准备，随时撤离嘉兴。

在那个年代，炮声的间隙里，那夹杂着恐惧的书声该是多么珍贵，多么令人感动！

然而，11月5日晨，嘉兴面临危如累卵的绝境：日军20万人自杭州金山卫和全公亭一带乘浓雾登陆。黑云压城城欲摧，家乡尚未燃起战火的学生已被家长接走，更有数百名无家可归的学生滞留学校，霎时，书声没有了，哭声响起了，死神的翅膀在人们的头顶盘旋。张印通校长毅然决定——学校南迁！

---

[1] 1936年8月16日，十多架日机轰炸嘉兴飞机场，之后，每天（阴雨天除外）上午8时左右，空袭警报便会回荡在嘉兴上空；8月19日晨，20架日机空袭嘉兴；10月3日下午，8架日机轰炸嘉兴火车站，造成7人死亡、12人受伤……

自 11 月 11 日起，嘉兴中学的师生们便匆匆告别新塍，在越来越尖利的冬风里，踏上了千里流亡之路。

11 月 17 日，日机先对新塍进行轰炸之后的当晚，日军潜入新塍，杀害了 13 人；19 日，嘉兴沦入日军之手。

由张印通校长率领，查良镛和他的老师、同学们自新塍出发，先由水路，水路不通时徒步前进，晓行夜宿，跋山涉水，经乌镇、练市、余杭、临安等地，到达了于潜。于潜原本是他们的目的地，但就在师生们准备安营扎寨和上课的时候，杭州沦陷的消息像巨石一样砸碎了全体师生的梦境。于是，他们不顾潮水一样汹涌的疲惫，只得继续前行。

当时，查良镛只有 13 岁，同学们大的也只有十四五岁，小的仅有 12 岁，每个人都背着行李，步履之艰，可想而知。他们在张印通校长和 20 多位老师的带领下，每天行进三五十里，多则六十里，缓慢前行。在流亡的途中，老师们抓紧一切边角时间给学生们上课，学生们尽最大力量多掌握知识。在教室、课本、学习用品全无的前提下，他们克服一切困难，坚持学习。吃得再简单不过，睡得更令人可怜——到了宿营之处，他们把稻草薄薄在地上铺上一层就睡下了，冬天的夜冷彻心肺，即便在有月亮的晚上，月光也像冰一样冷，其中甘苦，非局外人所能体味。

1937 年 12 月下旬，师生们经过将近两个月的长途跋涉，行程千里之遥，经永康、缙云，最终到达丽水的碧湖镇。①

1937 年，不仅对中国是一个巨大的考验，对中国的教育同样如此，在炮火连天的日子里，心怀梦想的学子用血肉之躯和坚定信念创造了教育史上的传奇。比嘉兴中学师生的南迁早上两个月，北大、清华、南开的大学生南

---

① 1992 年 12 月 2 日嘉兴一中九十周年校庆，金庸在新华社香港分社副社长张浚生陪同下，重返母校，出席母校庆典，金庸为嘉兴一中题字，忆念当年逃难的苦况及感谢母校照顾之恩：当年遭寇难，失哺意彷徨。母校如慈母，育我厚抚养。去来三十载，重瞻旧学堂。感怀昔日情，恩德何敢忘。引自张圭阳《金庸与〈明报〉》，湖北人民出版社 2007 年 9 月版。

迁至长沙，并与10月25日复课，但一个月后由于时局突变，又不得不南迁至滇，他们是西南联大横空出世的脊梁。

而嘉兴中学的学生可都是些孩子啊！这次迁移，没有一人伤亡，甚至没有一人掉队，堪称中国教育史上的奇迹，想来感人至深。

查良镛在1992年嘉兴中学九十周年校庆时这样深情回忆当年的峥嵘岁月，以激励现在的学弟学妹们："当时我们才十二三岁，每天要步行七八十里，餐风宿露，为抗日救国，我们跟学校到后方去。为救亡图存，我们努力学习。走不动了，就唱支歌……"在孩子的眼里，恐惧和极度疲累远远拉长了时空的距离，三五十里觉得是七八十里甚至是无限长，都是可以理解的。

在嘉兴中学，章克标老师让查良镛终生难忘，多年之后，早已以金庸之名为世人所知的查良镛还骄傲地向友人提起章老师："我有一位中学老师教我数学，我读过他的文学著作，佩服他的幽默文风，他的一本《数学的故事》，文字很优美。"

自1989年起，查良镛便与章老师多番联系，或者书信往来，或者对老师贺电往返，或者与老师共进晚餐、共话当年。言谈举止之间，查良镛已不是名播天下的金庸大侠，而是一名虔诚向师的稚嫩学子……

对于王芝簃老师，查良镛也念念不忘，在与池田大作的对谈中，他说："初中时的国文老师王芝簃先生也是我的恩师，他给我的主要是身教，他刚毅正直、勇敢仁厚的侠气使得我一生时时暗中引为模范……"[1]

嘉兴，那历史悠久、名人荟萃的城，那舒缓平阔、清澈迷人的湖，那宁静美丽、引人遐思的校园，那让人梦里也激动得颤抖的书声，永远融在查良镛的记忆里了。

正因如此，他的小说里才将嘉兴的景致写得这样美，《射雕英雄传》里，

---

[1] 引自金庸、池田大作《探求一个灿烂的世纪——金庸、池田大作对话录》，北京大学出版社1999年版。

查良镛通过完颜洪烈的眼睛写南湖的美——

  这醉仙楼正在南湖之旁，湖面轻烟薄雾，几艘小舟荡漾其间，半湖水面都浮着碧油油的菱叶，他放眼观赏，登觉心旷神怡。这嘉兴是古越名城，所产李子甜香如美酒，因此春秋时这地方称为醉李。当年越王勾践曾在这里打破吴王阖闾，正是吴越之间交通的孔道。当地南湖中又有一项名产，是绿色的没角菱，菱肉鲜甜嫩滑，清香爽脆，为天下之冠，是以湖中菱叶特多。其时正当春日，碧水翠叶，宛若一泓碧玻璃上铺满了一片片翡翠。[①]

  当年的少年学子人在碧湖，心犹在南湖上泛舟；多年后的青年报人人在香港，思念却萦绕遥远的故乡。查良镛以这样的描写，与其说是为小说增胜，不如说是在表达他的一腔乡思。

母丧，尖利的疼痛

  1937年11月5日，日军在杭州湾登陆，海宁和嘉兴受到威胁，为了逃生，居民开始踏上背乡离井的窘途；17日，海宁县政府的部分官员开始撤离，他们的举动更让人仿佛看到了死神狰狞的眉目；18日，查枢卿为避战火，携妻子儿女踏上了逃难的征程；20日，日军侵入海宁硖石，三天之后，海宁沦陷；12月，日军第七中队野口中什中队长率领150人，侵占了查良镛的家乡袁花镇。

  查枢卿及其家人告别了美丽的家乡和赖以支撑精神的祖茔，渡过钱塘江，在余姚的庵东镇暂时落脚。虽然暂时远离了死亡的恐惧，但对岸的枪炮声仍

[①] 引自《射雕英雄传》第二回。

时时传来，给人的梦境都加上了沉重的黑边。更雪上加霜的是，查良镛的母亲徐禄由于体弱，加上长途行走和惊吓，患上了急性菌痢，因缺医少药，腹痛痢血，难以饮食和入眠，终至脱水，怀着对生命的珍爱和对亲人的眷恋，含恨而逝。这是1937年的12月底，再有一个月就要过新年了，对徐禄而言，1938年的新年成为她永远翻不过去的山峰。天空低矮，哀云垂檐，冷风如泣，枯草如诉，衔悲的亲人们心肝欲裂，尚未断奶的幼儿饿极悲啼。去世之前，丈夫查枢卿将亲手采得的草药，熬好后以鸡汤为引让她服用；去世之时，爱子查良镛并不在她的身边，他和他的老师和同学经过千里流亡之后，刚刚到达目的地——浙江南部的丽水碧湖镇；去世之后，查枢卿守在她的灵前，肝肠寸断，不忍与她分开。这一年，金庸年仅14岁，良钰正嗷嗷待哺，不久，良栋也因病追随母亲而去。三年以后，查枢卿与查家的丫环顾秀英（月云）结了婚，除了抚养徐禄的四子外，还生下了四子二女。四子是良钺、良楠、良斌、良根，二女是良琪、良珉。

查枢卿被镇压后，顾秀英独自抚养子女，艰难备至。实在没办法了，她卖了所居的两间老屋，遭到三天三夜毒打，罪名是"地主婆反攻倒算"。但她始终不忘丈夫，对痛哭的孩子们说："什么苦我都能忍受，只盼着养大你们，有书念，对得起你们早死的父亲。"顾秀英1989年去世，享年77岁。

徐禄就葬在了庵东镇。庵东镇以产盐闻名，被称为"盐都"。对于母亲安眠的地方，金庸有着极特殊的感情。

靠右近海一面，常见一片片光滑如镜的平地，往往七八丈见方，便是水磨的桌面也无此平整滑溜。俞岱岩走遍大江南北，见闻实不在少，便从未见过如此奇异的情状，一问土人，不由得哑然失笑，原来那便是盐田……

傍晚时分来到余姚县的庵东镇。由此过钱塘江，便到临安，再折向西北行，经江西、湖南省才到湖北武当。晚间无船渡江，只得在庵东镇上找家小店宿了。①

在小说中，查良镛让俞岱岩这个人物住进庵东镇，并通过他的眼睛去观察这个地方，用他的口去赞美这个地方，实际上是为了表达他本人对庵东这个地方的感情，那毕竟是母亲埋骨的地方啊。

庵东镇是查良镛终生绕不开的结，中学时，他就曾到过这里，这里便凝聚了他少年时的记忆了。

"当时我们在浙江南部念书的人对那支部队很亲厚，常常去慰劳他们，觉得这些湖南老乡帮我们守卫家园，不容易……"②这是查良镛被采访时的一句话，这支部队驻扎的地方就在庵东镇附近，或许，因为当时的通讯条件极差，消息闭塞，查良镛并不知道自己的父母亲人就在庵东镇避难，因此在劳军的时候未能看望；或者后来他知道亲人在这里暂住之后赶往家中，便已听到母亲早已去世的噩耗。在内心深处，便产生了一个结：他曾已经那样接近自己的亲人，却错过了见母亲最后一面的机会。或许正因为这样，在此次被采访时，他没有提起庵东镇，庵东镇成了他的一个心结。其实，查良镛和同学们到这里犒军时，他的母亲早已去世，又哪里能见上呢？思母之痛，原本是难以用常理论的啊。

由于母亲的原因，这里更成了他魂牵梦萦的所在。回到故乡，查良镛还跟妹妹一起到庵东镇驻留，仔细寻访母亲当年在这里生活过的痕迹，让自己久远的思念与母亲对接，并焚香祷祝，祭奠母亲的亡灵。

查良镛是不幸的，小小年纪就失去了母亲，母亲去世时他又未在身边，未能见母亲最后一面，这在他的心灵里刻下了永远难以消减的遗憾。因此，在他的小说里，写了太多母子间的亲情，这亲情化不开，拆不散，纵是石人也动心。

---

① 引自《倚天屠龙记》第三章。

② 引自《智者的声音——在岳麓书院听演讲》。

完颜康走到她身旁，拉住她手道："妈，你又不舒服了吗？"那女子叹了口气道："还不是为你耽心？"完颜康靠在她身边，笑道："儿子不是好好地在这里吗？又没少了半个脚趾头。"说话神情，全是在撒娇。那女子道："眼也肿了，鼻子也破了，还说好好地？你这样胡闹，你爹知道了倒也没甚么，要是给你师父听到风声，可不得了。"①

完颜康即杨康，是查良镛《射雕英雄传》里的反面人物，虽然如此，但他仍有疼爱她的母亲；杨康不可谓不心狠手辣，但在母亲面前也如此撒娇、如此柔软。走进字里行间，我们似乎可以听到查良镛跳动的心。

但同时查良镛又是幸运的，千里流亡，不仅强健了他的体格，更强韧了他的意志力，不曾亲眼见到母亲去世，从某种意义上说，让他的心里少了一些凄凉和黑色。

惹祸的"阿丽丝"

位于浙江南部丽水市的碧湖镇是这样的一个地方，名曰碧湖，其实名实不副，并无湖水，小溪清澈，远观如湖，它不过是一片平原罢了，被群山包围着，呵护着，给查良镛和他的师生们以宁静的学习和生活环境。

当嘉兴中学的老师们迁移到此时，国民党省政府设立的一些战时机构已经萌生，原因便是看中了碧湖的宁静和繁荣。

1938年1月，浙江省教育厅在碧湖开办了战时青年训练团，主要进行

---

① 引自《射雕英雄传》第九回。

战时军政训练,其主要目的是收容从战区逃出来的学生。训练团分高中学生组和简师班等,嘉兴校长张印通任简师班主任。

查良镛穿上了军装,灰色的,与女生的草绿色军装形成鲜明对照,文弱的气质被军装镶上了英武的薄边。一边受训,一边学习,比起过去不久的流亡学校的学习生活,同学们感到既新奇,又兴奋。他们受训刻苦,学习认真,这样的时间持续了半年之久。

随着杭州等地的相继沦陷,迁至碧湖避难的师生越来越多,加上逃难至此的民众,小小的碧湖空前热闹,与之相对应,机关、团体、军营、商店等配套机构或设施纷纷产生,这里像倏然之间被吹得鼓起来的气球,变得繁华而喧嚣起来。

鉴于学生越来越多的现实,1938年7月,教育厅决定迁至此地的所有学校组成浙江省立联合中学,分初中部、高中部和师范部,张印通任主任委员兼高中部主任,原杭州初中校长唐世芳任事务部主任兼初中部主任。一年后,高中部更名为浙江省立临时联合高中,初中部更名为浙江省立临时联合初中。"联中"除全部收纳随学校迁移过来的学生外,流亡至此的所有学生,经核查属实后,也准予入学,碧湖乃至丽水附近地区的学生有愿入学者,择优录取,联中于1938年9月正式开学,终于结束了因为战争而不得不进行的流亡学习和边训练边学习的生活。

查良镛属于初中部,该部人数最多,共编为12个班。

深知享此学习环境的不易,同学们格外珍惜这学习的机会,他们更深知失去家庭经济来源和无家可归的痛苦,在极艰难的环境里尽量快乐地学习。学校免除一切费用,制服(内衣裤自备)、书籍、伙食全由国家供应,按月发放零用钱。当然,这种救济似的补贴很少,连学生们最低标准的消费需求也难以满足。查良镛来自沦陷区,享受甲种救济待遇,但仍然"入不敷出",外面,他穿的是训练团时留下的旧制服,内衣裤和鞋袜等需自备的衣物却无力添置,冬天无情地到来,南方的天气也非常寒冷,加之食之不饱,冻馁之状实非外人所能体会，但查良镛和同学们仍然乐在其中。

查良镛他们当年的学习生活是这样的：清晨，起床号嘹亮地响起，同学们便从并不甜酣的梦中醒来，飞快地穿好军装、破旧的草鞋，打好绑腿，便来到教室前的空地上集中，整好队形后来到大操场跑步。之后便进入教室学习。教室里没有电灯，只有土制的蜡烛和油灯照出昏黄的光，后来教室里添置了煤气灯，照明条件稍好。就这样，在烟熏火燎的教室里，在敌机来袭的危险中，或者刺耳的空袭警报声里，查良镛和他的同学们在不顾生命之虞学习着，课堂被敌机的袭击打断是家常便饭。

这一时期，查良镛在学习之余，也读过一些课外书，如给他强烈震撼的雨果的《悲惨世界》，那是《苏曼殊全集》中的译本，很少，仅有一个开头，但这已经令少年查良镛深深地感动。数十年后，他对池田大作说："我当时所读到的《悲惨世界》虽只是片段，但震撼力强劲无比，以文学价值言，远远在大仲马、梅里美（我也喜欢的另一位法国小说家梅里美，《卡门》的作者）等人之上。文学风格与价值的高下，即使对于我这个没有多大见识的少年人，其间的对比也是十分明显的。"[1]

和现代的孩子一样，查良镛的初三生活也是紧张有序。考试非常严格，功课非常繁忙，同学们都是一样，都觉得时间不够，恨不得把吃饭、上厕所的时间都挤出来。这时候，查良镛突发奇想：他要做一件大事，为后来的同学们排忧解难。

于是，一本《献给投考初中者》的书便于1939年公开出版发行了。这本书的编者是查良镛、何风来和另一位同学，读者对象是小学升初中的学生，由丽水的一家出版社运作。由于读者对象定位明确，因而颇为畅销。这是查良镛一生的第一本书。

---

[1] 引自金庸、池田大作《探求一个灿烂的世纪——金庸、池田大作对话录》，北京大学出版社1999年版。

查良镛后来说："我出的第一本书是《献给投考初中者》。它内容平凡，只是搜集了当时许多学校的招考试题加以分析解答，同时用一种易于翻查的方式来编辑，出版后得到很大成功……书籍一直行销到福建、江西、安徽各地。这本书的收益，支持我们合作的三人顺利从高中毕业，再到重庆去进大学。"[1] 牛刀小试，便尽尝成功滋味，这充分体现了查良镛过人的商业头脑，即使他自己也说，"这本书和文学修养无关，而是商业上的成功"。因为他了解了读者的需要，并用最恰当的方式去满足他们。因而，这本书让查良镛生出了自信，以后他创办《明报》，也来源于这种自信和对读者心理把握的能力。

1939年下半年，从浙江省立联合初中亚历山大级毕业的查良镛升入了浙江省立临时联合高中。高中，在查良镛面前展示了它全新的形象：这不仅仅表现在上课地点从沈家祠堂到了龙子庙，更表现在图书、仪器的增多上，最重要的是，名师较之联初大大增加。"联高"的图书和教学设施主要由杭州高级中学搬来的，拥有众多的名著。如《国学基本丛书》、《大英百科全书》、《万有文库》、许多汉译世界名著，鲁迅、冰心、茅盾、巴金等人的著作，范长江的《中国的西北角》，斯诺的《西行漫记》都有，阅览室里，辞典、报刊齐全，这让爱书查良镛欣喜不已。

让查良镛更欣喜的是联高名师荟萃，除了他又见到了他尊敬的校长张印通以外，元曲专家钱南扬老师是他的国文老师，历史老师孙正容是国学大师孙诒让的后人，还有数学老师沈儒余、崔东伯、黄人达，英语老师陈楚淮、杨彦勉，物理老师徐兆华，化学老师斯芳，地理老师陈铎民……都是不可多得的名师，他们化枯燥为趣味的功夫让查良镛陶醉，他们认真执教的精神让查良镛难以忘怀。尽管炮声仍不断传来，但校园里照样书声琅琅；虽然教室

---

[1] 引自佚名《金庸抚今追昔话当年》，葛涛、谷红梅、苏虹选编《金庸其人》，社会科学文献出版社2004年9月第1版，原载《北京晚报》2003年9月26日。

是草棚破庙,但里面学习的空气浓郁;虽然生活艰苦,但兴致却丝毫未减……查良镛如鱼得水,尽情徜徉在知识的海洋里。

然而,一件事情的发生却改变了查良镛人生的轨迹,使他不得已离开热爱的联高,离开张印通校长,离开他敬重的老师,踏上辗转求学的路途。

1940年,查良镛在壁报上发表了一篇文章——《阿丽丝漫游记》,据叶炳炎的《查良镛在联合高中》一文披露:"……描述阿丽丝小姐千里迢迢来到联高校园,兴高采烈遨游东方世界之际,忽见一条色彩斑斓的眼镜蛇东游西窜,吐毒舌、喷毒汁,还口出狂言威吓教训学生……眼镜蛇时而到教室,时而到寝室,或到饭厅,或到操场,学生见之纷纷逃避……"[1]

大家都知道,文章中的眼镜蛇所指何人,查良镛后来在回忆文章里这样说:"我高中一年级时,因在学校壁报上撰文讽刺训导主任沈乃昌先生而被开除,这是我一生中最大的危机之一。因为被学校开除,不但失却了继续求学的机会,连吃饭、住宿的生活也发生了问题,后来终于在原校长张印通先生及旧同学好友余兆文君的帮助下进入衢州中学,那是生死系于一线的大难……"[2]

原来,沈乃昌此时任联高的训育主任,由省教育厅直接任命的,权力非同小可,是训育制在联高的代言人,而训育制是国民党推行党化、奴化教育的重要手段之一,是一党专制下的特殊产物,自然反对不得。查良镛写文章直斥训育主任,这岂不是掌掴国民党的脸嘛!难怪有关部门勃然大怒,非开除不可。若不是张印通先生尽力斡旋,将处分改轻,或许查良镛的人生就会完全改写。这一事实,查良镛在与池田大作的对谈中也有提到,只是基本事实便与上段引文有了些许出入:"……我因壁报事件被学校开除,张校长曾极力为我争取较轻的处分,但那位训育主任是国民党分子,权力凌驾于校长

---

[1] 引自萧乾主编《新编文史笔记丛书》之一,浙江省文史研究馆编《两浙轶事》,上海书店1992年版。
[2] 引自佚名《金庸抚今追昔话当年》,葛涛、谷红梅、苏虹选编《金庸其人》,社会科学文献出版社2004年9月第1版,原载《北京晚报》2003年9月26日。

之上……"①

对张印通校长的感恩之心，使查良镛永铭于心，张印通位于嘉兴一中的铜像揭幕之时，他倾情为铜像题写了碑额，以表其诚。

但后来，查良镛回忆，正是因为"眼镜蛇"事件，使他凸显了"不怕重大压力而在文学中畅所欲言"，是他日后成功的重要关键。日后的查良镛，之所以能写出言辞犀利、观点独到的时评，不能不说是这种精神一以贯之的结果。

千里求学路

1940年7月，查良镛不得不离开了他生活和学习了两年半的碧湖，进入位于衢州石梁的衢州中学。在这之前，1940年3月，汪精卫于南京成立伪政府，随即，重庆各界展开了声讨汪精卫叛国集团投敌卖国的斗争；日本企图以华制华，国民政府所属所有兵工厂在重庆防空岩洞中全部复厂生产；1940年5月1日，日军为反制国军1939年底的冬季作战，进攻湖北省枣阳、宜昌地区，是为枣宜会战，会战以日军占领宜昌而结束，而国军三十三集团军总司令张自忠上将于此役中壮烈殉国。这些在中国国土上发生的大事，有的是查良镛所知道，有些是他不知道的。他只知道，他离开碧湖他熟悉的一切时，他流着依依不舍的泪；到衢州中学时，他又经过了艰苦的长途跋涉。

衢州中学建于1902年，民国时称为浙江省第八中学，原在衢州，抗战爆发以后，不得已一迁再迁，最后搬至在衢州西北20里左右的石梁。

石梁是个山区小镇，规模不大，人口不足千人，但环境优美，山水兼备，

---

① 引自金庸、池田大作《探求一个灿烂的世纪——金庸、池田大作对话录》，北京大学出版社1999年版。

不论是智者还是仁者，均能在此找到钟爱的美景，是大自然钟灵毓秀之地。群山环抱，溪江多情地流过，树木葱郁，流水潺湲，淡烟之中，人家隐约，空气清新，环境清幽，非常适合读书。若不是战火纷燃，炮声依稀，这儿酷似人间桃花源。

衢州中学分四部分：附小、初中、高中及师范，分散上课，并不在一处，查良镛所在的高中部在下静岩村。

查良镛收拾起对碧湖生活的回忆，迅速投身于衢州的学习与生活之中。环境虽美，由于是战时，学习条件仍然简陋，但师生们都不计较，而是克服一切困难学习，书声琅琅，是对挑起战争者的反抗，歌声嘹亮，是同学们自强不息的精神体现。

在这里，查良镛如鱼得水，在国文老师王西彦、袁微子、陈康白等名师的悉心教导下，他如饥似渴地汲取知识的营养，无时无刻不在进步。学习之余，查良镛还非常关注学校订阅的报纸杂志，最吸引他目光的是《东南日报》，由陈向平[①]主持的副刊"笔垒"尤其令他痴迷。不久，查良镛便在"笔垒"上发表了两篇文章，深得陈向平的欣赏。

这两篇文章，查良镛用的笔名是"查理"，是他的老师给他起的。

第一篇是《一事能狂便少年》，发表于1941年9月4日《东南日报》的"笔垒"副刊上。在当时，衢中师生在"笔垒"发表文章是常有之事，然而，这篇《一事能狂便少年》从"一位好友"的遭遇写起，引用王国维先生的"一事能狂便少年"引出主题，见解独到、语言犀利，入木三分，字里行间充满

[①] 陈向平（1909—1974），原名增善。早年曾主编《民众之路》周刊，后在《东南日报》（金华版）主编"笔垒"副刊。解放后，曾任上海市教育局研究室主任、市文教委员会办公室主任、上海新知识出版社副社长、上海古典文学出版社副社长、中华书局上海编辑所任副主任兼副总编辑，专门从事古籍的整理出版。曾整理出版了《中国丛书综录》、《陈寅恪文集》、《汤显祖集》、《聊斋志异会评会校会注本》等。

着对训育制和人人畏惧的训育主任的讽刺之意①，吸引了众人的目光。更令人诧异的是，副刊主编、著名的陈向平先生竟然想趁出差到衢州之机看看查理先生！令陈向平同样诧异的是，这位查理先生竟然是一名高中生！带着怀疑的态度，陈向平与查良镛进行了一番交谈，他才相信了眼前这位瘦削而文气的少年便是作者无疑，在陈向平的眼里，尚为少年的查良镛竟然有一种学者风度。于是，两个年龄相差15岁的人便迅速成了忘年交，言谈甚欢，甚至有了相见恨晚之感。

由于衢州特殊的地理位置，使它成为得之则生、失之则死的兵家必争之地。1940年，灭绝人性的日军在衢州城里空投了细菌武器，造成了长达6年的鼠疫大流行，致使1160人死亡；1941年5月，鼠疫引发的疾病达到最高峰。学校因此而放假，查良镛的同学因而死于这场惨无人道的瘟疫之中。战争的无情，日军的罪恶，亲友的逝去，似一把把尖刀，插在青年查良镛心上。让他一生都难以忘记。他在与池田大作的对谈中，描述过这惨痛的记忆：

　　同班有一个同学体育健将毛良楷君染上鼠疫，全校学生校工等立刻逃得干干净净。毛君躺在床上只是哭泣，班主任姜子璜老师拿钱出来，重金雇了两名农民抬毛君进城，送上江中的一艘小船。我是班长，心中虽然害怕，但义不容辞，黑夜中只得跟在担架后面步行，直至江边和毛君垂泪永别。回到学校，和姜老师全身互泼热水，以防身上留有传染鼠疫的跳蚤。②

　　1941年11月，衢中发生了一起学潮，因对训育主任杨筠青不满，愤怒的学生砸毁了他的宿舍，把他打得几乎奄奄一息。事情惊动了衢州警备司令

---

① 查良镛在《一事能狂便少年》中写道："……我不愿意对这位训育主任有什么不敬的意见，因为我知道我和他几乎相差三十岁的年纪。这种差异是不可超越的。我只以为放弃教育手段而勉强别人增加年龄是一件不值得赞美的事情，并且狂气也不是同他所想象的那样：是一种非常要不得的东西。"
② 引自金庸、池田大作《探求一个灿烂的世纪——金庸、池田大作对话录》，北京大学出版社1999年版。

部，于是，军队进驻衢中，并架上了机枪，以警示学生。学校停课，学生被勒令回家。查良镛是学潮分子中的一员，被列入黑名单，面临被开除的命运。幸亏校长陈博文爱护学生，通过努力，使学校尽快复课，并使查良镛等人免于被开除的厄运。这件事情不仅名震衢州，还震动全省。

1941年12月7日，一篇《人比黄花瘦——读李清照词偶感》的文章在"笔垒"的刊首发表，署名仍然是"查理"。这篇看似诗词鉴赏的文章，却翻出了新意——查良镛借这篇文章，来表达这样的观点：一味的自我怜惜、一味的吟风弄月，缺乏战斗精神的思想，在当时的非常时期，是不正确的。[①] 仍然是大家熟悉的文笔犀利，仍然是可贵的富有批评精神。

在衢中，查良镛除了富有批评的力量之外，实际上他是个多面手：他曾经在全校性的各项活动中崭露文才，曾于1941年双十节汇演中自编自导英语话剧《月亮升起》，曾在全校每学期一次的独唱比赛中唱英文歌，"他也是一名体育运动爱好者，连续几届校运动会，最后有一项竞赛'高中男生武装负重赛跑'，总是他首先冲刺到终点。"[②]

但命运并不因为查良镛的优秀而轻易给他平坦的人生，1942年的历史更是充满了战争恐怖的气味。

1942年4月，衢州城的房屋几乎被凶残的日军飞机全部炸毁，百姓纷纷逃难；5月24日，衢州在日军攻陷金华和兰溪之后，危如累卵，学校停课，学生离校。自此，查良镛结束了他的高中生活，这段书声与炮声竞高、灯火与战火并存的日子，永远融入他的血液，铭刻在他的记忆，体现在他的小说中。

一个月后，刚走出学校的查良镛与他的忘年交陈向平巧遇。原来，为形势所迫，《东南日报》的地址一迁再迁，陈向平肩负重任，随着像浮萍一样的《东

[①] 查良镛在这篇文章里写道："在从前，女子处在被保护者的地位，求得别人的同情常常是一种有效的达到她目的的手段。我是对现代一切吟风弄月，缺乏战斗精神的思想提出抗议，我控诉那种自我怜惜的心理。"

[②] 引自查良镛同学何因的回忆和《衢州与历代名人》，《衢州文史资料》第12辑，1996年10月。

南日报》由金华迁往素有"东南锁钥、入闽咽喉"之称的江山。战火中的邂逅让二人分外激动，于是，二人促膝交谈，通宵达旦，不知东方之既白。交谈中，年方18岁的查良镛纵谈友谊，陈向平听得频频点头，便建议查良镛将这些观点诉诸文字，日后向"笔垒"投稿。之后，二人各分东西，携带着大量稿件、沉甸甸的复刊责任和广大读者希望的陈向平，九死一生抵达目的地——福建南平，并积极筹备《东南日报》南平版复刊之事。

复刊后，自9月3日起，共5天的时间里，"笔垒"副刊连载了查良镛的长文《"千人中之一人"》，笔名依然是查理。

这篇长达6000的文章，旁征博引，笔意纵横，文意遒劲，不仅集中体现了青年时代的查良镛对友谊的看法，也代表了他的最高水平。他在文章里说："一颗良好的心，一种爱人的精神，一种坦白、诚恳、宽恕、愉快的态度，是享受友谊的必要条件。以情投意合为基础，以时间空间给两人的试验的完满表现完成之'他的权利由你承受，你的过失由他担负，不论他在别处有理无理。'"

天下之大，已难以安放一张属于查良镛的书桌；母亲已逝，亲恩杳然，查良镛含泪决定，到陪都重庆去，继续他的求学之梦。由浙入渝，千里路遥，山高水阔，加之战火纷飞，盘川拮据，要去谈何容易？然而，什么困难都阻挡不住查良镛的脚步，理想在前方向他招手。

查良镛的好学是出了名的，不仅在求学阶段，即便他成功之后也勤学不辍。数十年后，其好友倪匡这样评价他：

金庸的苦学精神，更令人叹服。二十年前，他自己觉得英文程度不移好，进修英文，家有一个一人高的铁柜，抽屉拉开来，全是一张一张的小卡片，上面写满了英文的单句、短句，每天限定自己记忆多少字。据沈宝新先生说，金庸在年轻时，每天限定自已要读若干小时的书，绝不松懈。一个人能成功，绝非幸致，天分固然重要，苦学更不可或缺。①

1942年冬，数月跋涉之后，查良镛到达湘西。天高地迥，路费将尽，重庆似乎更加遥远。

这时，查良镛忽然想起，他有一个同学的家在这里，于是，便投奔同学而去。其时，距到重庆参加入学考试的时间尚久，他便盘桓在同学哥哥开的农场里，边帮人干活边温习功课。近一年湘西的生活，这儿的风土人情给查良镛留下了深刻的印象。他不仅爱上了湘西，还爱上了作家沈从文和他的作品。2000年9月24日，查良镛在演讲中动情地说："我的小说里面，各位有没有想到，最好的一个女人是湖南人，最好的一个男人也是湖南人……有人说，我写的女主人角最好的人，是在岳阳旁边的洞庭湖边的程灵素。这位小姐相貌并不好看，但是很聪明，内在非常美，个性非常好，对爱情很忠诚，是一位可敬可佩的湖南的一位小姐……《连城诀》里的狄云，一个是湘北的，一个是湘西的，一个很好的男人，但武功不是很高，人不太聪明，但个性很淳朴，对朋友很忠实，对所有的人都非常的好。"②

查良镛之所以对湘西怀如此深情，不仅仅因为沈从文诗一般美的小说，不仅仅因为湘西秀美的风物人情，更是因为在他最困窘的时候、在他山重水复的时候，是湘西以博大的胸怀收留了他，收容了他的绝望，并使他升腾起柳暗花明之希望。因此，查良镛对湘西之情，不仅有审美在其中，更有感恩在。

---

① 引自倪匡《武侠小说大宗师——金庸》。
② 引自《金庸论中国历史大势——2000年9月24日在湖南电视台卫星频道"新青年"岳麓书院"千年论坛"的演讲》，葛涛、谷红梅、苏虹选编《金庸其人》，社会科学文献出版社2004年9月第1版。

从重庆到杭州

1943年夏季来临，在油桐花落尽、油桐果一天大似一天的季节里，查良镛恋恋不舍地告别湘西，告别同学及其兄长，动身前往重庆。

重庆是一个令人心动的地方，被长江滋养着，重庆像一个小家碧玉，美丽、风韵，皮肤吹弹得破；被浓雾呵护着，重庆像一个大家闺秀，其真面目难得一见，神秘而更具魅力。

重庆位于长江与嘉陵江的汇合处，"是一个风云际会之点，是一个具有夸张的地理意义的临时宿营地，像慕尼黑和凡尔赛一样。重庆是一个成千上万人分享过的插曲……大人物和小人物，高尚者和贪污者，勇敢的人和胆小的人，都曾在重庆聚会过一小下……"①

在1937年到1944年间，重庆作为中华民国的战时首都，来自浙江、湖南、安徽、湖北、江苏、上海等长江中下游地区的百万移民迁往重庆及其周边地区，这一群体被重庆本地居民称作"下江人"。同时，数以万计的企业、学校，近8万吨黄金都搬迁至重庆，因此重庆成为战争时期中国的政治、经济、文化中心，反法西斯战争远东指挥中心。另外，国民革命军空军的作战飞机，美国志愿飞行团"飞虎队"都曾经驻扎在重庆。

1943年，查良镛来到重庆，并考上了中央政治学校外交系。

关于为什么选择该校，查良镛曾经这样回忆："其实我当时也考取了中

---

① 引自［美］白修德、贾安娜《中国的惊雷》，端纳译，新华出版社1988年版。

央大学、西南联大和四川大学的外文系，但是经济上负担不起，而中央政治学校不收费，我便去了。"①

中央政治学校是国民党党立最高学府，其前身为中央党务学校，1929年易名为中央政治学校，属于军事管理体制。在一年级，查良镛的成绩名列第一，获得了学校嘉奖。

在中央政治学校，查良镛于1944年暑假时认真阅读了中国古典历史名著《资治通鉴》，其余时间，他还喜欢读《新华日报》刊登的乔冠华的国际述评，还写了一篇《白象之恋》的短篇小说，以查良镛署名参加了重庆市政府组织的征文比赛，获得过二等奖。这是让他骄傲的事情。几十年后，他在与严家炎②的对话中，还非常自豪。

但仅仅在中央政治学校读书一年零两个月之后，他便遭退学，这时是1944年11月。

关于查良镛在中央政治学校退学的事情有两个版本，一个是查良镛自己对严家炎讲述的："那个学校国民党控制很严，国民党特务学生把很多人看作'异党分子'，甚至还乱打人。我因为不满意这种状况，学校当局就勒令我退学。"

另一种版本是查良镛同学余兆文提供的，1944年10月，针对长沙失守、衡阳沦陷、日军攻占独山、狼顾贵阳的事情，使陪都重庆震恐，蒋介石便号令招募大中学生组织"青年军"，发起了大规模的青年从军运动，但查良镛拒绝投笔从戎，便被学校勒令退学。

此时，查良镛20岁，忽然失去了求学深造的机会，查良镛感到前途渺茫，一时之间失去了方向。

---

① 引自艾涛《金庸新传》，山东友谊出版社2002年1月版。
② 严家炎，1933年11月14日出生于上海，笔名严寒、稼夕。北京大学教授、博士生导师。北京市文学艺术界联合会副主席、中国现代文学研究会会长、全国丁玲研究会名誉会长。主要著作有《论现代小说与文艺思潮》、《中国现代小说流派史》、《知春集》等。

幸亏他及时想到了表哥蒋复璁①，才由他介绍，进了中央图书馆任干事，虽然工资不高，却能让他博览群书。

"我在中央图书馆里，一边管理图书，一边就读了许多书。一年时间里，我集中读了大量西方文学作品，有一部分读的还是英文原版。我比较喜欢西方十八九世纪的浪漫派小说，像大仲马、司各特、斯蒂文生、雨果……后来我就转向读希腊悲剧，读狄更斯的小说。俄罗斯作家中，我喜欢屠格涅夫……"②

在中央图书馆期间，工作和读书之余，查良镛还与几个同学模仿《时与潮》半月刊，办了一期《太平洋杂志》，主要刊登国外翻译过来的作品，查良镛自任主编。创刊号编好之后，几个同学却借不到印刷费，重庆大东书局仁慈地答应先给他们印一期，销后再还款。创刊号很快销罄，但纸价飞涨，再也印不出第二期，于是，杂志宣告流产，查良镛备受打击。

前途茫茫、无路可走之感又一次袭来，山城起伏不定的灯光似乎都成了讽刺，重重雾霭中，人们的表情木然，江中的渔火似乎也无精打采的，惨淡的月光升起，照在查良镛清瘦的身上，使他倍生凄凉。

天无绝人之路，这时，查良镛那位湘西同学的兄长到重庆办事，见到了查良镛，力邀他重至农场，代他经营，态度热诚，不容拒绝。同学的兄长承诺，如果他的农场开始出来并种上油桐树，他会送查良镛出国深造。查良镛动心了，但他又恳求同学兄长，让同学余兆文同去，且待遇须与他一样，同学兄长爽快地答应了。

很快，查良镛便向图书馆递交了辞职手续，辞别了表哥，告别了重庆这座让他欣喜让他忧、也让他心里凝结大雾的古老雾都，与余兆文匆匆赶往始终萦绕在他心里的湘西。

---

① 蒋复璁(1898—1992)，字美如，号慰堂，海宁硖石人。1940年，中央图书馆正式成立，任首任馆长；1954年任台湾"中央图书馆"馆长；1965年任台湾"故宫博物院"院长。著述有《珍帚斋文集》等，主编有《徐志摩全集》、《蒋百里先生全集》等。
② 引自《金庸答问录》，《金庸小说论稿》。

在湘西农场，查良镛除了工作，便是读书，并尝试着往翻译上进军。早在1942年，他就有这样的梦，"关关雎鸠，在河之洲。窈窕淑女，君子好逑"的纯美爱情和"蒹葭苍苍，白露为霜，所谓伊人，在水一方"的绵长思念曾经吸引过他，他决心从《诗经》入手，试图将其译成英文，但只译了一部分便停止了。到湘西之后，重温旧梦，说干就干，计划编译一本《牛津袖珍字典》，后来该计划也宣告流产。

湘西是诞生民歌的风水宝地，在这段幽静而素朴的时光中，他记录了大量民歌："冬天的晚上，我和他们一齐围着从地下挖起来的大树根烤火，一面从火堆里捡起烤热了的红薯吃，一面听他们你歌我和地唱着，我就用铅笔一首首地记录下来，一共记了厚厚的三大册，总数有一千余首。"①

1945年7月26日，美、英、中三国共同发表波茨坦公告，敦促日本无条件投降，否则将予以"最后之打击"；8月5日，200架战机从大琉球岛及硫磺岛基地出发，对东京及其机场与九州岛进行轰炸；8日，苏联红军也根据《雅尔达密约》，随即发表在对日宣战，发动八月风暴行动；9日零时10分，苏联百万军分四路越过中苏、中蒙边境，向驻守东北之关东军发动全线进攻日军运输队向苏军投降，与此同时，中国的抗日战争进入大反攻；15日，日本政府正式宣布无条件投降。

消息传到湘西时，早已姗姗来迟，正在农场的查良镛终于听到了这个绝好的消息，好消息像一根顽皮的手指，搔起了他归乡的念头，他恨不得插上翅膀，立即飞回家乡，飞到亲人们身边。但由于同学哥哥的百般挽留，盛情难却之下，他只得忍痛收拾起归心，直到1946年初夏，他才如愿以偿地回到故乡。

亲人们团聚的狂喜自不必细说，查良镛所有的经历和见闻都成为让他们

---

① 引自金庸、梁羽生、百剑堂主《三剑楼随笔》，上海学林出版社1997年版。

喜悦和钦佩的元素，他也乐意向亲人们绘声绘色地讲述。只有此时，过往的种种艰难和磨折，都在心头发酵，成为营养，成为感恩。狂喜之余，查良镛潜心阅读了英国历史学家汤因比①的英文巨著《历史研究》，那是在回乡途中，路过上海时他购买的。这部书激起了查良镛由来已久的历史情结，使他对历史的兴趣迅速升温，并使他把这种情结氤氲在他的血液里，在小说里生根发芽开花结果，并伴随他一生。

和千千万万善良的中国人一样，查良镛并未盼到真正的和平，胜利像鸟儿一样，忽然飞来，又匆忙飞走了，飞去飞来之间，几乎没有过渡，丝毫不考虑会不会在人们心里留下巨大的落差。日本投降，内战即起，和平渐行渐远，终于背影也难以看见。查良镛很快便感到，家乡虽亲，但也不是久留之地，他是一只大鸟，不能长期被拘束在这里，于是，他想到了陈向平。此时，《东南日报》已于1946年元月落户上海，其发源地杭州成了它的一个分社。收到查良镛的求助，陈向平立即向杭州《东南日报》的总编辑汪远涵极力推荐，于是，1946年11月20日，查良镛成为了《东南日报》的一名外勤记者，开始了他漫长而杰出的报人生涯。

说是外勤记者，其实他的工作主要是收听英语的国际新闻广播，编写国际新闻稿。由于查良镛的英语极好，此工作自然不在话下。每天晚上8点，他都静坐在一架音质极好的收音机旁，边收听国外电台的新闻广播，边随手翻译成中文的新闻。他记得又快又准，深得汪远涵的欣赏。

《东南日报》的工作使查良镛暂时远离了生活无着之虞，基本生活有了保障之后的查良镛心里的一个渴望又像鸟儿一样展翅高飞起来：他要继续求学！他锁定的目标是浙江大学，此时的浙江大学已渡过流亡的艰苦时期，从

---

① 阿诺德·约瑟夫·汤因比（1889—1975），英国著名历史学家，被誉为"近世以来最伟大的历史学家"。著有《历史研究》、《人类与大地母亲》、《展望21世纪》等。尤其是他的12册巨著《历史研究》，被誉为"现代学者最伟大的成就"。

遥远的贵州遵义迁回至杭州,并由查良镛崇敬的竺可桢①校长主持,相距咫尺,查良镛想到浙大深造的念头便迅速起飞。

浙江大学创办于 1897 年,其前身是"求是书院",1928 年更名为浙江大学。1936 年 4 月,前任校长郭任远被学生赶走,获得哈弗大学博士归国的气象学家竺可桢继任校长,很快,浙江走上了正轨,被李约瑟誉为"东方剑桥",声誉日隆。

查良镛在《东南日报》工作之余,报考了浙大外国文学的研究生,并通过了笔试。面试时,竺校长亲自与查良镛进行了交谈。查良镛告诉竺可桢,他对浙大向往已久,极想成为其中的一员,但他又坦承,自己眼下尚无力拿出这笔学费。而浙大也百废待兴,万事俱备,只需金钱,对于这个求知若渴的学生,竺可桢也爱莫能助,只能先高度评价了查良镛的才能,最后建议他等有了钱再来读不迟。

查良镛浙大之梦破灭,但竺可桢对他的鼓励成为他记忆中一道温暖的光。

---

①竺可桢(1890—1974),又名绍荣,字藕舫,浙江上虞人。科学家、教育家、地理学家、气象学家,中国近代地理学的奠基人。著述有《竺可桢日记》、《竺可桢文集》等。

第三章
妙思生花赖鹰眼 入木三分有椽笔

香江不仅茁壮了查良镛撰时评的健笔，也滋养了金庸写武侠的才气。他一手创立的《明报》，从一份寂寂无闻的小报，发展壮大为华文领域的一份赫赫有名的大报，奠定了《明报》高级知识分子报刊的盟主地位。几十年弹指一挥间，时光见证了金庸和他的《明报》由夹缝求生到声名卓然的绚色传奇。

累并快乐着

查良镛在《东南日报》工作时，业余时间也翻译一些文章，既疗"手痒"之疾，又能赚些"外快儿"。他一直是一个关注时局的人，在初中、高中时的诸多表现已然证明了这一秉性，翻译新闻的工作使他的这一个性更得以凸显。

1947年2月1日，上海的《时与潮》半月刊发表了一篇署名"查良镛"的译文《苏联也能制造原子弹》。不久，查良镛被《时与潮》老板邓莲溪延聘为主编，说是主编，其实总共是他一个人，集许多事务于一身。他曾对同学余兆文说过："……不知是什么原因，《时与潮》杂志就来信说要聘请我做杂志的主编。我觉得，上海的新闻界、文艺界、比杭州活跃，也想到上海谋求发展，结果，我就到这里来了。"[1] 而金庸本人，无论在个人文章里还是在采访中，都未提及这一段经历。

如果这一段经历属实，查良镛离开杭州《东南日报》的原因便不再是直接进入《大公报》，而是《时与潮》[2]。

可能进入《时与潮》的时间太短，在查良镛的履历上只不过是一个急促的过渡，是一个小插曲；或者他对在《时与潮》的这一段时光，近乎一个人的世界里，乏善可陈[3]，便略去了；或者，因为这一时段《时与潮》老板邓莲

---

[1] 引自彭华、赵敬立《挥戈鲁阳：金庸传》，江苏文艺出版社，2001年3月版。

[2] 《时与潮》半月刊，1938年4月在汉口创刊，主编为齐世英，是一份政治性的综合刊物。1938年第一卷第5期起迁重庆出版，1946年出24卷第6期后曾停刊，1946年12月在上海复刊。1949年2月终刊。共出版33卷。

[3] 据查良镛同学余兆文回忆，他路过上海看望查良镛时，亲眼见到邓莲溪宁愿将房子空着，也不让他聘来的主编查良镛住，只让他住在鸽笼般的阁楼上，可见，查良镛这个主编在邓莲溪心里并无什么位置。

溪是国民党立法委员，为他工作，查良镛出于谨慎的考虑，才没有提及。

1947年10月6日，查良镛向《东南日报》递交了请长假的报告，离开了杭州，到了上海。至于为什么要用"请长假"的方式而没有直接辞职，查良镛没有对此做过正面解释。笔者揣度，可能首先是出于维护报社的面子，毕竟他是好友陈向平直接向汪远涵推荐的，有破格的人情在；二是给自己一个"退路"，毕竟新的工作并非自己最理想的，或许有"好马吃回头草"的可能。

如果当时已经被《大公报》录用，以《大公报》的名望和待遇，报告的内容或者会有不同。

当时，十里洋场的上海不仅是中国的经贸和金融中心，也是文化中心，近代出版业和报业在这里起步。正因如此，发轫于天津的《大公报》才看中上海这一块风水宝地，将其作为发行重镇。1947年六七月间，查良镛生命河流的流向发生了重大转折——《大公报》招聘电讯翻译，面向全国，总共3名。

《大公报》创办于1902年的天津，创始人是英华，满洲贵族。其宗旨是"开风气，牖民智"，以"大公"为帜，言辞犀利。自1926年经张季鸾、胡政之和吴鼎昌等人接手之后，将中国民间报纸"文人论政"的传统推向高潮，使之迅速成为舆论界里的"一根柱石"和"矮人国"里的"巨无霸"。

《大公报》名声赫赫，它振臂一呼，应呼云集。应聘书从全国各地飞来，每一份应聘书中都藏有一颗剧烈跳动的火热的心。

《大公报》任人唯才，任人唯贤，不看门第出身，所谓英雄不问出处，这样，查良金庸才幸运地从众多人中杀出，时年23岁。毕竟，他有中央政治学校的资历，有在《东南日报》工作的经历，更有颇高的专业水准。虽然年龄尚轻，阅历、名气和关系不如别人，但查良镛的实力自然是出类拔萃的。

报社千挑万选，留下了10名应聘者参加笔试，题目是翻译主任杨历樵出的，"英文电报一，社论一，译为中文"。这些都是查良镛的长项，他第一个交卷，仅用时1小时零5分。然后是口试，由杨历樵、许君远和李侠文主持，查良镛虽然口头表达能力不如书面表达，但还是通过了，成为 10 位参加笔试的应聘者第一个被录用的人。

1947 年 10 底，查良镛成为《大公报》的一员，任国际电讯翻译兼编辑，夜班。

几乎与此同时，查良镛在堂兄时任上海市法院院长、东吴大学法学院兼职教授的查良鉴帮助下，进入东吴大学法学院，成为国际法专业的一名插班生。[①] 边在《大公报》上夜班，边在东吴大学就读。

东吴大学是 20 世纪初中国第一所民办大学。1900 年 12 月，制定校董会章程，推万国公报创办人林乐知先生为董事长、孙乐文先生为校长。1915 年，以东吴大学为本，于上海创设"东吴大学法学院"。学院教学突出"英美法"内容，专以讲授"比较法"为主，其科学的培养目标和鲜明的教学特色，使东吴大学的法学教育在当时饮誉海内外，时有"南东吴、北朝阳"之称。培养了一大批现当代著名的法学专家，如鄂森、王宠惠、吴经熊等，被誉为"华南第一流的而且是最著名的法学院"。

查良镛曾对余兆文说："《大公报》的要求高得多……报馆明确规定：稿子有误，编辑负责；排印印错，惟校对是问。职责分明，赏罚有则。写错印错都要按字数扣薪的。如果超过一定字数，那就要除名解职了。"

但查良镛还是对《大公报》比较满意，因为它为员工提供了免费的夜餐，这对于他这个白天上学、晚上工作的穷学生、穷职员而言，是一种多么温馨的事情啊。他说："《大公报》晚上的夜餐倒是报馆免费供应的，说起来，多是吃稀饭，可配稀饭的，不是香肠、叉烧，就是酱鸡、烤鸭，或者火腿炒鸡蛋、油炸花生米，自然也有酱菜。晚班工作完毕，街上没有车了，报馆会派车子把所有的编辑一个个送回家去。"

[①] 这件事较为通行的版本是查良镛先成为东吴大学的插班生，后考上《大公报》，但笔者认为，能被陈向平推介，进入《东南日报》，并深得汪远涵赏识，如果仅仅是当插班生便抛弃工作、离杭至沪，似乎理由不足，应该是先有工作（比如《时与潮》的力邀），使他没了后顾之忧，再有求学之念，才更有去上海的动力。

查良镛对《大公报》最满意的一点是它的精神气质和公平意识："《大公报》还有一点蛮有意思的，它上自总编，下至工人，全报馆的工作人员对外一律自称为'记者'，就是报馆的负责人王芸生也不例外。"[1]

12年之后，查良镛创办了《明报》，经营过程中他受《大公报》太多的影响，如他坚持自己写社评，重视舆论的力量，坚持办报的自由等，都可以看得出。

在1947年的风雨飘摇之中，查良镛总算有了一片属于自己的天地，虽然不能完全将外界的风雨挡住，但已经没有了当初的迷茫和惶惧。他白天徜徉于东吴大学国际法的知识海洋里，像一尾饥渴交并的鱼儿，贪婪地汲取着营养；夜晚忙碌于《大公报》的紧张工作里，让自己的思绪冲破局促的空间，与外边无限大的新闻世界无缝对接，忙得不亦乐乎，虽然这样的时间并不长。

香港，我来了

1948年3月，24岁的查良镛告别了上海，登上了飞往另一块陌生的土地——香港的飞机。亲切熟悉的家乡，眼中满含思念的亲人，淡烟杏花春雨、吴歌春梦多情的柔软江南，都在他脚下疾掠而过，很快便隐入记忆，成为思念的最前沿。

这对查良镛来说，是一次最重大的命运拐点。

飞机飞到中途，查良镛忽然惊愕地发现，由于太过匆忙，难以充分准备，加上没有经验，自己衣袋里竟然没有一元港币。多亏了坐在他身边的潘公弼

---

[1] 引自彭华、赵敬立《挥戈鲁阳：金庸传》，江苏文艺出版社，2001年3月版。

先生[1]，从他尴尬的神色里读出了异样，问知情况后，便慷慨地资助了他10元港币，查良镛才有钱乘船过海，到《大公报》报馆报到。这似乎意味着，查良镛的香港之行虽会偶遇挫折，但终会有贵人相助，最后大成。四十度春秋更迭之后，查良镛名满天下，挥毫写出"南下白手少年行"诗句的时候，再细细回首往事，他或许也会生出此感。

早在1947年元月7日，美国特使马歇尔对中国内战"调停"失败，应召回国；29日，美国宣布退出对中国内战的"调停"。随着蒋介石挑起的内战越演越烈，9月1日，中共中央发出《解放战争第二年的战略方针》，明确规定："我军第二年作战的基本任务是：举行全国性的反攻……"

1947年底，胡政之觉得《大公报》正处于内战的夹缝里，保持"自由主义"理想的难度越来越大。于是，1948年1月25日，胡政之携费彝民、李侠文等《大公报》骨干赴港开辟新的阵地，并于3月15日这个被现代中国人称为"消费者权益日"的日子里正式复刊。这标志着新记《大公报》时代最后的高峰已经出现。因为工作关系，急需一名翻译，于是，最后选中了查良镛。对此，当事人查良镛曾说："《大公报》原来是派另外一个翻译来香港的[2]……如果我不来，情况可能就完全不同了，我会继续留在上海，在上海《大公报》干下去……"

1948年的香港，是无法与上海相比的，上海是国际大都市，而香港不过是一个繁华都市旁边的落后乡村。面积小，人口多，居住拥挤，秩序混乱，

---

[1] 潘公弼（1895—1961），江苏嘉定（今属上海市）人。1919年春起在北京任《京报》主笔。因批评北洋政府入狱，报纸被封。释放后重入《时事新报》，先后任总编辑、总经理、总主笔。1921年6月参加创办上海《商报》，任主笔。抗日战争初期，主持《申报》笔政。抗战胜利后，任国民党中央宣传部东北特派员，创办长春《中央日报》，任社长。查良镛到香港《大公报》工作时，潘公弼正任香港《国民日报》社长。

[2]《大公报》派往香港的翻译原定是张契尼，但他太太生产在即，不能离开，便改派查良镛前往。这样，查良镛在东吴大学的插班生生涯便宣告结束，学业草草收场。

竞争激烈。如果说，上海是一个光芒四射的高贵的女人，那么此时的香港不过是一个粗陋的村姑；如果说，上海在政治、经济、文化上是一座高原的话，香港则是一个盆地，因此，初来乍到的查良镛猛然觉得自己到了乡下，一时间竟无所适从。

工作上，他干的依然是老本行——国际电讯翻译兼编辑，但工作空间狭窄不堪，甚至连办公桌都摆不下。这对年轻的查良镛也有一个好处，他得以与胡政之[①]这些报界大腕近距离接触，极为方便地聆听他们的教诲，得到他们的帮助。然而好景不长，查良镛刚到香港的一个多月，4月24日，胡政之因积劳成疾，突然发病，三天后被迫离港回沪治疗。目睹着胡政之黯然离开的老迈背影，查良镛一时五味杂陈……

一年之后，缠绵病榻的胡政之谢世，走完了他61年的光辉人生历程。悲哀袭来，查良镛在香港《大公报》发表文章《听不到那些话了》，以表达对前辈的追忆和怀念："……与胡先生相处只有一个多月，在这一个多月中，因工作、吃饭、睡觉都是在一起，这位伟大的报人对于一个年轻的新闻工作者生活和学习上所发生的影响是极其深远的。我常常想起他那些似乎平淡无奇其实却意义精湛的话来，现在却永远再听不到那些话了……"

1948年11月，中国内战的结局即将推出，国民党大势去矣。任上海《大公报》总编辑的王芸生接到了毛泽东让他参加新政协的邀请，于11月5日离沪抵台，三日后至港。又两天后，王芸生在香港《大公报》发表一篇社评——《和平无望》，观点倒向中国共产党，公开抨击节节败退的蒋介石。自此，《大公报》自"中"转"左"。1949年元月，天津《大公报》更名为《进步日报》，立场更加明确；5月25日，王芸生在上海《大公报》发表《新生宣言》，昭告《大公报》的新生，这意味着新记《大公报》的时代已永远融入历史。

[①] 胡政之（1889—1949），名霖，字政之，以字行。四川成都人。新记《大公报》创办人之一，任总经理兼副总编辑。他24岁就当上了章太炎主办的上海《大共和日报》的总编辑，31岁任名报人林白水主办的北京《新社会报》的主编，此后又成功创办了著名的国闻通讯社和《国闻周报》。1926年，他和吴鼎昌、张季鸾共同以新记公司接掌《大公报》。

这些变化，可不只是蝴蝶效应，它肯定会影响香港《大公报》的办报方向，并在查良镛的心里引发风暴。

年轻的查良镛在不适应中也面临着新的抉择。

梦醒时分

1949年10月1日，是一个值得让全中国乃至全世界人民铭刻于心的金色日子，这一天，全新的中国宣告成立，中华民族在血与火中浴血奋战的历史宣告终结，和平不再是梦想，和平鸽的身影在天空矫健地飞翔。1949年11月9日，国民党中国航空股份有限公司和中央航空运输股份有限公司两公司的全体员工4000人在香港宣布起义，12架飞机飞回大陆，加入中国民航的行列；11月12日，毛泽东、周恩来分别电贺、函贺两航起义，毛泽东在电文中盛赞两航起义是一个有重大历史意义的爱国举动。与此同时，新生的中央人民政府铁道部衡阳铁路局发表声明，称"前粤汉、湘桂黔及浙赣各区铁路局所辖铁路存港器材、物资、汽车、款项均为人民国家所有，严禁冒领及私自承购"。而台湾国民党方面也派员到香港，想接管上述资产，双方起了争执。一向关注时势的查良镛立即写了一篇长文，题为"从国际法论中国人民在国外的产权"，于11月15日和18日分两天在《大公报》发表，阐明新成立的中央人民政府拥有铁路部门在香港的资产。

此后，查良镛又写了一系列文章，这些文章发表后，并未在香港民众那时激起太大反响，但无心插柳，他的几篇被译为日文的文章却得到了一个人的赏识。

这个人名叫梅汝璈[1]，在东京读到查良镛的社评文章后，便想有机会与作者见见面。一次，梅汝璈路过香港，特地约见了查良镛，发现查良镛竟然如此年轻，意外且赞叹不已。也难怪梅汝璈诧异，那么独到的见解，那么深刻的思想，那么老辣的文字，似乎都非一个年轻人所能达到。

新中国成立后，国家外交部将梅汝璈聘为顾问。从东京到北京后，梅汝璈发现中国的外交人才，尤其是具有国际法方面专门知识的人稀缺，他马上想起了查良镛这个年轻人，立即给查良镛拍了一个电报，邀他到北京外交部来工作。

成为一名外交官一直是查良镛的梦想，没想到这个梦想即将无心插柳地实现了！他兴奋异常，马上动身。到北京后，查良镛先见过梅汝璈，交谈中，查良镛听出了弦外之音。原来，梅汝璈供职的部门是外交学会，这只是一种半官方性质的组织，而查良镛所想的却是进外交部，当一个真正的外交官。而进入外交部，却非梅汝璈所能决定，于是，他建议查良镛找找乔冠华[2]。

当时，外交部长由周恩来总理兼任，乔冠华是周恩来的外交秘书兼外交部政策委员会副主任，且与查良镛是老相识。太平洋战争爆发之前，乔冠华曾作为中共地下党员在香港秘密工作过一段时期。1946年，他又受组织委托，创办新华社香港分社并任社长，直到1949年底返京。在港期间，乔冠华每周都与《大公报》有关人员开座谈会，每次座谈会，查良镛都能与乔冠华碰面，因此算得上老熟人。

乔冠华坦诚相告，外交部的确需要人才，但查良镛要进来恐怕并非易事。

---

[1] 梅汝璈（1904—1973），江西南昌人，1924年入读斯坦福大学；1946年，在远东国际军事法庭任中国代表法官，参与第二次世界大战后之审判日本对亚太地区引发大规模战争和伤害所应负之责任。新中国成立后，历任第一届全国人大代表、全国人大常委会法案委员会委员、全国政协委员。

[2] 乔冠华（1913—1983），江苏省建湖人。抗战时期，主要从事新闻工作，撰写国际评论文章。1942年秋到重庆《新华日报》主持《国际专栏》；1946年初随周恩来到上海，参加中共代表团的工作，同年底赴香港，担任新华社香港分社社长。新中国成立后，历任外交部外交政策委员会副主任、外交部部长助理、外交部副部长、外交部部长等职。

首先是查良镛的学历：他在中央政治学校接受的是国民党的专门教育，外交部不可能接收；其次是查良镛的出身，特别是他家庭的"严重情况"，这里说的"严重情况"，指的是查良镛家的阶级成份。但乔冠华还是给这个垂头丧气但一心想当外交官的才华青年指明了出路：他必须先进入人民大学接受"脱胎换骨"的教育，并且凭着自己的实际表现，争取加入中国共产党，然后再先进入人民外交学会工作一段时间，再慢慢转入外交部。乔冠华的建议虽然善良，但无异于一瓢冷水兜头浇下——这是毫无把握的事情啊，即使将来能够成功，又需要多长时间！查良镛顿时透心冰凉。

不死心的查良镛又找到了时任外交部政策委员会秘书、曾在《大公报》工作的杨刚[①]，但杨刚的说法与乔冠华如出一辙。

"我愈想愈不对劲，对进入外交部工作的事不敢乐观。自己的思想行为都是香港式的，对共产党也不了解，所以未必可以入党。而且，一个党外人士肯定不会受到重视，恐怕很难有机会做出贡献来表现自己……"这是多年以后，查良镛回忆起这段往事时说的一段话。

塞翁失马，焉知非福。查良镛未能当成外交官，却成就了一个"金大侠"。香港回归之前，查良镛作为筹委会的委员之一，到北京起草香港基本法，当时，外交部也有人当筹委会委员，调协司的司长邵天生就半开玩笑地对查良镛说："查先生，幸亏当年你没来，如果进了外交部，第一，凭家庭出身不好这一条，'反右'这关你肯定过不了；第二，哪怕过了第一关，'文化大革命'你也一定会遭殃。"

查良镛这次天真地北上求职，当然得先辞去《大公报》的职务，重回香港后，他最想进的当然还是《大公报》。但《大公报》的个别负责人拒绝他，便将此事提交有关领导讨论，幸亏主持香港"爱国报刊"统一战线的领导说

[①] 杨刚（1905—1957），女，原名杨季征、扬缤，祖籍湖北沔阳。1944年至1948年，她担任《大公报》驻美国特派员，并根据党的安排做国际统战工作。1948年11月，杨刚奉命归国，担任天津《大公报》副总编辑、党委书记，同年5月任上海《大公报》军代表。1949年调回北京，担任外交部政策研究室主任秘书，同年10月调任周恩来总理办公室秘书。

查良镛既然能够香港、国内来去自由，说明他两方面都有关系，这本身就是一种可贵的资源，正是《大公报》所需要的，如此一来查良镛才回报馆复职。

外交官梦断，意味着查良镛年轻时的最后一个梦想也已经有了"结果"，这促使他暂时丢掉所有"不切实际"的念头，一心在《大公报》工作。某种意义上说，正是这个原因使查良镛先成为《大公报》的好员工，继而又使他成为更大事业的开创者。

姚馥兰与林欢

1950 年 6 月 25 日，朝鲜战争爆发，这是一场朝鲜与韩国两个意识形态对立的政府之间的战争，同时美国、中国、苏联等 18 个国家也不同程度地卷入这场战争。因为香港《大公报》《文艺报》等左派报纸只用新华社的消息，而新华社新闻又来得较慢，于是，《大公报》便创办了《新晚报》，罗孚任总编辑，以及时报道朝鲜战争的战况。

1952 年，查良镛调入《新晚报》，当了其副刊"下午茶座"的编辑，当时的他尚不知道，这次工作的变动会对他日后的成功有什么重大影响。

这是一个消闲性的副刊，虽然陌生，但查良镛却极感兴趣。因为他对琴棋书画、电影、戏剧、舞蹈等都有浓厚的爱好，更容易将这个副刊编得有声有色。

也就是这一时期，查良镛开始大量写作副刊文章，用的笔名是"姚馥兰"和"林欢"。

谈到自己的笔名，查良镛曾说："'姚馥兰'就是从英文 yout friend 的读音来的，我是以一个女性的身份来写影评……"① 至于"林欢"的由来，查良镛不曾解释，但有一个流行的版本——他姓查，他这时的妻子姓杜，"查""杜"之中，都有一个"木"字，二"木"为"林"，为"林"而"欢"，故名"林欢"，查良镛在告诉人们，他与妻子的生活充满欢乐和幸福。

在时下男性化偏重的副刊中，特地为自己起一个女性味十足的笔名，体现了查良镛的精明，他理解读者的心，明白编副刊之"三昧"。

这一段时间，他成了大忙人：看电影、听戏、听音乐会、看舞蹈、观美术展，回来就写成文章，发表在副刊上。影评，他写过《谈〈王子复仇〉记》《再谈〈王子复仇记〉》、《谈〈恺撒大帝〉》等文章；剧评，他写过《谈〈除三害〉》、《谈〈庆顶珠〉》、《谈〈姚期〉》等文章；乐评，他写过《黄虹八歌》、《谈几首歌曲》等文章；舞评，他写过《中国舞蹈的特点》、《剑舞·扇舞·狮子舞》、《谈〈荷花舞〉与〈采茶扑蝶〉》等文章；画评，他写过《永恒神秘的微笑》、《向中国画的大师们致敬》等文章……除此之外，他的副刊文章还涉及"杂说"、"读书"、"出版"等方面。那一段时间，查良镛成了专家加杂家，无所不能，知识无所不涉猎。关于查良镛的文笔，倪匡曾评价说："曾读过的人，都说文笔委婉，见解清晰，是一时之选。""姚馥兰"、"林欢"之名很快便为人所熟知。

除写副刊评论文章之外，这一时期查良镛还写了几个剧本，如《绝代佳人》、《兰花花》、《不要离开我》、《欢喜冤家》等；还为电影写过歌曲，如《门边一树碧桃花》。

这是查良镛对京剧《狮子楼》的一段评：

在戏里，我们看到武松回家，发现哥哥已死，悲痛之中，见嫂嫂外穿孝服，里面却穿红衣。在原作中不是这样写的，因为施耐庵有充裕的篇幅来写潘金莲怎么洗去了脂粉，拔去首饰钗环，脱去红裙绣袄，换上孝裙孝衫，假哭下楼。但京戏只用外白内红的衣饰，立刻鲜明而迅捷地表明内中必有奸情。

---

① 引自孙宜学《千古文坛侠圣梦：金庸传》，团结出版社 2001 年 1 月版。

事实上潘金莲恐怕不会傻得在孝衣之中穿着红裳，但京戏用了这夸张手法，很简捷地表现了整个故事的关键所在。①

查良镛的分析评论入情入理，角度独到，深得董桥的称赞。

为了更好地写好舞评，他专门跟英国老师学过芭蕾舞，只是因为打抱不平被殃及，被人家除名。②

由于"下午茶座"副刊的关系，查良镛有了他的重要收获——1956年，他的《中国民间艺术漫谈》一书由长城画报社出版发行。

这时的查良镛，像极了他的小说《书剑恩仇录》里的千手如来赵半山，沉浸于高度的工作热情当中，各种场合都有他的身影，各种文章都擅长，既没有时间回忆过往，也没有精力再舔舐深深浅浅的伤口，甚至没有了时间打理自己的婚姻。

手谈，与梁羽生

查良镛和陈文统既是《大公报》的同事，也是《新晚报》的同事，只不过，二人以前不太熟悉，自从陈文统1950年2月主编"天方夜谭"副刊、后来查良镛主编"下午茶座"副刊之后，二人才渐渐熟悉起来。

陈文统，1924年3月22日生于广西蒙山县的一个书香门第，自幼写诗填词，接受了很好的传统教育。1945年，陈文统曾向避难来到蒙山的太平天

---

① 引自金庸《谈〈狮子楼〉》，《金庸散文集》，作家出版社2006年9月版。

② 据说跟查良镛一起学舞蹈的还有一家电影公司的导演兼演员张铮，一次练舞时，张铮跟一个体重较大的女学员做舞伴，一不小心，张铮的手落在了女学员的胸部，尴尬之下，手一松，女学员跌在地上，张铮被英国老师大骂说中国人就是食古不化，跳舞时也讲究什么男女授受不亲。查良镛心里不平，但站出来替张铮也是替中国人申辩，英国老师将他与张铮一起赶出了舞蹈班。转引自傅国涌《金庸传》，北京十月文艺出版社2003年7月版。

国史专家简又文和以敦煌学及诗书画著名的饶宗颐请教过历史和文学，抗战胜利后，进广州岭南大学读书，经校长陈序经向李侠文推荐进《大公报》工作。

出生于同一年，出生年月又非常接近，又都来自内地，这自然容易使二人的关系接近。不仅如此，拉近他们距离的还有一种东西。查良镛和陈文统都喜欢下棋，不同的是，查良镛只喜欢围棋，陈文统则围棋、象棋都喜欢。

查良镛上世纪30年代初执棋子，自此他便对围棋兴趣终生不减。那时，江浙一带，几乎人人都爱围棋，尤其在人头攒聚的茶馆里，似乎棋盘上的厮杀从未断过，中学、大学的学生宿舍中，也会有一簇簇的人围着看棋。

查良镛的家乡海宁更是围棋之乡，清代曾出过棋圣范西屏、施定庵等。查良镛的家里曾有一小轩，便是他祖父查文清和客人的手谈之处，数十年后，忆及当初，查良镛还记得，小轩里所挂的"人心无算处，国手有输时"的对联。

在中学时，查良镛经常与人下棋，专注之时，常常忘了外面的烽火连天，课余常和同学下棋；大学时更是如此，据说他在中央政治学校上学时，查良镛在茶馆一时手痒，与茶客下棋，竟然忘了即将参加的考试。幸亏他们苦苦哀求，监考老师才法外开恩，允许他们入考场。

查良镛对围棋有自己的理解，或许这正是他只爱围棋的原因吧：

围棋是比象棋复杂得多的智力游戏。象棋三十二子愈下愈少，围棋三百六十一格却是愈下愈多，到中盘时头绪纷繁。牵一发而动全身，四面八方，几百只棋子每一只都有关联，复杂之极，也真是有趣之极。在我所认识的人中，凡是学会围棋而下了一两年之后，几乎没有一个不是废寝忘食地喜爱。古人称它为"木野狐"，因为棋盘木制，它就像是一只狐狸精那么缠人。我在《碧血剑》那部武侠小说中写木桑道人沉迷下棋，千方百计地找寻弈友，在生活中确是有这种人的。[①]

查良镛、陈文统他们常常在一起切磋,手谈甚欢,查良镛曾说:"我们三人[②]的棋力都很低,可是兴趣却真好,常常一下就是数小时。"[③]

下棋不仅成为他们业余的爱好和打发时间的方式,更成了他们工作的方式,他们把下棋的体会写成文章,发在副刊上,深得读者喜欢,客观上也充实了他们各自主持的副刊版面。

梁羽生爱下棋,象棋、围棋都下。金庸是他的棋友,已故的作家聂绀弩更是他的棋友。说"更",是他们因下棋而更多佳话。聂绀弩在香港时,查良镛便有过和他下得难分难解而不想回报馆上晚班写时论的事;梁羽生到北京,也有过和聂绀弩下棋把同度密月的新婚夫人丢在旅馆里弃之如遗的事。香港象棋之风很盛,一场棋赛梁羽生爱口沫横飞地议论棋,也爱信笔纵横地议论棋,他用陈鲁的笔名发表在《新晚报》上的棋话,被认为是一绝,没有人写得那样富有吸引力的,使不看棋的人也看他的棋话,如临现场,比现场更有味。[④]

下棋推进了他们的事业。这一段时间,陈文统以"梁羽生"为笔名、查良镛也以"金庸"为笔名写武侠小说,他们都将对下棋的爱好和下棋的体会写进他们各自的小说中。

《天龙八部》无疑是写围棋笔墨最多的金庸作品(当然也是最好的)。如果说《笑傲江湖》妙在琴箫,那么《天龙八部》则妙在棋理。后者一局围棋"珍珑"愁煞多少江湖中人,同时也成为金庸对当代棋坛奉送的一道美餐,

---

[①] 引自金庸、梁羽生、百剑堂主《三剑楼随笔》,上海学林出版社1997年1月版。
[②] 另一个指著名作家聂绀弩,当年他在香港时,常找二人下棋。
[③] 引自金庸、梁羽生、百剑堂主《三剑楼随笔》,上海学林出版社1997年1月版。
[④] 引自柳苏《侠影下的梁羽生》,载《读书》1988年第5期。

引无数围棋爱好者"竞折腰"。下面不妨一读此处：苏星河于这局棋（珍珑）的千百种变化，均已拆解得烂熟于胸，对方不论如何下子，都不能逾越他已拆解过的范围。但虚竹一上来便闭了眼乱下一子，以致自己杀了一大块白子，大违根本棋理……岂知局面顿呈开朗，黑棋虽然大占优势，白棋却也有回旋的余地……穿越这个时代行驶以上所及实在是深刻的棋理，也是透彻的禅宗哲学、佛理玄机。虚竹棋艺不过尔尔，可是世间物理，有时大出人之意料。虚竹那一着至愚至拙的"瞎棋"，因心怀慈悲竟然歪打正着，这又是奇中之奇了。寓禅学于棋艺，金大侠可谓匠心独运。另有《笑傲江湖》写到黄钟公、黑白子等人虽为聪明之人，只因痴于棋艺而淡于世务，故而吃亏上当，最终以悲剧收场。读后颇让人掩卷遐思，心生无穷感慨。[1]

下棋也使他们的友情长青而不衰。

1994年1月，在悉尼作家节上，查良镛和陈文统两位两友相见了，这次相见之前，已有太浓重的岁月风烟的阻隔。此时，两人都已70岁高龄，用口表达的话很快说完，但用手要说的话才刚刚开始。他们一下便是两个小时，直至人困马乏，这场棋盘上的"杀伐"才告结束。

1999年春节，陈文统回香港探亲，两位"冤家对头"先是聚餐，后又相约下棋，但由于查良镛不巧感冒了，二人"再战三百回合"的愿望告吹。

2009年1月22日，陈文统因病在悉尼去世，享年85周岁。这对手谈数十年的老友，失去一方之后，另一方当悲痛何如，非局外人所能体味。

---

[1] 引自陈阳辉、席墨君《浅析金庸小说与琴棋书画》。

别了，《大公报》

1957年4月27日，中共中央公布《关于整风运动的指示》，决定在全党进行一次以正确处理人民内部矛盾为主题，以反对官僚主义、宗派主义和主观主义为内容的整风运动，发动群众向党提出批评建议；1957年5月15日，毛泽东撰写了《事情正在起变化》一文，要求认清阶级斗争形势，注意右派的进攻；6月8日，中共中央发出《关于组织力量准备反击右派分子进攻的指示》，同日，《人民日报》也发表了《这是为什么？》的社论。从此，开始了大规模的反右派的斗争。

内地的"反右"，势必会影响香港，作为左派报纸，政治倾向愈来愈明显的《大公报》自然会长篇累牍地报道。这些都让金庸觉得这里已经不再是适合自己的土壤。政治空气愈加浓厚，自由空间便愈加逼仄，于是，他又一次产生了离开《大公报》的念头。回忆产生这个念头的初衷，他说："我在《大公报》前后十年，马列主义的书也看了很多，也花了很多时间去研究。我属于工作上有些成绩的人，开小组会讨论时，我是组长。但我觉得他们的管理方式与我格格不入。"[①]

金庸并不仇视政治，更不仇视共产党，这可以从他不记恨枪毙他父亲查枢卿、渴望进新政府外交部看出来。他只是认为，报纸输送给民众的应该是自由的空气、不左不右的空气，虽然须有些倾向性，但不必太过明显。

最终离开之前，金庸是彷徨的，痛苦的。毕竟《大公报》是它为之工作

---

① 转引自傅国涌《金庸传》，北京十月文艺出版社2003年7月版。

和努力了十年的地方，这儿有他敬佩的老报人的心血，有他为之付出的心血，他见证着《大公报》的变化，《大公报》则见证着他的成长。十年相依，一朝分离，难免黯然。刚进香港《大公报》，他还是23岁的青年人，血气方刚，风华正茂；如今，他已经是33岁的壮年，虽然成熟、深刻自非当年所能比拟，但心上已经有了不少沧桑。犹豫之后，金庸还是最终选择了离开。

最终促使金庸离开的因素，恐怕少不了好友周榆瑞[①]的影响。

1949年，周榆瑞以"宋乔"的笔名发表了《侍卫官杂记》一书，揭露蒋介石的隐私，这让左派人士看出了周榆瑞的"左派"迹象来；1952年1月10日及22日，港英政府分两批，把10名爱国电影工作者如司马文森、马国亮、齐闻韶等逮捕并实时押解出境。上海、广东等地的公安部门认为这是周榆瑞告密所致，因为这些人的身份并不公开，即使他们的同事也不知情，局外人更无从知道，这又让"左派"人士觉得周榆瑞有问题。于是，上海《大公报》便以"本社在港人员轮流回上海学习"为由诱使周榆瑞回沪，随即将其收审，并以"英国间谍"罪名两度关押。出狱后，虽做了北京外语学院教授，但仍受监管。1957年，莫名其妙被关又莫名其妙被放、受尽委屈的周榆瑞回到香港《大公报》工作，正值金庸欲离开却下不了决心的彷徨之际。

我们无从猜知两个原本就无话不谈的老友在这一时期里都谈了什么，据周榆瑞无端入狱、忍辱含垢的心情推断，或许他对《大公报》的"左派"风格素有微词，并在关键的时候影响了金庸，虽然最终起决定作用的还是金庸的内因，但周榆瑞的观点或许是压沉巨舰的那根稻草。于是，金庸更加想念胡政之主持时的办报风格，并最终不顾社里数次诚恳的挽留而毅然决然离开。

这一次离开，与前两次均有本质的区别，既无冲动的成分，也没了留后路的打算，更无再回的幻想。另一个与以前不同的是，金庸的名气与以前不

[①] 周榆瑞（1915—1980）笔名宋乔，福建福州人。1939年参加工作，历任昆明西南联大外文系助教、清华大学外文系教员、桂林英国新闻处编译主任、重庆美国新闻处编译、《大公报》驻南京记者、香港《大公报》编辑。

可同日而语，他已经不再仅仅是报人查良镛，而是一个武侠小说作家金庸，他的社评、影评等副刊文章，尤其是他的武侠小说已经为他积得不少人气。除了《书剑恩仇录》在《新晚报》连载之外，他的《碧血剑》已在《商报》结束连载，《射雕英雄传》的连载也在该家报纸开始。

即便如此，前面的路该如何走，他仍然难以确定。是继续做一个报人，还是做一个职业作家？是延续他已然熟悉了的报业生涯，还是另辟路径，走以笔养家糊口的新路？如果是前者，是转战到另外一家报纸，还是另立山头；如果是后者，他是否有足够的能力支撑起自己的家庭与梦想、香港读者是否有足够的耐力读他的小说？

金庸又一次将自己送到了人生的十字路口。在这样的路口，虽然不乏行人，但大家都行色匆匆，没有人拨冗为他考虑：熟悉他的人无须多言，因为大家都相信金庸自己能够做出正确的选择；陌生的人则无从置喙，或者三缄其口。

"长城"，聚散太匆匆

1957年，金庸从《大公报》离开后，进入了长城电影公司，在这里，他收获了精彩的生活，取得了武侠之外的成绩，还近距离地接触了他的"梦中情人"，生活在他面前又一次展现了它全新的一面，直至他1959年离开"长城"。

长城电影公司创办于1948年，创始人是张善琨，老板是吕建康，是香港当时最大的电影公司之一。创立之初，"长城"专拍国语片，张善琨负责制片。

金庸进电影公司有"先天性"的优越条件，为"下午茶座"写影评时期，他就已经积攒下了不少电影界的人脉①,写了几个剧本,应电影人之邀,还写了当时颇有名气的电影歌曲。其时,这条路已经无意间在铺设了。

更巧合而重要的是,1957年,根据金庸剧本拍成的电影《绝代佳人》还获得了中国文化部1949—1955年优秀电影荣誉奖,金庸获得一枚编剧金奖章。

进入长城以后,初来乍到的金庸的工作主要是写剧本,笔名用的是林欢。此外,他还用"金庸"的笔名为报纸写武侠小说。短短一段时间里,金庸便为长城写了《小鸽子姑娘》、《三恋》、《午夜琴声》、《有女怀春》等剧本,这些剧本不管有没有被拍成电影,他都可以每剧拿到3000元的稿费,这相较于他每月380元的薪水,可是一笔很大的收入。

编剧之余,金庸还为写了不少脍炙人口的电影插曲。除了上文提到的在他"下午茶座"时期写的《门边一树碧桃花》等之外,这个时期金庸还为电影《小鸽子姑娘》写了《猜谜歌》,为电影《鸾凤和鸣》写过《猜谜歌》。前一首《猜谜歌》欢快、纯真、意境新鲜,表现了少女怀春时的热烈、大胆而又满含羞涩的特点,后一首《猜谜歌》则截然不同:导演袁仰安②要求金庸创作歌词时不能有任何"香艳"的色彩,金庸从一个谜语和洗澡的毛巾中找到了灵感,成功创作了这首歌词,用于女主角洗澡时演唱,深得导演赞赏。

在长城,金庸还过了一把导演瘾:

---

① 在《大公报》工作时,金庸便经常应邀参加电影人举行的聚会。1955年除夕,"电影界的朋友们有一个联欢晚会,大家在舞池中跳舞跳得很高兴时,苏秦忽然大声问我:'你跳的是"百花错舞"吗?'附近的人都哈哈大笑起来,因为他们知道《书剑》中的陈家洛会使一套'百花错拳'……"(引自《三剑楼随笔》)可见金庸与电影人的关系之融洽。

② 袁仰安(1905—1994),著名导演、影视制片人,出版界、电影界巨擘。浙江定海城关人。30年代初,任上海良友图书出版公司董事长,出版《良友丛刊》、《良友画刊》和《中国风貌》画册。抗战胜利后到香港,成立长城电影制片有限公司,任总经理、导演。导演的第一部作品《草海花》获选参加英国爱丁堡电影节。

1957 年，他得以与当时的著名导演程步高[①]合作执导了电影《有女怀春》；两年以后，他又和导演胡小峰[②]合作，执导了《王老虎抢亲》。1981 年，金庸到大陆访问，内地一家电视台在播出《王老虎抢亲》时，为了让金庸高兴，特地用了技术手段，将影片字幕上的"导演林欢"变成了"导演查良镛"。金庸看后坦诚相告："这部戏的主要导演是胡小峰先生……"

金庸可不是谦虚，那时候他对导演业务还确实有"很多地方不懂"。1979 年，金庸有一次到台访问，言谈之间，他的书迷听说他还搞过电影，竟然诧异异常，连呼"不信"。为此，金庸深有惭色，自谓搞电影失败。

的确，相对于金庸创《明报》和写武侠，"触电"尽管做出了一些成绩，但毕竟不过是他人生的一个小插曲。然而，谁又能说，搞电影的经历没有对他有极大的帮助呢？读者之所以那样喜欢读他的武侠小说，除了饱满可爱的人物形象和曲折的情节之外，逼真可感的画面感也是功臣之一，而后者，便是电影剧本的最起码要求。

在金庸进入长城之前，长城由于袁仰安的主持，左派已经开始入驻，当时知名演员林黛、李丽华、严俊已经退出，随着长城与《大公报》一样激进和富有社会责任感，金庸离开《大公报》之前的感觉再次产生。由于金庸所写的剧本定位一向是娱乐性和商业性，他明显地感到眼下的氛围难以适应，于是，"执拗"的他便于 1959 年离开了长城。

这一次的离开，相较于两年前离开《大公报》截然不同，金庸名气更大，小说和剧本给他带来的财富更丰，他已经不再担心生计问题，更重要的是，

[①] 程步高（1898—1966），字齐东，浙江嘉兴平湖人，中国电影导演。1924 年起涉足影坛，从事电影编导，先后导演了《乱世儿女》、《海誓》、《欢喜冤家》等影片。

[②] 胡小峰，1925 年出生于上海，是 50 年代初至 80 年代中最著名的香港左派电影导演之一。1951 年进入长城电影制片公司，作品有《王老虎抢亲》、《日出》、《夜上海》等近 40 部影片，是长城公司中作品最多的导演。

他心意已决，目标明确，眼前的那条路已经确定。

1959年，对于金庸而言，至关重要。这一离开，自由的空气便倏忽涌入，眼前便天高海阔，一片粲然。

《明报》：画眉深浅入时无？

其实，金庸还未离开"长城"时，就已经创办了《明报》，他曾对何礼杰说："当我还在长城工作时，已创办了《明报》。"[1]

《明报》创刊之初并不叫《明报》，其前身是《野马》。

之所以取名为"野马"，原取自《庄子·逍遥游》："鹏之徙于南冥也，水击三千里，抟扶摇而上九万里，去以六月息者也。野马也，尘埃也，生物以息相吹也。"金庸曾说："我喜欢自由自在，取名'野马'，也是取其行动自由，有云雾飘渺之意。"

1959年，金庸和沈宝新[2]在香港注册成功了野马出版社，旨在出版《野马》小说杂志。但直至《野马》创刊前的两三个月，报贩向他们提出建议，出版十天或半月一期的杂志，不如出报纸。报纸天天可以出，来钱快。觉得报贩说得有理，于是，金庸和沈宝新察纳雅言，改杂志为报纸。

二人商定，报纸为日报，一张纸，四开，四版，首版刊登社会性趣味特稿，二、三版刊登小说和金庸武侠小说，四版是小说、杂文，没有新闻，定位是小说小型报。

---

[1] 引自何礼杰《金庸对话录》，《金庸：中国历史大势》，湖南大学出版社2001年版。
[2] 沈宝新与金庸最早成为同学的时间是1939年的丽水时期。金庸曾说："我们俩人是初中、高中同班同学，沈宝新先生比我大几岁，所以当时并不是很熟悉……后来在香港碰上了，老同学相见，自然很亲热，以后大家就常来往……"

但一个问题摆在他们①面前："野马"不像是报纸名字，需要另起。于是，出版前一个月，金庸三人在午茗时间，两次提出为报纸起名的事情。金庸认为，《成报》办得很成功，他们的报纸可以模仿，也取一个单字，简单明了，取向鲜明。潘粤生提出了一个"明"字，说"明"有"明辨是非"之义，非常符合办报的宗旨。金庸表示同意，觉得"明"还有"聪明"之意，但随即又提出担忧，会不会让人觉得有"明日黄花"之感？潘粤生说不会。沈宝新虽然在场，但未发表任何意见，这样，《明报》的名字便诞生了。②其实，金庸他们并不知道，在此之前，中国曾经有过三份以"明报"命名的报纸，③这三份报纸的人气都曾经很高，他们或许无意间沾了它们的一些光呢。随即，金庸邀请当时香港著名的书法家、电影懋业公司制片主任王植波题字，并沿用至今。

《明报》的投资人有两个：最初金庸出资3万，沈宝新出资两万，三四个月后，金庸个人又出资5万。在股份上，金庸八成，沈宝新两成。④

1959年5月20日，《明报》正式创刊，这一天让金庸永难忘记。从此，香港的报业便多了一份报纸，金庸的身上也多了一重身份，不久，他的头上也因此多了一重光环。这一年，金庸35岁。

金庸有《明报》发刊辞上热情洋溢地写道："《明报》是一张同人的报纸，也是一张读者的报纸……我们的信条是'公正、善良、活泼、美丽'。我们决心要成为你一个甜蜜的知心的朋友，跟你说说故事、讲讲笑话，讨论一下问题，但有时候，也向你作一些温文的劝告……"

从发刊辞上看，金庸给《明报》的定位是一张贴心的休闲甚至消闲娱乐

---

① 另一人是金庸、沈宝新他们延聘的编辑潘粤生。
② 引自张圭阳《金庸与〈明报〉》，湖北人民出版社2007年9月版。
③ 第一份《明报》出版于1922年10月11日，地点在上海；第二份叫《苏州明报》，时间是1932年，地点在苏州，出版人"倚红"；第三份《明报》在北平，时间是1945年5月，发行人孔效儒。另外，金庸的《明报》创刊一年后，广东开平地区还出版了《开平明报》季刊。
④《明报》创刊一年以后，金庸曾经的《大公报》老同事郭炜文在《明报》极困难时期出资1500元，后来郭被《大公报》社长费彝民逼着退股，金庸便连本带利还给他了。

的报纸。他希望,《明报》呼吸和传播的是自由活泼的空气。

其实,《明报》创刊的 1959 年,是一个极其尴尬的年份,它似乎注定了,《明报》的生存空间是狭小的,处境是艰难的。

这一年,香港报界极其关注黄色报刊充斥的问题。香港报业公会在 1959 年 3 月 18 日的年会上提到:"香港黄色小报刊物之数量惊人,此种情形,足以影响整个报业之声誉。"

在《明报》创刊当天,香港的中文报章上都刊登了一则消息,报道港督柏立基爵士在 5 月 19 日出席香港报业公会的聚餐。会上,港督提及有关小报淫亵文字的问题。港督认为:"凡属正当报界分子,均应尽力消除此类不良分子,以维持良好新闻事业之道德……"

另一件事亦发生在《明报》创刊当天。中央裁判署裁判司杨铁梁以《自然日报》曾于 1959 年 3 月 11 日在副刊"秘间"一栏中刊登《街市皇后》一文,违反"淫亵展览"条例 150 章第三节,下令停刊三个月。

香港政府对报界的一连串行动,被部分英国国会议员误以为是香港政府对报界采取审查制度。[①]

整顿报界,原本对《明报》有益,但也证明了当时的报纸名目之多、管理之乱、生存之艰。

唐代诗人朱庆馀写过一首诗:"洞房昨夜停红烛,待晓堂前拜舅姑。妆罢低声问夫婿,画眉深浅入时无?"惴惴之情跃然于纸上。现代,金庸的《明报》也已经梳洗打扮完毕,即将粉墨登场。可是,它的扮相与演出合人脾胃否?

[①] 引自张圭阳《金庸与〈明报〉》,湖北人民出版社 2007 年 9 月版。

夹缝中

《明报》创业之初，筚路蓝缕，艰难非局外人所能想象：中环娱乐行五楼二室这个不大的空间里，白天是商人的写字楼，晚上是《明报》的编辑部。人家下班后，金庸他们开始入主；苦战一夜，凌晨离开，得把所有的东西恢复原样。后来，社址又一迁再迁，印厂也一换再换。

人手不够，金庸任社长兼总编辑，他一手写武侠，一手写社评，忙得不可开交，人们只见他伏案的背影数小时不动，心疼但又爱莫能助；沈宝新任经理，一个撑起报纸的经营，每天为增加《明报》的发行量挖空心思；潘粤生任编辑，组稿把关全靠他；戴茂生任校对，也是一个人的独舞；办公室助理叶云，将报社内外联系起来的不可或缺的唯一者。实在无法，金庸的第二妻子、记者出身的朱玫也融身进来，跑新闻，写稿件，辛苦自不必说。

饶是如此，《明报》的发行量仍然难以恭维，创刊号印了8000份，未卖完，后来，稳定在6000份上下，处于半死不活的状态。大家都知道，如果发行量达到万份以后就活了，但最多的时候仍旧只达到8000的上线，这样的时候寥若晨星。

《明报》最初的定位也使它尴尬：由于创刊晚，版面、资金和读者均有限，为了生存，也为了快速发展，《明报》想调和众口，既有严肃的社评和时事新闻，也有通俗小说。这样就授人以柄：《明报》的特点不突出，立场摇曳不定。

为增加发行量，金庸他们绞尽脑汁。

首先，挖人。几个月后，《明报》高薪从《晶报》挖来了记者雷炜坡，从《红绿报》挖来了龙国云和韩中旋，并将《循环日报》辞职的记者刘兆基、张君默、王若谷等人揽入旗下，以增加《明报》力量。

金庸本人则除了写连载的武侠小说外，还拼命写社评，并由创刊初期的三天一篇增加至一天一篇。从创刊号起，即在《明报》连载《神雕侠侣》，并配插图，以增加读者群；该部小说结束后，又与1961年7月6日开始连载其另一部长篇武侠小说《倚天屠龙记》，以稳定固定的读者群，吸引新的读者；为了尽快渡过困难期，除了连载《倚天》外，有时《明报》会将两部武侠小说在同版面连载，包括他的两篇中短篇《白马啸西风》和《鸳鸯刀》也在《明报》亮相。这些举措，虽属无奈之举，并且在增加发行量上效果并不明显，但却让《明报》渡过了困难时期，避免了别人所说的很快就会倒闭的厄运。

1961年2月15日，《明报》开辟了"伶星专栏"，由名记雷炜坡主持，以"柳鸣莺"的笔名每天发表影视剧界明星的八卦新闻，以吸引读者眼球；同时，高薪聘请简而清、简而和兄弟俩主持"马经"版；龙国云以"陈非"为笔名写食经专栏；潘粤生用"余过"的笔名写"四人夜话"专栏；又延请汪昆以"识途老狗"的笔名写狗经……虽然效果不明显，但毕竟大大丰富了《明报》的内容。

在细细的夹缝中，《明报》倔强地生存了下来。感叹它是一个奇迹的同时，人们不由想到金庸的武侠小说，正是它们，苦苦地撑过了《明报》最困难的时期。倪匡曾做出这样的评价："《明报》不倒闭，全靠金庸的武侠小说。"一向谦逊的金庸提及这一段经历也难掩自得："我们的半张小报，经半年时间便收支平衡，我的武侠小说可有一定读者啊！"

事实的陈述之中也透着金镛的自信与乐观。

1960年，《明报》发行量已增加到13664份，一年内销量增加124%；1961年上升到22677份。[①] 这些收入，已足够《明报》渡过最困难时期的了，

---

① 数据取自张圭阳《金庸与〈明报〉》附录之《〈明报〉历年销量表》，湖北人民出版社2007年9月版。

但能否持续发展下去，还真是个未知数，未知的因素有天意如何，更有金庸及其同仁把握机会的能力。

《明报》之明

黑暗之后是光明，平水下面有暗流。鸡毛蒜皮，未必不孕育机会；高歌猛进，何尝纯粹是福音。对于金庸和《明报》，尤为如此。

1962年，对于《明报》而言，是柳暗花明又一村的一年。

1959—1961年的三年自然灾害使中国内地的百姓遭受重创，工农业生产几乎陷于瘫痪；[①]1960年，"老大哥"苏联撤走援华专家，终止对中国的所有援助，中苏关系交恶。内忧外患一齐袭向中国内地，困难之大，压力之重，一时令人窒息。

自1962年2月起，头脑灵活的广东人较早地体察到了这种压力，便利用距离香港较近的优势，纷纷偷渡到港，三个月后便已形成洪流。

"移民潮"让港英当局措手不及：弹丸般的香港如何承受这潮水涌来之重？若听之任之，与洞开大门无异；若逐一遣返，只说遣返费用就难以估量。思量再三，香港政府除了让军警"围追堵截"，别无他法。然而，这些措施却给原本就无家可归的难民造成了极大灾难。香港各大报纸纷纷报道，这给一向以办报理念中立的金庸和《明报》出了一个难题：报道吗？

若不报道，这明明是一个天赐的良机；报道吧，似乎有违《明报》的原则。但随着事件的升级，金庸他们也坐不住了。

[①] 1962年1月11日至2月7日，中共中央在北京举行召开的"七千人大会"初步总结了1958年以来社会主义建设的基本经验教训，分析了几年来工作中的主要缺点错误。刘少奇在讲话中指出：当前经济困难的原因，除了由于自然灾害造成农业歉收外，"还有一条，就是从1958年以来，我们工作中的缺点和错误"。

1962年5月8日,《明报》首次推出有关移民潮的重大新闻,赫然是《爷娘子弟哭相送　尘埃不见罗湖桥》! 从这以后,一发而不可收,移民聚集之处,到处可见《明报》记者的身影。到了5月12日,《明报》头版已经都是关于移民的报道了,图文并茂,标题醒目,感情真挚,语言抓人。

　　与刊登新闻几乎同时,金庸也推出了他有关逃港事件的社评《火速! 救命! ——请立刻组织抢救队上梧桐山》,其中有这样的句子:"最宝贵的,是人的生命;最大的仁政,是救人性命! ……我们呼吁中共和本港的慈善救济团体,对这些困在梧桐上的同胞予以援手,立即组织抢救队,救援那些受伤被困的同胞们!"立场鲜明,一改往日温和派的社评风格。对此,杨莉歌评价说:"这是他开始受读者注意,与读者拉近距离的一篇社评。"不仅如此,这一时期,金庸共针对此事,一口气写了十几篇社评,篇篇富有责任感,口气急切激昂,甚至直接批评中国政府不负责任的立场。

　　《明报》不再温和,也有了明显的倾向。事实就是如此,负有社会责任感的报纸又怎么会完全没有倾向呢?

　　同时,《明报》还登出呼吁社会各界向移民捐款捐物的启事,每天刊登捐款捐物者的名字和所捐数目,并派记者每天负责送一车食品给难民。

　　《明报》贴近民众的做法立即引起了广大民众的反应,人们仿佛突然觉得,只有《明报》才是与他们一条心的媒体。于是,销量迅速突破3万份大关,接着又突破了4万份。

　　1962年6月8日,《明报》刊出了一则《征稿启事》:"本报自本月十七日,每星期增出'自由谈'副刊,自国家大事、本港兴革、赛马电影,以至饮食男女、吸烟跳舞,无所不谈……"虽仍以自由为则,但从启事上即可看出,此时的《明报》,已与初创时截然不同。

　　相应的,金庸的社评也与他的武侠小说一起,被人所知,为人喜爱。

　　1962年双十节,蒋介石鼓励内地军民反共,并以事成后加官晋爵相许。金庸写了《蒋介石的"双十"文告》,对蒋进行讽刺;10底,中印发生边境冲突,美国国务院却发表声明,谴责中国。金庸写了《美国声明是非颠倒》,口气激烈,对美国进行批评;紧接着,在中印冲突中节节胜利的中方突然宣布撤军,并向印度抛出橄榄枝,提出谈判要求。金庸又写了《史无前例 潇洒漂亮》的社评,对中国政府的大度和维护和平高度评价……

金庸的社评不仅大大提升了《明报》的发行量,拉近了《明报》与公众的距离,还使金庸在武侠小说家的光环上又加入了另一圈——社评家。

这期间,因为一件事情,金庸与《大公报》再起笔战。

1964年1月27日,中、法两国政府发表联合公报,决定建立外交关系,但同时,法国也与台湾的国民党当局建立了外交关系。对此,金庸发表社评,对法国政府严厉抨击,认为他们的做法造成了"两个中国,一中一台"的错误局面。但此事却未引起香港《大公报》的高度重视,它正在大力宣传"中法两国人民的友谊万古长青"。于是,愤怒的金庸于1月30日发表社评《法国阴谋,天下共见》,除揭露法国政府的外交阴谋之外,还对《大公报》进行批评,指责他们放弃了以往进步的立场,容忍法国"两个中国"的阴谋得逞。

《大公报》寸土不让,予以还击。

除此以外,《大公报》还抨击了金庸的两大错误:一是在《世界周刊》座谈会上,金庸发表言论,公开反对中国的社会主义。但金庸反驳说,自己不过是客观地就当时的政治、经济和社会形势谈了些看法。

二是金庸在向日本新闻界介绍自己的履历时,错误地说自己曾任《大公报》的"编集部长",是大大提高自己的职位,并责成《世界周刊》予以更正。但金庸却认为《大公报》小题大作,"部长"也罢,"主任"也罢,只是用语的习惯不同,此处的"部长"也并非人们熟知的国家部委的"部长"。

几个月后,到了1964年9月底,美国国务卿鲁斯克宣布中国将于近期举行核试验、但具体日期北京方面视为绝密的消息。10月1日,金庸在《明报》发表社评《中共核爆应在下午举行》,社评中似乎在为核爆时间支招:"因此中共举行核爆，最好选择在下午三四点钟，其时美国正是深夜，仪器中查到之时，国务卿来不及开记者招待会，北京电台就可先行广播了。"不料这一"预言"竟然与核爆炸时间相同——10月16日下午3时！社评本意原为调侃，不料竟成惊人预测，实在微妙。

紧接着，《明报》于10月20日、10月24日发表两篇社评——《中共爆炸原子弹的评价》和《核弹是一种罪恶》，口气颇不友好。

于是，《大公报》接连发表多篇文章予以批驳《明报的妖言和妖术》、《再谈明报的妖言和妖术》、《略揭最恶毒反华的明报的画皮》等文章，口气严厉，夹枪带棒，人身攻击之身俯拾皆是。不用引用原文，单从文章标题上即可明白。

更可怕的是，继《大公报》之后，《文汇报》、《新晚报》、《商报》再次联合起来，形成一股讨伐金庸和《明报》的洪流。

对此，金庸奋起反击。1964年11月27日至12月22日，金庸连续发表了《敬请〈大公报〉指教和答复》、《要不要收回俄占地？》、《一切归功于党》、《要不要援助外国？》，署名是"《明报》编辑部"，位置在头版头条。

最后，还是在廖承志和陈毅的干预下，到了年底，这些左派报纸的攻击才被迫停止。陈毅说："请香港新华社对《明报》的那个查良镛先生高抬贵手。""《明报》的那个社论，要中国人有裤子穿，那还是爱中国人嘛！"

表面上，虽然笔战未分出胜负，但实质上高下早已判定，从金庸的角度来说，他的知名度更高了；从《明报》的发行量来说，笔战后比笔战前每天多出近一万份，已然达到7万有余，已然超过它的对手《大公报》和《文汇报》。到了1965年，《明报》上半年的销量已达到80200份，周日已经超过11万份，下半年则稳定在81428份，此后便一直攀升，其速度令人瞠目结舌。①

因为笔战，金庸和《明报》的天空更加明媚高远了；因为笔战，不仅《明报》名满香江，其老板"金庸"这两个字也成了金字招牌，光彩熠熠。

---

① 数据取自张圭阳《金庸与〈明报〉》附录之《〈明报〉历年销量表》，湖北人民出版社2007年9月版。

第四章
数段才子佳人梦 一怀东海浮槎心

金庸处处精彩,在感情方面亦然。他有过三位妻子,第一位结缡于名微时,第二位携手于创业日,第三位相守于成功后。但金大侠的人生也不乏遗憾,父亲和长子之死,是他心中永远的痛,以致佛经与围棋,成了他生活的重要内容。

前尘梦影

金庸与第一任妻子杜冶芬的相识、相恋与相守是一段不长但精彩的传奇，他们最后劳燕分飞的结局也充满谜一样的色彩。

1947 年，金庸在杭州的《东南日报》主持"咪咪博士答客问"副刊，有一期"博士"要回答的问题是关于买鸭子的问题。博士给支的招是："颈部坚挺结实表示鲜活，羽毛丰盛浓厚，必定肥瘦均匀。"很快，副刊便收到一封质疑信："咪咪博士先生，你说鸭子的羽毛一定要浓密才好吃，那么请问：南京板鸭一根毛都没有,怎么竟那么好吃？"金庸明白了,这不是质疑,是"搅局"，是"砸场子"啊。但他还是耐心回复："阁下所言甚是，想来一定是个非常有趣的孩子，颇想能得见一面，亲谈一番。"

"砸场子"者叫杜冶秋，平时跟随在上海行医的父亲在沪上学，而此时尚是假期，他回到了家乡杭州。

一个周日的下午，金庸到杜家赴约，不仅见到了杜冶秋，还见到了杜冶秋的姐姐杜冶芬，此时杜冶芬 17 岁。23 岁的金庸蓦地觉得，眼前的这个女子便是自己的意中人，无数次在心里的构画忽然明晰起来，寻寻觅觅终于有了结果，于是，他心里便生出一段情愫来。第二天，金庸再次造访，并送来一叠郭沫若先生话剧《孔雀胆》的戏票，邀请杜家人一起去看戏。此时，该剧在杭州正在热演，人人以观之为荣，戏票便非常紧俏。

杜家人友好的态度使金庸到杜家的次数愈来愈频繁，不制止便是默许，直至他们发现金庸来杜家的真正意图是杜冶芬，但似乎已经晚了。

接着便是金庸离开《东南日报》到上海边求学边在《大公报》工作，然后便是去香港,在金庸工作地点频繁变动的间隙,他与杜冶芬走进了婚姻的殿堂。

他们先在上海举行了盛大的婚礼,而后携手回金庸家乡海宁探亲,又一起奔赴香港,夫唱妇随,有着深厚文学修养和古典气质的杜冶芬恪守着这一古训,他们堪称一对璧人。

从相识到相恋到结婚,时间是仓促的,金庸的第一段婚姻有"闪婚"的味道。"问世间情是何物? 直教生死相许。天南地北双飞客,老翅几回寒暑。欢乐趣,离别苦,就中更有痴儿女。 君应有语,渺万里层云,千山暮雪,只影向谁去。"金庸深深地为这样的感情折服,并终身追求,当他与杜冶芬合卺之时,他心里或许在默念着金代词人元好问的这个句子。

结婚之后,杜冶芬随丈夫到了香港。

香港的生活是谁也不曾料到的:金庸在《大公报》的工作太过繁忙,无暇顾及妻子;杜冶芬因习惯了优裕和仆人围绕的生活,加上未能生上一男半女,一个人的孤独像山一样压得她喘过气来。两个人开始吵嘴,感情日渐生疏,并产生了裂痕,难以弥合……最终,二人离婚,杜冶芬一个人回了大陆。

这段才子佳人的匆促婚姻就这样遗憾地解体。有人说,杜冶芬的性格颇像金庸《倚天屠龙记》里的殷离,极富个性,任性而果敢,敢爱敢恨,不擅站在对方角度考虑。世易时移,当曾阿牛变成张无忌,当年的金庸变得无暇兼顾爱情,便因爱生怨生恨。事隔多年,金庸回忆这一段婚姻时仍然满目泪光:"现在不怕讲,我第一任太太背叛了我。"

金庸《大公报》的同事曾这样说:"杜冶芬是杭州人,不懂粤语,在香港感到生活苦闷,加上当时查良镛收入不多,她在吃不了苦的情况下,离开查良镛。"[1]

---

[1] 金庸与杜冶芬的离婚,另有版本:一种是,杜冶芬在孤独寂寞之时,便央求金庸,让他利用在电影圈里的人脉,为自己找一个当演员的机会,杜冶芬美丽迷人,被人称为"杜四娘"。后来,便红杏出墙。还有一说,是金庸因为杜冶芬未能为他生下子女,便与之产生矛盾,终至劳燕分飞。

杜冶秋的观点似乎较为接近客观："有些报纸说查、杜分离是因为查欲求职'外交官'遭妻子反对，迫不得已才分手的，实际上是无稽之谈……离婚的主要原因，恐怕还是'爱尚且存在不足'。"然而，由于二人的姐弟亲情，杜冶秋的话反而更为姐姐与金庸的离婚之因增添了扑朔迷离的色彩。

不管因为什么，二人的分手都不能不说是一桩憾事。这一段短暂的婚姻，如前尘梦影，永远在金庸心头萦绕。金庸是非常爱杜冶芬，最起码结婚前和刚结婚的前一段时间是这样，这可以从他为自己起"林欢"的笔名看得出。毕竟杜冶芬是走进金庸生命里的第一个女子，她那样美丽，却又那样难以摇曳不定；曾经那样亲近，却又最终那样遥远。

夏梦，仲夏迷梦

金庸与著名女演员夏梦的爱情传说，亦真亦幻，若景若梦，远看若有，近看似无。从金庸本人后来的言谈中难以"查实"，从金庸好友的回忆文章里观之，却又觉得它像一个坎，绕不过去。

关于金庸与夏梦，台湾作家三毛这样评价："金庸小说的特殊之处，就在于它写出一个人类至今仍捉摸不透的、既可让人上天堂又可让人下地狱的'情'字。而不了解金庸与夏梦的这一段情，就不会读懂他在小说中'情缘'的描写。"

夏梦，原名杨蒙，江苏苏州人，1932年2月16日生于上海。外形艳而不媚，贞静平和，娴雅大方，兼之身材高挑，有"上帝的杰作"之美誉，是香港公认的西施。

1950年，夏梦进入香港长城电影公司任演员，由于她演技高超，票房号召力强，很快便成为长城公司的"长城"，被誉为"长城大公主"。

金庸离开《大公报》进入"长城"以前，就曾与夏梦相识，1956年，金庸署名"林欢"的剧本《绝代佳人》便由夏梦主演。其间，因为剧本，为了该片，二人有过不少探讨的机会。因为夏梦美丽的外形[1]和精湛的演技，吸引尚年轻的金庸也很易理解。

1957年，金庸进入长城电影公司，与夏梦成为同事，接触相对容易，接触的机会也更多了。由夏梦演绎的电影《绝代佳人》获奖，且票房不俗，二人之间的话题便多了一些。

因为金庸在《新晚报》主编副刊时，还主持过"姚嘉依专栏"，并以"姚嘉依"的笔名写影评，因此，夏梦有时给金庸开玩笑，称他是"姚家阿姨"。这件事仅能看到两个人很熟，且能够开开玩笑，并不能证明太多。从夏梦的角度，觉得金庸好玩，可以玩笑；从金庸的角度，既然这么大的一个明星跟我开玩笑了，是不是有些什么想法，也未可知，即使有些什么想法，也是可以理解的。

金庸曾对夏梦的美丽进行评价说："西施怎样美丽，谁也没见过，我想她应该像夏梦才名不虚传。"在他的《快乐和庄严——法国影人谈中国人》文章里说过这样一件事：有一次，在北京参加过法国电影周之后，金庸与法国电影制片人亚历山大·慕努舒金和法国电影协会代表加劳、著名女演员石慧等一起用餐，席间的气氛融洽而愉快。几位法国影人在谈到中国电影人时，多番称赞他们可爱、动人。而在法语中，可爱、动人的意思是Charmant，而这个单词的发音像极了"夏梦"。于是，便有人以此向石慧开玩笑，说外人老是夸夏梦，怎么不夸她呀。引得大家哈哈大笑。而在他日后的访谈和回忆文章里，提到夏梦的并不多，似乎在有意回避，除了实在绕不过的以外。越这样，越让人觉得有问题，正所谓"欲盖弥彰"嘛。这点从金庸的朋友那里也得到了证实。

---

[1] 对于夏梦的美丽，李翰祥曾说："夏梦是中国电影有史以来最漂亮的女演员，气质不凡，令人沉醉。"

当然，当时的金庸还未名满天下，虽然其武侠小说和社评已经拥有了一批读者，但相较于红得发紫的大明星夏梦而言，则不算什么。从金庸的角度，对夏梦是仰视——不论是名气上还是对她的美貌上；而从夏梦的角度来说，则极可能没有什么"非分"之想，这点，从给金庸开玩笑也可以看得出来。

作家倪匡、导演李翰祥都和金庸是非常要好的朋友，在他们的文章里，都提到过金庸苦恋夏梦的事情。香港作家、翻译家沈西城[①]曾写过《金庸与倪匡》一书，其中讲到他们之间的一件事：

我问："李大导（指李翰祥），你只会要我，却不摸自己的屁股，你的大作《三十年细说从头》有哪一个你大导的老友不给你挖疤了？"

李翰祥乐了，仰天打哈哈："金庸追女明星有啥稀奇？我不是也追过的吗？穷就不能泡妞吗？"

"那么金庸泡到了吗？"

"当然泡到，短瘾好过无瘾啊！"……

再问倪匡。倪匡比较老实："好像是夏梦。"

……

1954年，22岁的夏梦已经名花有主，嫁与一个商人；1967年9月，35岁的夏梦随丈夫移民加拿大。对于此事，金庸和他的《明报》做出了一个让人意外的举动：特地辟出头版位置，不惜笔墨地将此事进行报道。这还不够，一向以写重大题材的社评为业的金庸特地写了一篇社评《夏梦的春梦》，其中有这样的句子："对于这许多年来，曾使她成名的电影圈，以及一页在影坛中奋斗的历史，夏梦肯定会有无限的依恋低回……一定是加拿大草原的空气更加新鲜，能使她过着更恬静的生活，所以她才在事业高峰之际，毅然抛

[①] 沈西城，原名叶关琦，1948年出生于上海。香港作家协会理事、香港作家联会会员，小说杂志《武侠世界》和《蓝皮书》社长。著述有《梅樱集：鲁迅，郁达夫与日本及其他》、《妙人倪匡》、《金庸与倪匡》、《我看倪匡科幻》等。

弃一切，还更进一步幽谷，遗世独立，正是'去也终须去，住也不曾住，他年山花插满头，莫问奴归处。'……"语言优美，感情落寞。细细品去，究竟是夏梦对香港娱乐无限留恋，还是金庸对即将远行的梦中人无限留恋，各人自然有其答案。

这件事让人遥想起《明报》创刊不久，夏梦曾到国外旅行过一段时间。在这段时间里，《明报》便为之开了专栏，一连十数天对夏梦的行迹进行"追踪报道"，并一反常态地连续刊登夏梦的旅行散文。金庸此举，除吸引读者眼球、为《明报》增加发行量之外，恐怕与当年给杜冶芬全家送戏票一样，同样不乏"醉翁之意不在酒"的成分。

需要特别提出的是，金庸进长城电影公司的前一年，已经和第二任妻子朱玫结婚。新婚宴尔，情深意浓，即便夏梦再美，即便鸳梦再绚，在当时的社会环境下，已然各自有了家庭、各自爱惜名声的青年男女，也难以生出什么出格的事情。更何况，夏梦，极可能仅仅是金庸"仲夏夜"做的一场"春梦"而已。

爱情的颜色

不可否认，金庸长于写爱情，在他的小说里，有各种各样的爱情版本。有一帆风顺地成为眷属的，如郭靖与黄蓉、令狐冲与任盈盈等，有历尽艰难终相厮守的，如杨过和小龙女，有一厢情愿、最后黯然分手的，如仪琳与令狐冲、华筝与郭靖等，有令人思之即肝肠寸断的，如萧峰与阿朱……应有尽有。足见爱情在金庸小说中的位置、爱情在金庸心里的位置之高。

1956年5月1日，金庸步入了他的第二段婚姻，妻子是朱玫。

他们是一对名副其实的患难夫妻，而朱玫也是一位不折不扣的女强人。

朱玫，记者出身，聪慧而能干，肯吃苦，为金庸事业的成功给予了极大帮助。

1959年，《明报》报刊之时，由于人手奇缺，朱玫就挺着大肚子帮金庸跑新闻。他们的大儿子查传侠出生以后，朱玫更是一边照顾孩子，一边与丈夫并肩作战，忙得不亦乐乎。即便又生下一子二女后，朱玫还是在照顾孩子的前提下，不辞辛苦，到港岛给金庸送饭。爱子之意，爱夫之情，在她身上体现得完美无缺。

1967年9月22日，《华人夜报》创刊，朱玫任社长，王世瑜①任总编辑。然而，不幸的是，朱玫与王世瑜因为不和而经常发生口角，致使王世瑜离开，自己创办了《今夜报》，于是，到了1969年，《华人夜报》关闭；1968年，《明报》已经渐成气候，孩子也渐渐长大，朱玫还经常以"查太太"的身份参加会议，与丈夫及其同事共谋《明报》发展之道。《华人夜报》关闭后，朱玫与金庸及其他同仁一起积极创办《明报晚报》，并于1969年12月1日创刊，潘粤生任总编辑，朱玫任采访部主任。

这段时间里，虽然日子过得紧张，但夫妻互相信任，相濡以沫，倒也其乐融融。虽然偶有口角，但皆如过眼云烟，不留痕迹。

然而，随着《明报》为代表的财富王国日渐形成，金庸与朱玫的感情出现了裂痕，裂痕渐大渐深，弥合乏术，终致黯然离婚。

如果说，金庸第一段婚姻的解体金庸是受害者的话，那么，第二段婚姻的终结，责任则在金庸。我们不能因此说金庸是一个不重爱情的人，相反，他对爱情和婚姻一直是苦心经营的。数十年后，忆及此事，金庸还满脸愧色："我作为丈夫很不成功，因为我离过婚，跟我离婚的太太有一位，我心里感觉对不起她，她现在过世了，我很难过。"这里的"她"即指朱玫。

---

① 王世瑜，1939年出生于山东，7岁便随家人移居上海，至高中毕业入读香港珠海书院文史系。曾任《明报》总编辑，40多年来以笔名"阿乐"在报界写下无数掷地有声的专栏。

他在另外一个场合，则将这种愧疚说得更简洁、更明白："我对不起朱玫。"

林燕妮[①]曾经这样评价金庸的婚姻："他一共有过三位妻子，第一位结缡于微时，未有子女便分手。第二位朱梅（玫），是与他共同打江山的女强人，美丽能干，他们生下两儿两女。也许英雄见惯亦寻常，婚姻中少了互相欣赏，再加上其他原因，终于分手了。"

林燕妮话里的"其他原因"，似话中有话。或许指众人相传的这件事：

金庸在工作间隙，常去社址所在地北角英皇道附近的一家餐厅喝咖啡，经常如此，便与其中的一位女侍应熟络起来，终于有一天，金庸非常大度地给了这位女侍应10元港币。女侍应却拒绝了，她告诉金庸，作家赚钱辛苦，不必如此。金庸非常意外，便对该女侍应更加产生了好感。随后，金庸便不再亲自到报社写稿，而变成在写好稿后，由一个后生送去。至于他本人，则与这个女侍应筑起了爱巢，就在跑马地。

朱玫于1998年11月8日病逝于香港湾仔律敦治医院，在孤独与窘困中走完了她倔强而哀怨的一生，享年63岁。死时，前夫金庸当然不在身旁，即便是她的子女也是如此，医院的员工为她取了死亡证明。

据说，朱玫知道金庸另有新欢之后，倔强的她便提出了离婚。人已变心，还留恋何益？不如放手，这或许是性格刚强者的通病。

也有一说，是金庸先提出离婚，朱玫思忖之后，便提出两个条件，金庸毫不犹豫地答应了第一条，至于第二条，那个女侍应思考之后也答应了。

---

① 林燕妮，香港著名女作家，1948年出生，原籍广东惠州。金庸的朋友，写过《香港第一才子——查良镛》。沈西城曾在一本名为《香港女作家风采》的书里，叙述以下一个小故事：有一次，倪匡跟金庸闲谈，谈到香港作家的散文。金庸说："林燕妮是我见过的女作家中写散文写得最好的一个！"倪匡摇摇头说："错了。"金庸一愕，问："错了？"倪匡说："你的话要省掉一个字。"金庸追问："哪一个字？"倪匡说："女字！"

朱玫的这两个条件是：一、给她一笔钱；二、女侍应须先行做结扎手术。①对于这个传说的可信度，笔者予以怀疑，尤其对于朱玫提出的两个条件。第一条，用一笔钱作为补偿，对于金庸而言固然并非难事，或许正合心意，但若从性情倔强的朱玫口中首先说出，却非易事；再说，如果朱玫真的得到了这笔钱，或许晚景不至于如此孤苦。第二条，提出这个条件固然是为了孩子，但不让"后继者"生孩子，用一纸约定即可，不必一定提出结扎输卵管的要求。不论如何，金庸与朱玫离婚却是事实，他和第三任妻子林乐怡未生育也是事实。

斯情未了，斯人已逝，我们无意翻其旧账。金庸与朱玫，这对曾经的患难夫妻的是非分合，有太多内情非外人所能道，我们唯祝愿金庸内心平静、朱玫泉下安宁。

其乐如饴

林乐怡是金庸的第三任妻子，比金庸小27岁。他们结婚的时间不清楚，因为金庸"和现任太太相识了十五六年始能结合，中间聚聚散散，历尽考验"。

"……他俩是在扎角丽池一间酒店里擦出爱的火花的。林姑娘那时是那家酒店的侍应。那天，金庸刚与第二任妻子吵过一架，正失意至极，就到那家酒店闷坐……一见钟情，二人四目，相投不分。这就对不起朱玫了，再离婚，再结婚，并送小娇妻到澳洲留学……"②

这段文字证明了以下几点：一、林乐怡认识金庸时的确在一家酒店当侍

---

① 引自杨莉歌《金庸传说》，次文化堂1997年版。
② 引自船海《金庸鲜为人知的一面》，《名人传记》2000年第7期。

应生；二、金庸此时已与朱玫时有摩擦；三、虽然林乐怡是在金庸感情处于低谷时走近金庸的，但二人的感情是真挚的，金庸爱美女，佳人配才子，二人还是很"登对"的。

正因如此，他们婚后的感情生活融洽而幸福，这可以从林乐怡虽然没有生育、金庸对小娇妻的宠爱仍然不减，且送她深造看出来。

林乐怡，人们都觉得她很像金庸《神雕侠侣》里的小龙女，故暗里便以"小龙女"呼之。其实，林乐怡本人最喜欢的是金庸的小说《白马啸西风》。因为林乐怡觉得这小说有一种伤感的气氛，正迎合了女人感情丰富、多愁善感的秉性。林乐怡很小资，喜欢亲自装饰家，小女子的智慧和对家庭的爱都体现在里面。这些都是金庸津津乐道的事情。

至于他们的感情，肯定是恩爱有加的。做到这一点并不困难——对于小娇妻，金庸是亦父亦夫亦情人，其中的甜蜜非语言所能表述；对于名满天下的丈夫，林乐怡当然不会忘记当年的倾心，历尽曲折终于走到一起，自然加倍珍惜。要做到这些，并不困难。

这一段话或许可以佐证——

那时候，也许是因为骑楼太暗，洋灰地太滑，查先生夫妇一度想牵手，但又没有牵成，或许是因为我们的车子正在后头。两不知怎的，忽然都有些不好意思吧，那欲牵未牵的手，始终没有牵成。……因为凭我写过将近四年诗集三百多首诗的经验，这一刻是美的，这一刻是真的……[1]

温瑞安[2]从金庸夫妇与他们吃过饭后，坐另一部车子前，想牵手却终没有牵的"细节"上判断出，这种"草色遥看近却无"的感情是最真、最美、

---

[1] 引自温瑞安《王牌人物金庸》。

[2] 温瑞安，1954年1月1日生于马来西亚霹雳州美罗埠火车头，武侠小说作家。有小说、诗、散文、评论各类著作100多种。代表作《惊艳一枪》、《布衣神相》、《四大名捕》等被多家电视公司多次改编。

最可贵的。这一幕甚至让他想到金庸小说里人物的浪漫情怀，美得令人心颤——这便是金庸与林乐怡的爱情写照。恩爱，但似乎又不乏羞涩，一种爱情保鲜的感觉。莫非，那一瞬间，他们想到了当年酒店里"情窦乍开"的那一幕？想到了想走到一起又觉得阻碍重重的往昔？

数十年夫妻下来，若只如温开水一杯，应当不会不自觉地拉手；若只有左手拉右手般的木感，当不会有拉手的欲望；若觉得老夫老妻，情已无碍，便不会见人看见而乍合即分，若果真如此，拉手便索然无味。温瑞安的叙述给我们这样的感觉，金庸夫妻不是这样。

知惧方能知止，知止方能致力，致力方能珍惜，珍惜方能永恒。

最深的伤

在金庸心里，有一道最深的伤，任岁月荏苒也难以抚平，任多少辉煌也不能愈合，那就是其长子查传侠自杀。

文名显赫的家世、家资巨富的出身、光明无限的前途、身为长子的重任、父母殷切的期望、众人歆羡的目光……查传侠为什么会自杀？一时间，媒体和普通民众都不敢相信这是事实。

那是1976年的10月，查传侠在美国哥伦比亚大学上大一，还未选科的时候，因为和他在旧金山的女朋友发生了一些龃龉，因为电话里看不到对方的表情，通过电话传递过来的声音是冷硬而无情的，而又难以及时发现对方是否被自己所伤，即便发现，也不能最及时而恰当地进行安慰。争吵之后，查传侠便选择了自杀，以自缢的方式结束了生命。查传侠生于1959年，时年18岁。

消息传到香港，像一颗原子弹，击中了金庸。此时，《明报》的事业如日中天，已然跻身于香港大报之列，金庸本人也因为武侠小说和老辣的社评成为读者心中的明星。

金庸不明白，为什么会这样？一个人，究竟受了什么样的打击才能决绝地放弃自己的生命？一个人，究竟受了什么样的召唤，才会义无反顾地到另外一个世界？传侠是长子，他的肩上应该承担着更多的使命的，父母对他的期望也更加殷切，是什么让他放弃这种使命、置父母的期望于不顾？一时间，笔下塑造过无数次生离死别的武侠小说家，完全懵掉了。

回忆那个极度痛苦的时刻时，金庸说："我记得接到大儿子在美国过身的消息后，好灰心，好难过；但那天还要继续在报馆写社评，一面写就一面流泪，一直都很伤心，还是要写。"父亲被枪毙的噩耗传来时，他一样悲伤，一样痛哭。但两番噩耗到底不同。父亲过世时55岁，在战争年代的人们或许会觉得55岁早已不是夭亡，因为大家已经见惯了横死者，有太多年轻、年少的生命静默地消失；彼时，金庸只有27岁，抗击打的神经要坚强得多。但一个人到了52岁，让他承受白发人送黑发人的痛苦，该是一种多么惨痛的事情！

之后，金庸到美国，亲自将儿子的骨灰带回香港。此时的金庸已到知天命之年，诸事都应该早已看透，但他却无论如何也看不透，参不透蕴含于其中的"天命"是什么。[①]

关于查传侠的自杀，有两个版本：一是受佛教思想的影响。查传侠十一二岁时便觉得人生是一种痛苦，死并不意味着生命的终结，而是另一种生命的开始。金庸觉得儿子的看法颇符合佛教的思想，便没有刻意去教育他改变。查传侠与母亲朱玫的感情不太融洽，但与金庸的感情很好，因此，金

[①] "事实上，这部书情感的重点不在男女之间的爱情，而是男子与男子间的情义，武当七侠兄弟般的感情，张三丰对张翠山、谢逊对张无忌父子般的挚爱。然而，张三丰见到张翠山自刎时的悲痛，谢逊听到张无忌死讯时的伤心，书中写得也太肤浅了，真实人生中不是这样的。因为那时候我还不明白。"（引自金庸《倚天屠龙记·后记》），这几句话可以佐证金庸在长子自杀时痛苦思索而不得的迷惘。

庸的默许无疑是对他的激励。轻视今生，重视来生，便根深蒂固地存在于其心了。

还有一个版本，是受不了父母离婚的打击。

这时，金庸与朱玫的感情早已出现裂痕，正闹离婚。

林燕妮说："在离婚其间，查良镛和朱梅都经历了人生最痛苦的时间刻，那就是十八岁的爱儿在父母闹离婚时自杀逝世。"似乎可以作为佐证。

父母的离婚，查传侠更加觉得人生的无望，包括家庭、婚姻、感情，一切虚空。如果再加上小女友从遥远的地方传来的争吵，结果会怎样？

这个版本是让金庸最痛苦的：或许正是因为他感情的问题，直接导致了爱子殒命，这对于多情而重情的金庸而言，情何以堪？

然而，即便再刻骨的追悔，也难以改变这冰冷的事实。对亡子的思念和对一些事情的悔过使他的心一下子由绚烂的高峰跌到了冲淡的低谷。自此，他信仰佛教，钻研佛经。

1991年，金庸做出了一件石破天惊的事情——将他苦心经营30多年的《明报》卖给了于品海，而于品海长得像查传侠。对此，金庸回答："理性上我没这样想。但他跟我大儿子同年，都属猴，相貌也的确有点像，潜意识上不知不觉有亲近的感觉，可能有。"

冥冥之中，此举或许是对长子的纪念吧。

佛与棋

当一个人"入世"太深，难以自拔之时，或许围棋会帮他，如果围棋的魅力难以达到的话，剩下的恐怕就只有佛经了。

自长子查传侠自杀身亡后，金庸受到了空前的打击，从此，他便多了一个爱好——潜心研究佛经，甚至皈依了佛教。

儿子的决然辞世，使金庸在后来的一年时间里沉溺于痛苦的思考之中，他既不明白儿子自杀前的心路历程，更不明白儿子已去的世界究竟是什么样。有时，悲从中来，他恨不得自杀，同去儿子的世界追问他这些问题。在巨大的悲痛和疑惑面前，他偌大的家业、日进斗金的事业和越来越大的名气全都不值一提，心里还是只有一两个问题纠缠，既解不开，又挥不去。他初始时试图用基督教的思想来为自己打通道路，因为新旧约全书他在高中时期就曾经通读过。但后来他得出结论，基督教的教义不能拯救他出"苦海"，他得另觅他路，于是，他开始研究佛经。

这时，由于长子的自杀，颇有负罪感的金庸心里背上了十字架，他与林乐怡的感情便被迫搁置，这毕竟是金庸怎么也走不出去的沼泽。

杜南发[①]在1981年曾就为什么要研究佛经的问题问过金庸，金庸回答："因为宗教是一种神秘经验……我信佛教，因为我相信人生就是这样子，所以就信了……"[②]

长期以来，金庸便有意将自己的写作行为与中国传统道德中的真善美结合起来，自从研究了佛经，他更觉得小说的主题中应该有佛理的功用，虽然那时候他还未研究佛经，但佛理已经不自觉地起于心中了。也只有参悟了佛义，小说方臻至高的境界。他说："我写社评，那是写真，写小说，那是写美，而佛学，是揭示善的。真善美，才是一个完整的精神追求。"可见，金庸正是想让自己更进一步向"善"的境界靠拢，才一心向佛的。

"金庸认为自己倾心佛教主要有三个原因：一是佛教重视自力修为，不靠外力恩赐；二是原始佛教教义着重降低自己的欲望，以求解脱；第三，佛教主张全人类一律平等，主张慈爱。"[③]

[①] 杜南发，新加坡著名儒商、哲学荣誉博士、作家，董桥和金庸的朋友，曾写过《隔岸看山》等书。
[②] 引自《金庸：中国历史大势》。
[③] 引自艾涛《金庸新传》，山东友谊出版社2001年版。

但对于金庸的这种向善论，颇有人质疑其虔诚性，其中就有李敖。

1981年，他在《我是"善霸"我怕谁》中首先指出金庸到台湾的目的是给国民党捧场，接着便说金庸不符合佛家所崇尚的"舍离一切，而无染着"、"随求给施，无所吝惜"的宗旨，而是拥有万贯家产，且又继续谋求更多的财产。金庸对他的质问讷讷而答不出。

李敖在文中说："因为金庸所谓信佛，其实是一种'选择法'，凡是对他有利的，他就信；对他不利的，他就佯装不见。其性质，与善男信女并无不同，自私的成分大于一切，你绝不能认真，他是伪善的。这种伪善，自成一家，就叫做'金庸式伪善'。"

李敖的话固然尖刻，乍看似也有道理，但向善总比不善好。

金庸在潜心研究佛经的同时，历时近五年，将自己的心得体会以诗歌的形式写出来，多达数百篇首；出资运作佛经杂志《内明》，并积极为之张罗稿件；每次旅游或者讲学，经过寺院或者佛教圣地，金庸必然虔诚前往。

由于向佛，金庸的思想更率真而坦诚。他从不对人讳言赚钱，而是坦承自己对于一磅报纸的价格、一方英寸广告的收费、一位职工的薪金和退休金、一篇文章的字数和稿费等，都精打细算，决不随便放松。这恐怕也是一些人甚至同事评价金庸抠门的原因。金庸认为，只有这样，企业才能成功。但他同时又指出，拜金主义要不得，一个人，要在努力工作的同时，应该多想想人生的意义，应该不仅仅在赚钱上："一个人能克制欲望，能够知足，能够适可而止，做事不太过分，就不会受到羞辱，不会垮台，倒也合乎自私自利的原则，终究对己对人都大有好处。"[①]

长子去世之后，除了皈依佛教，金庸更爱围棋。为了围棋，他将自己定位为一个纯粹的爱好，忘记自己是一个名满众人耳的武侠小说大师和知名报

[①] 引自金庸、池田大作《探求一个灿烂的世纪——金庸、池田大作对话录》，北京大学出版社1999年版。

人，放下身段，到日本拜王立诚①为师，还拜过大陆名家聂卫平②为师，在接受《成都商报》采访时，聂卫平说："当年（上世纪80年代）是正式举行了拜师仪式的，当时金庸先生非要磕头，我说不用，他就给我鞠了3个特别深的躬。我有机会就跟他下棋，不过他的水平……这么多年没什么提高，还是在很业余的阶段徘徊（笑），还好他不怪我这个师傅。"对于自己的棋艺不精，金庸毫不掩饰："我很喜欢围棋，但是水平很低，连小孩子都下不赢，有人曾为我题字'良光'，我的理解就是下棋全输光。"言谈之间，像一个小孩子一样，真诚而坦率。

除拜师之外，向高手请教棋艺更是稀松平常。金庸曾向"昭和棋圣"吴清源、著名科学家杨振宁等请教过棋艺，以至有了"木谷实（日本围棋大师）众弟子围棋段数最多，查良镛众师父围棋段数最多"的佳话。

金庸喜欢请人到香港与他手谈。1987年，陈祖德③在香港治病期间，金庸请他到家里，以便向他请教和切磋。罗建文④也住进过查宅，陪金庸下棋成了他的要务。

在金庸的豪宅中，大厅的最醒目处悬挂着一个段位证明书，是由日本围棋院颁发给金庸的，金庸的书房里，还悬挂着由李梦华⑤签名的围棋段位证书。日本颁发的段位证书是一段，李梦华签名的证书则是六段。

---

① 王立诚，日本围棋棋手。1958年11月出生于台湾南投市，1971年到日本定居。拜加纳嘉德九段为师进修围棋，1988年升九段。2000年中登上日本第一人"棋圣"位。

② 聂卫平，1952年8月17日出生，河北深县人。1982年被授予九段，1988年被中国围棋协会授予围棋"棋圣"称号。中国围棋协会副主席兼技术委员会主任、中国棋院技术顾问。1999年被评为"新中国棋坛十大杰出人物"。

③ 陈祖德，1944年出生，上海人，围棋国手，中国棋院第一任院长。1963年9月27日，陈祖德受先战胜日本杉内雅男九段，成为第一个在中国击败日本九段棋手的中国人，打破"日本九段不可战胜"的神话。1980年，陈祖德患胃癌，在病中撰写自传《超越自我》，成为激励一代人的名作。

④ 罗建文，中国著名棋手，现任中国围棋协会副主席，兼技术委员会副主任，中国棋院围棋部副主任，《中国围棋年鉴》编委。

⑤ 李梦华，原国家体委主任，长期担任中华全国体育总会、中国奥委会主席，曾任国际武术联合会名誉主席，中华全国体育总会和中国奥委会名誉主席。为表彰他在中国传播奥林匹克理想和推动奥林匹克运动所作出的贡献，国际奥委会于1987年授予他奥林匹克银质勋章。

在金庸家里，收藏有很多关于围棋的书，更有很多棋盘，书出版的年代各种各样；棋盘的材质和式样更是如此：从材质上说，有贝壳的、天然石的、名贵木质的，式样有日式的、中式的，不一而足。这说明了一点：为了围棋，为了提高自己的棋艺，金庸不惜"血本"。

1998年，金庸与聂卫平、台湾的沈君山和旅日棋手林海峰共同发起了"炎黄杯"世界华人名人围棋邀请赛，以推进围棋普及的进程。这项赛事，一直举办着，每年一届。

正是由于金庸对围棋的痴爱，他笔下的人物便免不了会这一"功夫"，他的小说中也便少不了这场面的精彩。

且看这一段：

（范百龄）精研围棋数十年，实是此道高手，见这一局棋劫中有劫，既有共活，又有长生，或反扑，或收气，花五聚六，复杂无比。他登时精神一振，再看片时，忽觉头晕脑涨，只计算了右下角一块小小白棋的死活，已觉胸口气血翻涌。他定了定神，第二次再算，发觉原

先以为这块白棋是死的，其实却有可活之道……①

范百龄爱棋如命，因此，在他眼里，棋也如人的命运，起伏动荡，难以捉摸；保不齐此时山重水复，彼时便柳暗花明。这分明是金庸借范百龄来谈自己对围棋的看法嘛！

还有慕容复：

慕容复心头一震，一时之间百感交集，翻来覆去只是想着他（鸠摩智）那两句话："你连我在边角上的纠缠也摆拖不了，还想逐鹿中原吗？"眼前渐渐模糊，棋局上的白子黑子似乎都化作了将官士卒，东一团人马，西一块阵营，你围住我，我围住你，互相纠缠不清的厮杀。慕容复眼睁睁见到，已

---

① 引自金庸《天龙八部》第三十一章。

方白旗白甲的兵马被黑旗黑甲地敌人围住了,左冲右突,始终杀不出重围,心中越来越是焦急:"我慕容氏天命已尽,一切枉费心机。我一生尽心竭力,终究化作一场春梦!时也命也,夫复何言?"[1]

慕容复心里,棋盘上的厮杀便是天下间的真厮杀,既然棋盘上的厮杀输了,天下间的厮杀又如何能赢?如此走火入魔般的念头一生,连生命都变得一文不值了。这与其说是棋迷了心窍,又何尝不是棋的魂魄将人的心魄夺去,使人与棋合二为一了呢?慕容复破得了别人设下的棋局,可破不了自己为自己设下的心的迷局。正因如此,老怪丁春秋才以"珍珑棋局"作为武器,鸠摩智才以此为论据打击慕容复。小说中人物是作者心思的传声筒,慕容复的因棋自杀固然有荒诞夸张的成分,但金庸心里围棋的位置也显见不低了。难怪,金庸原本每天晚上都要回《明报》社写社评的,自从有了这些围棋高手可以请教之后,他"玩物丧志",竟致连社评都交由潘粤生和徐东滨当枪手了。

---

[1] 引自金庸《天龙八部》。

第五章
才情似海非偶然 剑气如虹铸乾坤

　　金庸的武侠小说起点不凡,《书剑恩仇录》一飞冲天,开启了其武侠小说的大幕。金庸的武侠小说以其魔力、神力、魅力风靡华人世界,而金庸也以武侠宗师的形象进驻粉丝的心。金庸的大成就与他的大学识以及孜孜不倦、勤奋严谨的创作态度是分不开的。武侠造就了金庸,金庸亦造就了武侠。

书剑恩仇露锋芒

陈文统以"梁羽生"为笔名、查良镛以"金庸"为笔名写武侠小说实属偶然。

就在查良镛主持《新晚报》副刊"下午茶座"近两年后，1954年初，香港的白鹤、太极两派产生了矛盾，在当时，正像武侠小说中所说的那样，解决的方式便是比武。于是，白鹤派掌门人陈克夫便向太极派掌门人吴公仪下了战书，吴公仪自然慨然应战，二人签了生死协议。约定了地点和日期，在澳门①比武以定输赢，并"广发英雄贴"，将消息传播了出去。

早在此前的一个多月，即"1953年12月25日，香港九龙石硖尾发生特大火灾，焚毁房屋7000多间，受灾人口达6万多人。"②

火灾让当事的香港民众陷入了经济和生活危机，一时间，他们挣扎在贫困线上，但也给一些觉得生活如一潭死水的人增加了不少谈资。生活就是这样，有人欢乐有人愁，欢乐者和愁者都是生活的主角。

火灾之外的一些香港民众听说了在澳门比武的消息，群情振奋，不仅茶余饭后多了谈资，近万人还前往澳门，见证这一"历史时刻"，一时间，人们言必称"比武"，报纸当仁不让，成为推波助澜的"长舌妇"。人们的胃口被吊得足足的，但结果却令他们深深地失望：比武仅仅进行了两个回合，陈克夫便被吴公仪打中了鼻子，血流满面，比赛终止，胜负已分。

人们当然意犹未尽，报纸便大加渲染，销售量大增。《新晚报》当然不甘落后，甚至出了"号外"。

---

① 当时的港英政府禁止擂台比武，因此，要满足看比赛人的愿望，只能如此。
② 引自《羊城晚报》2007年6月28日。

这件事触动了金尧如[①]的神经：既然公众对比武之事如此上心，何不在报纸上刊登与之相关的内容呢？

金尧如首先想到的是武侠小说，然而，因为旧武侠小说太过荒诞不经，已于1949年被香港政府所禁，不准报纸刊登。怎么办？金尧如向新华社建议，得到了批准，并决定将《新晚报》作为"试验田"。

1954年1月20日，《新晚报》副刊"天方夜谭"开始连载《龙虎斗京华》，作者梁羽生。这是比武结束的第四天。

没想到，此举使《新晚报》销量大增，公众的热衷程度丝毫不亚于该年年底热映的邵氏电影《人鬼恋》[②]。人们心里热爱武侠小说的情感被激发出来，梁羽生的名字不胫而走。此前，陈文统也没有写武侠小说的经历，但任务既然下达了，他只得硬着头皮完成。好在，与查良镛下棋之余，他们还有一大爱好，大侃武侠小说——白羽的《十二金钱镖》、还珠楼主的《蜀山奇侠传》、朱贞木的《七杀碑》等，都成为他们神侃的内容。这爱好不仅锻炼了二人的嘴上功夫，不知不觉间，便形成了武侠小说最初的积淀。自此，陈文统由后台走到前台，无心插柳柳成阴，写武侠小说竟成为其主业。

1955年2月8日，对于查良镛而言，这同样是一个值得终生铭刻的日子。自这一天起，他的武侠小说处女作《书剑恩仇录》在《新晚报》副刊"天方夜谭"开始连载，署名"金庸"。自此，查良镛以武侠小说"金庸"的身份，正式在武侠小说舞台亮相。

这年，金庸31岁。

说起自己写武侠的原因，金庸颇为惴惴："八个月之前，《新晚报》总编辑和'天方夜谭'老编忽然向紧急拉稿，说《草莽》已完，必须有'武侠'

[①] 金尧如（1923－2004），浙江绍兴人，时任任香港左派报章《文汇报》总编辑，并受新华社委派，负责中国共产党在香港的宣传和统战工作。

[②] 电影《人鬼恋》，改编于《聊斋志异》之《连琐》，该片由邵氏电影公司出品，编剧兼导演是陶秦，男女演员分别是赵雷和尤敏，于1954年11月26日上映。

一篇顶上。梁羽生此时正在北方,说与他的同门师兄'中宵看剑楼主'在切磋武艺,所以写稿之责,非落在我的头上不可。可是我从来没写过武侠小说啊,甚至任何小说也没有写过,所以迟迟不敢答应。"①

金庸的"迟迟不敢答应"我们完全可以理解:梁羽生的小说连载七个月之后,反响非常强烈,《新晚报》几成洛阳纸贵之势。如今,贸然换成另一个作者,该作者又名不见经传,已经形成的梁羽生武侠小说的读者群会答应吗?如果他们不喜欢,造成报纸销量的下降,这个罪过可就大了。再说,自己虽然写过影评、散文之类的小文章,也有了一些读者,虽然自己自小就喜欢读武侠小说,但确实没写过,这"塞责"之作能成吗?还有署名问题,署梁羽生之名肯定不行,风格不同,且有砸梁羽生牌子之虞;署"林欢"或"姚馥兰"倒是顺理成章,但就怕已经适应了自己影评风格的读者会生出新的不适应……

军令如山,写肯定要写,可写什么呢?

金庸脑海里闪过了一个念头,那是在他们家乡海宁流传数百年仍具有生命力的一个传说——雍正皇帝的妃子生了一个女儿,祖籍海宁的陈阁老的夫人正好同时生下了儿子。于是,雍正皇帝便将自己的女儿与陈家的儿子调换了。这个男孩就是后来的乾隆皇帝。

于是,《书剑恩仇录》的基本架构和主题轮廓便形成了。

金庸后来说:"……乾隆皇帝的传说,从小就在故乡听到的。小时候做童子军,曾在海宁乾隆皇帝所造的石塘边露营,半夜里瞧着滚滚怒潮汹涌而来。因此第一部小说写了我印象深刻的故事……"②

《书剑恩仇录》是金庸武侠小说处女作,小说描写清朝乾隆年间,江南武林帮会红花会为反清复明、与清廷斗智斗勇的故事。小说将历史与传奇融

---

① 引自金庸《漫谈〈书剑恩仇录〉》,发表于《新晚报》,1955年10月5日。
② 引自金庸《书剑恩仇录·后记》。

为一体，史笔与诗情相结合，虚实相间，笔力纵横，绘出了一幅波澜壮阔的历史画卷。

这部小说在《新晚报》连载了一年零七个月，直至1956年9月5日结束。初连载的一段时间里，由于读者爱梁羽生的小说甚笃，对"金庸"这个名字不熟悉，加上金庸与梁羽生小说风格迥异，和《书剑恩仇录》本身的一些问题，并未引起读者的足够兴趣。但连载一个月之后，情形大变：人们似乎忘记了梁羽生的小说，改而喜爱《书剑》了。不仅是香港的读者喜欢《书剑》，就连东南亚诸国也有了金庸越来越多的粉丝。

《新晚报》的销量空前，人们已为陈家洛的魅力倾倒了。

《书剑恩仇录》中的爱情也给人以清新的感动。陈家洛与霍青桐、余鱼同与李沅芷、徐天宏与周绮、文泰来与骆冰，像一股温暖的风吹进渴求爱情的人们心田。尤其是陈家洛与香香公主的爱情，催人下泪，让人达痴迷的程度。"浩浩愁，茫茫劫，短歌终，明月缺。郁郁佳城，中有碧血。碧亦有时尽，血亦有时灭，一缕香魂无断绝！是耶非耶？化为蝴蝶。"香香公主墓上的铭文令读者读之成诵，久久回味……

曹正文[①]这样评价《书剑恩仇录》：此书写红花会众雄，江山与江湖的对抗，史实与艺术的结合，武侠与奇情的交融，显出金庸出手不凡。其语言之生动流畅，人物群像之多姿多彩，都足以一扫旧派武侠小说的沉闷气息。

然而，曹正文同时指出《书剑恩仇录》的三点不足：其一，故事结构以平铺直叙为主，写人状物还沿袭旧派武侠小说的传统手法，缺少悬念与细腻的心理活动描写。情节的焊接也欠紧凑，少奇特之笔。其二，塑造人物形象，以群像为主，尽管文泰来、余鱼同、骆冰、徐天宏都有戏，但全书缺少一个

---

① 曹正文，1950年生，江苏苏州人。笔名米舒、文中侠，著名文学评论家、小说家，《新民晚报·读书乐》专版主编。著有武侠小说《龙凤双侠》、《三夺芙蓉剑》，武侠论著有《中国侠文化史》、《金庸笔下的一百零八将》、《武侠世界的怪才——古龙小说艺术谈》。

震撼人心的大英雄。写儿女情长之感人，还欠功力。其三，书中第一主角陈家洛是个失败的艺术形象。他背后拖着宋江的辫子。对乾隆一让再让，甚至把深爱自己的女人送给哥哥当玩物，陈家洛的致命弱点，给全书蒙上了一层阴影。

曹正文对《书剑恩仇录》缺点的直斥颇不客气，也并非全无道理，但笔者却有不同看法：

一、《书剑》作为金庸的第一部长篇武侠小说，又是连载于梁羽生已经取得读者信任的阵地上，压力之大，足可感受。笔者觉得，金庸能做的恰恰是秉承传统，以稳取胜。否则，一味求奇求新，且不说金庸当时的能力如何，从读者方面来说就未必成功，因为小说的好坏毕竟是读者说了算。再说，《书剑》的情节绝非"平铺直叙"，其曲折感人给人留下了深刻的印象。

二、《书剑》刻画的人物是"红花会英雄"，是群像，十四个当家的能有几人形象鲜明已属不易，且他们每个人都有不同的性格特点。人物的情感真实感人，且各各不同，似乎不宜以笼统的"还欠功力"简单评价。因为一个人将情感写到什么程度才可说"不欠功力"，并无定规。

三、陈家洛给人的印象非常深，他对乾隆的忍让、恨与爱的交织，恰恰说明人物性格的复杂性，陈家洛重情重义又以大局为重，几乎达到了完美的统一；陈家洛有缺点，这恰恰增加了人物的真实性。陈家洛的性格不仅未使小说蒙上"一层阴影"，相反地，他的文武双全，尤其是他的儒雅与大气并存反而为他的形象、为小说加了分。如果说人物有缺点就影响了其形象的高大，那么，不论是生活中还是小说中都没有形象高大的人物在。

最关键的是，《书剑恩仇录》是写给爱读武侠小说、崇尚武侠精神的人看的，他们都是普通人，不是专家，不会分析小说在手法上的得失。只要能吸引住他们，能感动他们，能让他们高兴，小说即已完成了其使命。这恰恰符合金庸的给他的小说所赋予的"娱乐性"。《新晚报》大卖的事实证明了《书剑》是成功的。

还是金庸老友对《书剑恩仇录》的评价温和："《书剑恩仇录》在金庸的作品之中，当然不是很好，但已经光芒万丈，而且，后继者光芒更甚，在举世作家中，很少有这样的例子。……作为第一部作品，金庸在《书剑》中，已表现了非凡的创作才能，众多的人物，千头万绪的情节，安排得有条不紊，而又有一气呵成之妙……"①

尤为难得的是，金庸知道自己的小说不是完美的，比如，他将乾隆写得很不堪，其中有讽刺的感情；他知道让小说中人物写的诗词不够"专业"。正因如此，他才在后来的修订中研读语言学家王力先生的《汉语诗律学》。

话又说回来，谁的作品是完美无瑕的呢？如果真有这样的作品，读者便能喜欢吗？

三剑客

三剑客是人们对香港当时三位武侠小说家的统称——金庸、梁羽生、百剑堂主陈凡。

说陈凡是武侠小说家，其实他只写了一部武侠小说——《风虎云龙传》。1956年9月9日，即金庸的《书剑恩仇录》在《新晚报》副刊连载结束的第四天，《风虎云龙传》开始在相同的地方连载，直至1957年7月29日结束，历时10个月。遗憾的是，连载并未形成金庸、梁羽生小说的局面，陈凡大概觉得自己不是写武侠小说这块料，便封笔不写。

但人们还是以剑客称呼陈凡。笔者认为，这不仅仅是指他写过一部武侠小说，但重要的是他具有剑客一样的性格。

---

① 引自倪匡《谈〈书剑恩仇录〉》，《倪匡论金庸》。

陈凡生于1915年，比金庸和梁羽生均年长9岁，当他来到《大公报》供职时，金庸和梁羽生都还是高中生。许是《大公报》左派的气息吸引了陈凡吧，他立即抱定在这里干一辈子的决心。

1945年，陈凡发表了他来到《大公报》后的处女作——《凯旋牌坊上吊沙煲》，其中有"拍错手掌，迎错老蒋，烧错炮仗"的句子，此文将蒋介石气得够呛，却被延安的《解放日报》连载。

唐振常[1]这样评价陈凡："美姿容，性豪放……写下了鸿篇巨章，34万余字的《一个记者的经历》只是其通讯的一部分……早年热中新诗，有《往日集》刊行，中年以后改写旧诗兼及于词，豪情勃发……钱锺书罕见地为他的旧诗词《壮岁集》作序，誉为'嬉笑怒骂，哀思激烈，亦庄亦谐，可歌可泣'。"[2]

1947年5月31日，中山大学的学生罢课游行，身为记者的陈凡深入第一线采访、撰写新闻稿，因之被捕，后在胡政之、王芸生的奔走营救下获释。

金庸及《明报》与《大公报》笔战之时，陈凡一改多年老友身份，以"张恨奴"的笔名，取坚决主张并憎恨奴才之意，并撰写了《明报的妖言与妖术》等文，批驳金庸及《明报》，充分体现了左派激进的风格。

1997年9月30日，陈凡病逝于香港。去世前，陈凡致函金庸，索要金庸作品集，金庸不计前嫌，派专人送给陈凡一套他的小说，并亲笔签名。老友去世后，定居澳大利亚的梁羽生寄挽联以示痛悼："三剑楼足证平生，亦狂亦侠真名士；卅年事何堪回首，能哭能歌迈俗流。"金庸则亲临葬礼现场，以送别这"不打不成交"的朋友。

2009年1月，梁羽生过世之前，金庸曾专程到澳洲雪梨探望，仓促之间，未及带去礼品，留下了一张空白支票。自然，我们可以预见：对于金庸来说，支票虽然空白，但意满支票是不容怀疑的；然而对于梁羽生后人而言，绝不

---

[1] 唐振常（1922—2002），四川成都人。《大公报》记者和编辑、历史学家，著有《章太炎吴虞论集》、《蔡元培传》、《川上集》等。
[2] 引自王芝琛《百年沧桑》，工人出版社2011年9月版。

会将支票填上数字：当初支票是空白的，就只能永远让它空白了。

梁羽生挽联中的"三剑楼"的由来是这样的：

就在陈凡意识到自己在武侠小说上不能与金庸、梁羽生比肩的时候，他想到了一个主意，与另外二人组成一个"联盟"——别人不是对称他们为"三剑客"嘛，干脆就来个三剑"合璧"！做些既和武侠小说有关，但又不是武侠小说的事情来！陈凡将自己的创意与金庸、梁羽生一说，二人都非常高兴，于是，陈凡将"三剑客"改一个字，叫"三剑楼"，专栏就叫"三剑楼随笔"。

说干就干，三剑即将齐舞的预告便发表在 1956 年 10 月 22 日《大公报》副刊"大公园"上——

自梁羽生先生的《龙虎斗京华》、《草莽龙蛇传》、《七剑下天山》；金庸先生的《书剑恩仇录》、《碧血剑》；百剑堂主的《风虎云龙传》等武侠小说在本港各报连载后，大受读者欢迎，成为武侠小说中一个新的流派。现在我们约得这三位作者给《大公园》用另一种笔法撰写散文随笔，日内刊出，敬请读者们注意。——编者

这段文字已经给这个专栏进行了定位：散文、随笔。在以后的时间里，他们三个人一人写一篇短小精悍、脍炙人口的散文随笔，以飨读者。内容广泛，文笔活泼，思想新颖，见解深刻独到，力求兼而有之，各取三人所长。

"三剑楼随笔"的文章题材涉及电影、音乐、书画、舞蹈、京戏、历史、数学、宗教、民谣、谜语、摄影、围棋等，试图无所不包，尤其是围棋的题材，几乎占该专栏文章的八分之一。这一时期，金庸写了《〈相思曲〉与小说》《看李克玲的画》、《马援见汉光武》等题材、风格各异的文章；梁羽生写了《才华绝代纳兰词》、《纳兰容若的武艺》、《谈杨官璘的残棋》等文章；陈凡则写了《鲁迅与副刊》、《阿飞·太阳族·十四 K 党》、《我想玛丽莲·梦露》等文章。

除了各自写，有时，三剑客还联手，写作同一题材，从不同的角度，用自己最擅长的方式进行剖析。如"对联"这一题材，1956年12月7日，陈凡写了一篇《吟诗作对之类》，9日，梁羽生便写了《闲话怪联》，金庸也在12日写了一篇《也谈对联》，三剑合击，无往而不胜；对于数学，1957年1月17日，梁羽生写过一篇《数学与逻辑》，22日，金庸立即写了《圆周率的推算》以呼应他。

遗憾的是，三剑合璧的时间太短，从它横空出世到无疾而终，仅仅三个多月（从1956年10月下旬到1957年1月底），金庸、梁羽生、陈凡每人仅写了28篇文章。虽然如此，但"三剑楼随笔"为《大公报》吹来了一股清新的风，它给读者带来的精神享受和知识的营养，不可低估。

所幸，1957年5月，《三剑楼随笔》作为单行本由香港的文宗出版社出版。该版本与副刊所载有差异的是：篇目的次序略有不同，标题也偶有改动；百剑堂主陈凡删去了自认为已失去价值的一篇；将若干读者来函收为附录；各篇之末改手书签名为"百"、"羽"、"庸"字样等。

1988年，台湾风云时代出版公司推出了《三剑楼随笔》的影印本。

1997年，上海学林出版社又出了《三剑楼随笔》新版。

争看《射雕》处，千里暮云平

北京大学中文系一位教授，八十年代中住院期间下肢瘫痪，两皮包骨头。每天用双手拉住病床上边的栏杆练站立。五分钟下来已是一身冷汗，再坚持不住。正好同病房的人带着金庸的《射雕英雄传》。北大那位教授就把这部书放在病床上，一边手拉栏杆，一边读射雕英雄，径直进入物我两忘境界。这一次他站了十五分钟。《射雕英雄传》他是站着读完的。待他站着读完金庸的三部武侠小说，他架着一根拐杖就出院了。①

这不是无聊者的演绎，而是名家的记述，说的便是金庸《射雕英雄传》的魅力。

《射雕英雄传》写于1957年到1959年，这两年正是金庸在长城电影公司时期，他除了写电影剧本、电影插曲、与其他导演一起导演影片等"正业"之外，还从事着副业，比如单方面经营着对夏梦的倾慕，比如辛苦异常地写着这部大部头。

这部小说最初在香港《商报》连载，效果之好，大出金庸意表。在《射雕》的连载期里，人们买《商报》的目的主要是为了看《射雕》；一期《商报》在手，读者最先阅读的便是《射雕》，由于连载有限，仅看当期的显然不过瘾，便找到上一期、上上一期甚至上上N期来看，"温故而知新"；看完之后，茶余饭后谈论得最多的还是《射雕》，人们的生活乃至思想意识似乎已完全被金庸的小说左右了。他们关注着郭靖武功的进境、黄蓉的刁钻而美丽，关注着郭、黄爱情的美丽动人，甚至在谈论故事的下一步该如何发展……千万个读者在猜测着金庸的心思，千万个哈姆雷特在人们的猜测中诞生，金庸在揣度着千万个读者的心思，这样的"读写相长"着，这样的缓慢推进着。

连载看过了，读者们便又看每"回"结成一本的薄薄小册子，最后再来个综合性的"总结"——看出版后的整本……

《射雕》，像无形的线，牵扯着人们的心；像拥有神力的精灵，左右着人们的灵魂；像色彩迷人的神笔，精彩着人们的生活；像佐料，掌控着人们生活的味道……

不仅香港人如此，东南亚的其他地方也是如此。

在曼谷，每一家中文报纸都必须刊载《射雕》，否则，在此非常时期内，

---

① 引自陈祖芬《成年人的童话——查良镛先生北大行》，《金庸散文集》，作家出版社，2006年9月版。

它的销路就可能成问题；不仅如此，为讨好消费者，报馆还必须在门口张贴昨天转载的部分和今天刚刚转载的部分。一时间，是否有金庸小说几乎成为这些报纸是否有市场的重要标准……

原本，曼谷的中文报纸转载的来源是通过飞机带到那时的香港报纸，但为了在速度上取胜，以最快的速度拉到读者，有的报纸便剑走偏锋，出了邪招——用电报来报道香港报纸当天连载的金庸小说。

"用电报来拍发武侠小说，这在报业史上恐怕是破天荒的举动。可见金庸作品受欢迎的程度。"①

对于此事，金庸曾在文章里这样表述："……大概由于人物性格的单纯而情节热闹，所以《射雕》比较得到欢迎，曾拍过粤语电影，在泰国上演过潮州剧的连台本戏，目前香港在拍电视片集；曾译成了暹罗文、越南文、马来文；他人冒名演衍的小说如《江南七侠》《九指神丐》等等种类也颇不少……"②

一时间，人们对《射雕英雄传》达到了痴迷的程度。

《射雕英雄传》历史背景突出，场景纷繁，气势宏伟，具有鲜明的"英雄史诗"风格；在人物创造与情节安排上，它打破了传统武侠小说一味传奇，将人物作为情节附庸的模式，坚持以创造个性化的人物形象为中心，坚持让人物来统帅故事，按照人物性格的发展需要及其内在可能性和必然性来设置情节，从而使这部小说达到了"事虽奇，人却真"的妙境。可以说，《射雕》是一部奠定了金庸武侠小说至尊的成功作品。

小说的男女主人公是郭靖和黄蓉，"郭靖诚朴厚重、黄蓉机智灵巧"（金庸语），二人性格有着强烈的反差。在写作伊始，金庸有意"抑"之，把人

---

① 引自孙宜学《千古文坛侠圣梦：金庸传》，团结出版社 2001 年 1 月版。

② 引自金庸《射雕英雄传·后记》，1975 年 12 月。

物的起点尽量压低——郭靖的愚笨到了令人着急甚至嫌弃的地步，黄蓉的狡猾刁钻到了让人厌而远之的地步，同时，金庸又有意安排二人出身、性格上的巨大差异，以达到"扬"的目的：郭靖成了一代大侠，不仅武功盖世，且义薄云天；黄蓉也成了一代女侠，成了丐帮帮主，对郭靖的事业乃至国家社稷都起着非常重要的作用。更重要的是，二人成了夫妻，且恩爱令人羡慕。距离造就了高度，反差酝酿了魅力。因此，《射雕》为人痴迷自不在话下。

对于"靖蓉恋"，尤其是黄蓉这个人物形象，人们更是赞誉有加。台湾已故著名作家三毛说："至拙配至巧，竟也天成！"

林燕妮则解析得更加具体："黄蓉是标准的解语花。金庸笔下的女人，我最喜欢的便是黄蓉……我爱黄蓉，既因她巧，亦因她真，除了巧和真，她又是个十分有趣的人，男人娶她为妻，包管一辈子不会闷。小龙女虽好，不过言语单调，其闷无比，假使我是男人，我会远远地欣赏她，而不会娶她。到底，'情深一片'是什么东西啊？日日夜夜相对，也得有点生活情趣才成！像黄蓉，那便很多彩多姿，有解决不了的困难时，她够聪明跟你一块儿去想，平日无事，她又不会让一天白白地过，逗逗你，撒撒娇，吃吃醋，玩玩'煮饭仔'，捏个靖哥哥捏个蓉儿，用一千种方法告诉你她爱你、在乎你，我说她才是标准的解语花。"

郭靖这个人物身上，有着作者的影子，他的朴拙、厚道、锲而不舍的性格，与作者金庸的性格有很大的相似，他对国家命运的责任感、对家乡亲人的爱恋也象极了金庸，他成为一代大侠、有着力挽狂澜作用的结局也曾是金庸远大而执著的理想；而黄蓉这个人物身上则似乎寄托了金庸对女子、对爱情的理想：她是聪慧过人、美丽超群的，但无论怎样的聪慧，她最后都是丈夫的助手而不是主宰者，无论怎样的美丽，对丈夫也是忠贞不二的。这种聪慧和美丽是对丈夫性情的补充，是爱情的推进器而非绊脚石。

人们在这部小说里，也看到了金庸的进步，他受到相对多的西方舞台剧的影响，并体现在小说里，如"牛家村疗伤"的情节，便有极强的场景感。

如为了让小说情节更真实厚重，金庸仔细研究《蒙古秘史》等书籍等。至于人物形象更具可塑性，故事的写法更具技巧性等等则更不必赘述。

《射雕英雄传》奠定了金庸作为武侠小说至尊的地位，是一部不可多得的大部头作品。自问世以来，它影响了一代又一代人，大侠郭靖的形象也照亮了一代又一代人的心灵，靖蓉恋也成了爱情互补型的典范与高标。倪匡评价说："《射雕英雄传》是金庸作品中被普遍接受的一部，最多人提及的一部。自《射雕》之后，再也无人怀疑金庸的小说巨匠的地位。这是一部结构完整得天衣无缝的小说，是金庸成熟的象征。"①

新加坡从2006年起选用金庸武侠小说作为中学教材，中学华文课程的文学作品选读包括《射雕英雄传》第三十五回"铁枪庙中"和第三十六回"大军西征"两个章节；初级学院则把《雪山飞狐》作为特定文学教材的作品之一。

狐影满雪山

《雪山飞狐》是金庸的第四部武侠小说，这时候，他写武侠小说已经驾轻就熟，越来越大的名气、越来越多的稿子需求已让他欲罢不能。在供职长城电影公司其间，他的《碧血剑》甫一完稿，"雪山飞狐"便接着从金庸的脑海中形成了，于是，便边写边在《新晚报》连载起来。十多年后，封笔后的金庸又对《雪山飞狐》进行修订，补充了原书的脱漏与粗疏之处，改动了其中的不少地方，并在《明报晚报》上连载，后来又多番修订，以单行本形式行世。

---

① 引自倪匡《谈〈射雕英雄传〉》，《倪匡论金庸》。

这部小说的写法与《书剑恩仇录》和《射雕英雄传》截然不同。小说以苗人凤和胡一刀夫妇为主角，通过宝树、苗人凤之女苗若兰、平阿四及陶百岁之口讲述了数年前与此相关的武林风波，用倒叙的手法讲述了江湖恩怨、藏宝寻宝、美女爱英雄的故事。这部小说有两个重大的线索，属双线结构，真正的人物也很奇怪地在前台表演甚少，这似乎都注定了它无意间在邀人争议，尤其是小说结尾，胡斐那一刀是否对苗人凤砍下去的问题，一直困扰着痴心的读者。

对于这样的结尾，金庸说："我的小说《雪山飞狐》的结尾是不确定的……砍还是不砍，决定于胡斐的性格有多高尚，以及他对恋人苗若兰的爱情有多深厚……"①

这样安排结局，貌似不该煞尾却煞了尾，读者读来固然颇有遗憾，但对于小说和金庸而言，则是他的"狡猾"和高明之处。因此，当金庸后来对他的作品进行重新修订时，许多热心的读者建议他给《雪山飞狐》一个明确的结局，但他仔细考虑之后，还是觉得保持原状的好。

保持作品结尾的原状，又一次体现了金庸的聪明"狡狯"，这点可以用倪匡的话作为佐证：

> 由于全书一步一步走向死胡同，在死胡同所尽之处突然不再写下去，读者的确可以凭自己的意念与想象，也可以去揣想金庸原来的意念是怎样的。在谈论金庸的作品时，可以平添奇趣，这也是金庸的成功之处。②

有人认为，《雪山飞狐》受了日本电影《罗生门》③的影响，但金庸就此事却对严家炎说："……我其实是从《天方夜谭》讲故事的方式受到了启发。

---

① 引自金庸、池田大作《探求一个灿烂的世纪——金庸、池田大作对话录》，北京大学出版社1999年版。
② 引自倪匡《谈〈雪山飞狐〉》，《倪匡论金庸》。
③ 《罗生门》，日本著名影片，该片根据日本名作家芥川龙之介的短篇小说《筱竹丛中》改编而成，是大导演黑泽明的惊世之作，被誉为"有史以来最有价值的10部影片"之一。获1951年威尼斯国际电影节金狮奖、第23届奥斯卡最佳外语片奖。

不同之人对同一件事讲不同的故事，起源于《天方夜谭》。"①

但金庸也承认，不论是故事的框架还是结尾，还是人物的塑造，《雪山飞狐》也受到了大仲马《基度山伯爵》的影响，因为在外国作家中，对他影响最大的便是大仲马，因此，他的小说中，有不少大仲马小说的影子。可能正因如此，上世纪90年代，金庸获得了法国政府授予的"骑士团荣誉"荣誉勋章，并被法国驻香港总领事誉为"中国的大仲马"。金庸本人也说过："我所写的小说，的确是追随大仲马的风格。在所有中外作家中，我最喜欢的确是大仲马。而且是十二三岁开始，直至如今，从不变心。"

《雪山飞狐》是金庸受到争议最多的小说，也是金庸第一部被译成英文的小说，1994年，香港中文大学出版了英译本，此前，《雪山飞狐》便曾在纽约出版的双月刊《Bridge》上连载。

《雪山飞狐》，观其名，颇觉它不像个小说的名字，更不像武侠小说的名字，这四个字意境绝美，诗意汹涌盎然，但又不乏灵动，别有气象。正因如此，它一问世，便俘获了读者的心，不管褒之者还是贬之者，都难以逃脱它的影响，尽管这影响的内涵或有不同。

---

① 引自严家炎《金庸小说论稿》，北京大学出版社2007年12月版。

"师生恋"的古代版本

可以说,《神雕侠侣》是与《明报》共同成长的一部武侠小说,它的第一段在《明报》的创刊号上刊出,因此是最有资格见证《明报》由无到有、从蹒跚学步到逐渐崛起的一部小说。金庸将它与《射雕英雄传》与《倚天屠龙记》并称为"射雕三部曲",《神雕侠侣》为过渡的一部,上接《射雕》的天、地、人和之气,下开《倚天》的纵横捭阖之风。

《神雕侠侣》讲述了一个感人的爱情故事,其男女主人公是杨过和小龙女。两个人物的身上充满了离奇的故事,爱情故事的长藤上也衍生着离奇的花果。正因如此,这个故事才那样吸引人。

故事的基本架构是"师生恋",这个在当今社会早已不算什么的命题,在当时却不啻天壤,是难越的雷池,如果有人胆敢逾越,是人神共殛的大逆不道之事。

为了让这个故事感人,金庸同样采取了"抑"的手法:把杨过设置为"卖国贼""杨康"的儿子,一出生便涂抹有浓重的悲剧色彩,驮着沉重的代父赎罪的包袱,金庸还安排小时候的杨过浑身毛病,小龙女性格阴冷偏执,让人难以接近。至于杨过被郭芙断臂、小龙女被道士奸污,更体现了这一目的。然而,如此不完美甚至不完整的两个人,一被爱情击中,但迸发出炫目的动人火花,让读者充分体味到爱情的伟力。最后两个人冲破世俗的重关险隘,历尽大自然的道道艰险,有情人终成眷属。

金庸让杨过与小龙女最后结为了夫妻,有人认为是一个败笔,破坏了小说的美,对此,笔者不以为然。从男女主人公的情感上来说,撑起他们全部天空的便是爱情，只有走到一起，才是他们的愿望，也是他们终身努力的目标，否则，他们的努力还有何意义？他们生存于世上的动力也便不复存在。"大团圆"结局不仅符合那时那地那人的实际情况，也符合中国人传统的欣赏习惯、符合善良读者的愿望。为什么一提到"大团圆"就觉得不美呢？为什么能够大团圆却故意让它残缺呢？难道残缺真的是一种美吗？孤立地看杨过和小龙女，美究竟何在？是爱情赋予了他们美，是为爱情不顾一切使他们更美。

从这部小说产生的功用来说，更是如此。《神雕侠侣》是金庸刊登自家"自留地"里的第一部小说，连载于《明报》的初创期和筚路蓝缕、举步维艰的特殊时期，它的使用便是乘着《书剑恩仇录》和《射雕英雄传》的东风，为《明报》赢得读者。读者的心理是什么？是希望杨过和小龙女成为夫妻。这才是"神雕"应该飞往的方向。偏离了这个方向，艺术上或许是美的，但艺术的美真的高于千万读者的需求吗？把美的东西撕毁给人看固然富有震撼力，但把破碎的东西修好给人看岂不更美、更善良、更富有责任感和意义？

杨过、小龙女在追求爱情的路上遇到了太多常人难以想象的困难，从这一点上，杨、龙爱情是很"假"的一个故事，如深潭下面别有天地、小龙女跳下深潭而不死、生活十六年而容颜不改、在玉蜂翅膀上刺字等；杨过亦是如此，武功超越了自然规律，爱情让一切困难都退避三舍，天堑变通途。然而，善良的读者宁愿相信这"假"，偏偏愿意从这"假"中提炼出"真"来。这也算是小说的成功之处吧。

金庸这样评杨、龙爱情："杨过和小龙女一离一合，其事甚奇，似乎归于天意和巧合，其实却须归因于两人本身的性格。两人若非钟情如此之深，决不会一一跃入谷中；小龙女若非天性恬淡，再加上自幼的修炼，决难在谷底长时独居；杨过如不是生具至性，也定然不会十六年如一日，至死不悔。"[1]

还是金庸好友倪匡了解金庸："金庸在写《神雕侠侣》时，喜剧收场，

---

[1] 引自金庸《神雕侠侣·后记》，2003年1月9日。

绝对可以谅解，因为那时，正是《明报》初创时期，《神雕》在报上连载。若是小龙女忽然从此不见，杨过凄凄凉凉，郁郁独生，寂寞人世，只怕读者一怒之下，再也不看《明报》。"[1]

为读者写东西，为读者而艺术，注重艺术的社会责任，不仅金庸小说如此，不仅《神雕侠侣》如此，任何人、任何艺术形式都应如此。

台湾作家曾昭旭[2]也为杨、龙爱情担忧："……在本质上这种结合就只是暂时的。小龙女之下凡是暂时应迹，杨过之要求平息其生命的冲动也只是一种心灵受伤时的暂时要求。到末了，小龙女还是要回归玄境，杨过也还是要再涉人间的……于是，这一份感情便显现出悲剧性质来。这悲剧从杨过这边来说，便是他原可以凭自己冲至道德理境，如今限于清虚的格局而不能出头了。而从小龙女那边来说，则是她对杨过的许多言行表现有根本的不解。遂显出二人的结合，有着隐隐的危机……"[3]

应该看到，曾先生的观点不是没有道理，心也不可不谓善良。但笔者认为，曾先生看爱情，是从冷静分析的角度，没有从发展的角度；是从所谓的完美的角度，而没有从生活的角度。经历千辛万苦之后，经过痛苦的思考之后，杨、龙二人走到一起，我们相信他们是做好了心理准备的，在这样的前提下，两个人为了对方而改变自己是完全有可能的，两个人怀着共同的爱情的目的，去用心经营爱情也是在情理之中的，这点大可不必担心。爱情并不是一个完美的存在，完美的爱情是不存在的，如果赋予它完美的形象，只能是真正的爱情乌托邦。世间有多少夫妻真正认为他们的爱情完美无瑕？但事实是，他们同样认为自己是最幸福的。世人如此，杨过和小龙女同样可以如此。

---

[1] 引自倪匡《谈〈神雕侠侣〉》，《倪匡论金庸》。
[2] 曾昭旭，1941年7月25日生。台湾师范大学国文系、国文研究所毕业，文学博士。现任淡江大学中文系教授，担任中国思想史、中国义理学专题研究、四书、易经等课程。著有《王船山哲学》、《论语的人格世界》、《文学的哲思》等30余种。
[3] 引自曾昭旭《金庸笔下的性情世界——论〈神雕侠侣〉中的人物形态》，《诸子百家看金庸》，台湾远景出版事业公司出版。

有人认为，金庸通过《神雕侠侣》为读者构建了一个爱情的"乌托邦"，其实，这样的爱情是不存在的。笔者认为，金庸的本意恰恰是告诉读者，感天动地的爱情是存在的，只要努力，只要不畏艰难险阻，爱情的梦想是会实现的。杨过和小龙女处于如此艰难的环境中，最终都走到一起了，在这个人世间，还有哪一对怀有共同梦想的青年男女所处的环境较之更加艰难？

从另外的角度说，之所以有如此争论，恰恰说明《神雕侠侣》的非凡魅力和它的成功。

"外传"，果在孙山外？

《飞狐外传》写于1960年，此时，正是《明报》在时艰中蹒跚成长的时期。这时，金庸又创办了《明报》麾下的第一个刊物——《武侠与历史》周刊，旨在刊登武侠小说。应该刊需要，金庸开始了《飞狐外传》的创作工作。

《飞狐外传》主要讲述《雪山飞狐》主人公胡斐的成长历程，可以看作是《雪山飞狐》的前传。小说以主人公胡斐除暴安良为故事的中心，讲述了胡斐为追杀凤天南在路上所发生的一切，特别是与程灵素、袁紫衣所发生的爱情。

以金庸的本意，《飞狐外传》是为了进一步塑造胡斐的侠义性格："我企图在本书中写一个急人之难、行侠仗义的侠士。武侠小说中真正写侠士的其实并不很多，大多数主角的所作所为，主要是武而不是侠。"[1]

为了这个目的，金庸便让胡斐"不为美色所动，不为哀恳所动，不为面子所动"，从而补充他在《雪山飞狐》中未完成的性格塑造。但他创作了这部小说之后，却让胡斐陷入了对程灵素和袁紫衣的三角爱恋之中，让人无端

---

[1] 引自金庸《飞狐外传》修订本《后记》。

生发出"英雄难过美人关"的感慨。

这种"副作用"是在金庸创作初衷之外的。原本，美好的爱情原本就存在于人们的心中，存在于生活中，一旦遇到，不管是男是女，难以处理是必然的、可以理解的。

这个问题，看似是胡斐遇到的难题，恐怕也是作者金庸遇到的难题。正因金庸本人不曾想通这些问题，所以，他才会在生活中"犯错误"，才在小说中让韦小宝娶好几位妻子。

胡斐能做到对凤天南的"金银华屋"不屑而顾，却在美丽女子面前"败下阵来"：在为他死去的程灵素遗体旁，他肝肠寸断、悲痛欲绝；看着袁紫衣双手合什、黯然离开的背影，他又怅然若失、魂无所归。但这并不损害他作为"侠客"的形象，谁说侠客就不能有情，谁说侠客就不能有"缺陷"呢？

因此，这部小说正面且集中地写出了侠客性格的复杂性。

在金庸的小说里，倪匡将《飞狐外传》排为第11位，几乎是垫底的位次，这样，这部小说便在金庸好小说的"孙山之外"了。对此，倪匡解释道："金庸的创作能力，完全可以应付同时创作两篇小说，《飞狐外传》在金庸作品中的地位不高，显然和"同时写两篇"无关。"[①] 但笔者以为，倪匡似在为老友开脱。这一时期，与《飞狐外传》同时写的是《神雕侠侣》，而倪匡认为《神雕侠侣》在金庸小说中排名第四。是金庸重《神雕》而轻《飞狐》？应该不是，金庸曾将作品比作孩子，既然都是孩子，如何会有"青眼""白眼"之分？《神雕》刊于《明报》，而《飞狐》刊于《武侠与历史》，是金庸重《明报》而轻《武侠与历史》？应该也不是。两者均为金庸所创，且《武侠》正在创刊之中，怎能不重视？笔者认为，还是定位的问题。《飞狐外传》的定位是《雪山飞狐》的补充，相当于附属物、买一赠一的赠品，如果说，《雪山》的思路是圆熟的，

---

① 引自倪匡《谈〈飞狐外传〉》，《倪匡论金庸》。

其补充便很难天衣无缝,甚至根本无补充之必要;相反,若《雪山》一塌糊涂,补充才有机会。从这个角度讲,《雪山飞狐》与《飞狐外传》便成了此消彼涨的"冤家"而非补充了。当然,两个故事同时写,也是原因之一。

谈笑间,倚天屠龙

1961年,《明报》创刊近两年了,但仍然未彻底告别经济紧张和读者群亟待扩大的尴尬。鉴于这种情况,金庸决定加大武侠小说刊载的力度。1961年7月6日,《倚天屠龙记》开始在《明报》崭露其面目,自此,"射雕三部曲"全部亮相。同时,金庸还"买一赠二"地连载了他的《白马啸西风》和《鸳鸯刀》。

该部小说以元末群雄蜂起、江湖动荡为广阔背景,围绕两样兵器——倚天剑和屠龙刀展开剧情,小说名字便体现了这两种传奇的兵器,时间跨度长达一百年之久。小说张弛有度地讲述了主人公张无忌传奇般的身世和跌宕起伏的经历,同时还展现了张无忌身边的武林众豪杰的侠士风貌和铁血豪情。

在金庸的十几部小说里,《倚天屠龙记》是一部很奇怪的长篇武侠小说,它讲述了一个"奇怪"的主人公和一个"并不美"的爱情故事。

用金庸自己的话说:"张无忌的一生却总是受到别人的影响,被环境所支配,无法解脱束缚。"[①]

在小说中,张无忌优柔寡断、空有盖世武功却胸无大志,莫名其妙当上明教教主之后却又因为毫无权力欲又终被朱元璋"巧妙"地夺权。似乎,张无忌不太适合作为本书的主人公的,但他却是主人公,这是毫无疑问的。

---

① 引自金庸《倚天屠龙记·后记》。

关于张无忌的爱情，金庸说："周芷若和赵敏却都有政治才能，因此这两个姑娘虽然美丽，却不可爱。我自己心中，最爱小昭。只可惜不能让她跟张无忌在一起，想起来常常有些惆怅。所以这部书中的爱情故事是不大美丽的……"①

然而，正因如此，《倚天屠龙记》却更具有现实性，正因为其中的爱情是有瑕疵的，因而也是更可信的。

《倚天屠龙记》还是一部深刻的小说。因为金庸写出了人物性格善恶共生、善恶转换的可能性及事实。关于这一点，金庸在与池田大作的对谈中说："我相信在人间社会中，善与恶是复杂交错在一起的，在这个社会中没有谁是百分之一百的善人，也没有一无是处的坏人。恶人中也有善的一面，善人中也有坏的方面……我在写《倚天屠龙记》时表示了人生的一种看法，那就是，普遍而言，正邪、好恶难以立判，有时更是不能明显区分。人生也未必是'善有善报，恶有恶报'，善恶是不能楚河汉界一目了然的……"②

金庸的其他小说中也有人性复杂的一面，但《倚天》在这方面体现得尤为明显而突出。如谢逊、灭绝师太、周芷若、赵敏……他们中有人或许已被定性为恶人，但他们对张无忌的感情却是真的；有人或许被称为武林的"名门正派"，但某些事情上的做派却令人发指，比邪派还邪，"正派"之"正"，或许不过是遮羞布而已。

正因如此，方见《倚天屠龙记》之真实，之深刻。正因如此，金庸的话才显得那样可信："张无忌不是好领袖，但可以做我们的好朋友，事实上，这部书情感的重点不在男女之间的爱情，而是男人与男人间的情义，武当七侠兄弟般的感情，张三丰和张翠山之间、谢逊和张无忌之间父子般的挚爱。"③

---

① 引自金庸《倚天屠龙记·后记》。
② 引自金庸、池田大作《探求一个灿烂的世纪——金庸、池田大作对话录》，北京大学出版社1999年版。
③ 引自金庸《倚天屠龙记·后记》。

倪匡对《倚天》评价甚高："从《倚天》开始，金庸武侠小说的想象力更丰富，丰富的想象力，像大海中的巨浪一样，汹涌澎湃而来，一个巨浪接一个巨浪。这种想象力趋向丰富、大胆的结果，才孕育了他下一部浩淼不可方物的巨著《天龙八部》。《倚天》是金庸作品更趋向浪漫、趋向超凡不羁的转捩之作，这可以从金庸作品在《倚天》之后又奔向另一高峰得到证明……《倚天》不但是金庸作品更趋向丰富想象力的一部力作，也是感情上更浪漫的一部力作。"①

自《倚天屠龙记》开始，金庸小说的主人公开始趋于多样化，甚至发展到以石破天、韦小宝这样的人作为主人公；人物性格也更加复杂，善与恶更为有机地统一于一个人的性格中。与其说，金庸的武侠小说写作水平又臻一个新的高度，不如说金庸对武侠小说的理解、对侠义精神的理解、对人性的理解更加深刻。

天龙几部，魅力连城？

1962 年的难民潮和 1963 年 11 月开始的"核裤论"论争既成就了《明报》，也确立了金庸作为社评家的地位，到了 1963 年，《明报》便已在香港报界有了一席之地，基本上不再为读者群太小、入不敷出发愁了。此时的《明报》吸引读者的亮点便有了两个——金庸的武侠小说和社评。武侠小说吸引的主要是知识层次低的市民，数量庞大；社评吸引的则主要是公务员和知识分子，影响更大。当然，金庸的读者群的区分并不是截然的，更不意味着知识层次相对较低的市民就不看社评，公务员和知识分子就与武侠小说绝缘。总之，《明

---

① 引自倪匡《谈〈倚天屠龙记〉》，《倪匡论金庸》。

报》有了地位和知识层次高的稳定读者群之后，它的品位在人们心里的位置便上去了，而金庸则开始名利双收。

1963年，金庸开始为《明报》与新加坡《南洋商报》合办的《东南亚周刊》写《素心剑》，后改名为《连城诀》。该小说描述了农家子弟狄云因为秉性像璞玉一般质朴，屡被人冤枉和欺骗，随着年龄的增长和阅历的增加，尤其是他历经磨难之后，迅速成长成熟、最终看穿人世险恶的故事。

《连城诀》在金庸的作品里，又是一本很奇特的小说。说它奇特，首先是因为这小说的写作是为了纪念海宁老家的一名叫和生的老长工，因为和生的冤屈系金庸祖父为之昭雪，并让他接到家里当了长工，因此，作者又以此小说来怀念自己的祖父。正因如此,这部小说似乎故意不大讲究语言的"文"，而是质朴生动，仿佛只有如此才能与狄云浑如璞金的性格配合得天衣无缝，更好地表达作者的感情，就像山泉水，直接流淌出来，而不是纯净水，经过了多少道工序；也正因如此，这部小说也一改以往娱乐甚至讨好读者以增加《明报》销量之目的，全书充满了悲愤之气，读来令人如鲠在喉，似乎作者在有意发泄什么郁愤之气。金庸曾明确交待过写这部小说的目的：《连城诀》是在这件真事上[1]发展出来的，纪念在我幼小时对我很亲切的一个老人。"[2]

说《连城诀》奇特，还在于金庸有意在写人间的真情，以此带出人性的复杂。有读者这样评价："《连城诀》，反应尽了人性之中的阴暗面，但世间爱恨因果，却又不全是邪恶的。看《连城诀》，为它反映的人心毒辣感慨，更为它所展现的爱与善之美丽感慨——深夜里戚芳在烛光中的祈祷；狄云为自己的大仇人拿出解药；丁典每天望着窗边的花守着一份明知得不到的幸福，凌霜华在棺材里刻下来世做夫妻的心愿……纵然倾尽心血，又如何抵得过沧海桑田？"

倪匡这样评价它："《连城诀》是金庸作品中最独特的一部……如果说，

---

[1] 指金庸祖父查文清在丹阳当知县时为和生的冤案昭雪并将他带回查家。
[2] 引自金庸《连城诀·后记》。

《神雕侠侣》是一部'情书',那么,《连城诀》是一部'坏书'。'情书'写尽天下各色人等的情;'坏书'写尽天下各色人等的'坏'。"①

《倚天屠龙记》连载结束之后,自1963年9月3日,金庸的另一部重量级的长篇小说《天龙八部》开始同时在《明报》和《南洋商报》连载,并引出一段倪匡代金庸写《天龙八部》的佳话。

1965年5月,金庸应国际新闻协会之邀,需赴伦敦参加会议,会议之后,他计划趁此机会好好放松一下紧张的神经,也调整一下自己。长期以来,他一手写武侠小说,一手写社评,近期又与《大公报》等左派报纸笔战,已经疲累不堪。金庸打算离港一个多月的时间,然而,让他放心不下的是《天龙八部》已经连载了将近两年,停下来读者肯定会很失望的,极可能会影响报纸的销量。但由于当时的通讯条件所限,他在这一个多月里实在没有写作的条件。于是,金庸找到了好友倪匡,请他"代写",算是为《明报》,为《天龙八部》,也为金庸"救场"吧。倪匡答应了。

其实,在此以前,金庸已经有一件类似的事情找到倪匡,但倪匡没有答应。

那是1963年,《倚天屠龙记》连载结束之后,新加坡一家报纸的编辑找到金庸,告诉他,由于《倚天屠龙记》反响强烈,读者强烈要求他再续写一部《倚天屠龙记》,金庸便向该编辑推荐了倪匡。乍一听来,倪匡异常激动:金庸竟然认为他有能力续写《倚天屠龙记》,这该是多大的肯定啊。但经过慎重考虑,倪匡还是拒绝了。他认为,这个世界上,没有人能续写金庸的小说。

倪匡无疑是明智的:不仅他无力续写《倚天屠龙记》,即便是金庸也不能。莫说续写,只看金庸为《雪山飞狐》补写《飞狐外传》,便是个很好的教训。如果小说很糟糕,根本无续写的价值;如果小说很好,续写则极可能是"自掘坟墓"、"自砸招牌"。再说,从《倚天屠龙记》这部小说的发展来看,既

---

① 引自倪匡《谈〈谈连城诀〉》,《倪匡论金庸》。

没有续写的必要，也没有续写的足够空间。笔者揣度，考虑之后，金庸一定看到了这一点。否则，既然《倚天屠龙记》已经取得了巨大的成功，为它续写的故事岂不更容易吸引人？反正另起炉灶也是辛苦，何必不循着老路走下去呢？在求倪匡续写《倚天屠龙记》这件事上，金庸绝无害好友之意，只是以推荐倪匡来作为一个策略也未可知。但此举最起码体现出了两点：一是他对倪匡写作能力的信任；二是给了该报纸编辑面子。

两年之后的再次提及，金庸变了说法：他特地强调这次不是"续写"，而是"代写"，时间不长，只有三四十天。为了让倪匡放开手脚，金庸交待倪匡，他可以不按原来的情节发展来写，可以按自己的思路。

对于金庸这沉重的托付，倪匡喜忧参半。他战战兢兢、如履薄冰，还是不辱使命，把金庸离港的那段"空窗期"给填补了起来。倪匡讲了一段相对独立的故事，并且按照金庸当时的吩咐，他写完之后，又让他们共同的朋友董千里在文字上把关，然后再与读者见面。但由于他不喜欢小说中的阿紫，就利用手中的权力，满足了私欲——在自己编的故事里将阿紫的眼睛给"安排"瞎了。金庸回港之后，倪匡对此颇为惴惴，金庸看了之后，觉得还合理，便保留了这个情节。

十几年后，金庸这样写道："……在离港外游期间，曾请倪匡兄代写了四万多字。倪匡兄代写那一段是一个独立的故事，和全书并无必要联系，这次改写修正，征得倪匡兄的同意而删去了。所以要请他代写，是为了报上连载不便长期断稿。但出版单行本，没有理由将别人的作品长期据为己有……"[1]

对于为金庸小说代笔之事，倪匡很自得，并曾撰联以记之："屡替张彻[2]编剧本，曾代金庸写小说。"

---

[1] 引自金庸《天龙八部·后记》。
[2] 张彻（1924—2002），本名张易扬，浙江杭州人，著名电影人。上世纪六七十年代香港影坛最有影响力的人物之一，香港人把他称为"香港电影一代枭雄"。代表作有《独臂刀》、《刺马》、《碧血剑》等。

可能正是有曾经代写的因素吧，倪匡将《天龙八部》列为第二位，并高度评价了它："论故事之离奇曲折，人物之多，历史背景之广泛，想象力之丰富，天龙八部在金庸所有其他作品之上……用武侠小说中的人物来隐喻现实生活中的人物，始自《天龙八部》。"[1]

金庸请倪匡代笔，之所以称为佳话，除成就了倪匡之外，还能让人看出金庸负责任的态度——为不让读者失望（当然，其中也不乏商业运作上的考虑），故请人代写；为保持全书皆自己原创，故在出版时将倪匡之作去掉。按金庸的作派，不到万不得已，他不会出此下策；对于倪匡而言，他之所以"出手"，原是出于友谊，盛情难却，并无私心在其中，创作态度也是非常认真的，与当今代写者与被代者的利益牵扯并不相同。现代的"枪手"、"鬼作者"之事频发，但愿不是受其启发的结果。

恼人侠客，石破天惊

1965年，《东南亚周刊》开始连载金庸的第二部武侠小说——《侠客行》，其时，《明报》和《南洋商报》对《天龙八部》的连载刚刚近半。

从主人公石破天和小说故事的角度来看，《侠客行》堪称是金庸最怪的一部长篇武侠小说。首先，它一改金庸将英雄作为主人公的写作模式，以一个"无名小辈"作为主人公。虽然《鹿鼎记》主人公韦小宝也并非"大人物"，但他毕竟成为了大人物。石破天就像一块顽石，混沌，充满谜团。他出身是谜，成长是谜，练成绝世武功也是谜，他的内心世界对许多人而言也是谜，石破天生活的世界里，遇到的多是欺负他、污辱他、厌弃他甚至欲加害他的人，

---

[1] 引自倪匡《谈〈天龙八部〉》，《倪匡论金庸》。

但他总是因为自己的混沌无知——化险为夷,这也是一连串的谜。《侠客行》将浑身都是谜团的人作为主人公,说它最怪,自然容易理解。

从小说所讲述的故事来看,《侠客行》可以算作一部"小"小说。金庸的其他小说,多是将故事与国家、民族、种族的命运结合起来,而《侠客行》则与之不同,它似乎只讲江湖纷争,讲寻宝夺宝,并无重大的主题蕴含其中。而它又是一部长篇小说,不是像《白马啸西风》一样的中篇,因此笔者才说它是金庸最怪的一部长篇武侠小说。

说它最怪,还在于这部小说的主题。

关于小说的主题,有人说它表达了金庸对人类本性的一种哲学思考,但这种哲学思考的结果是什么,作者并未交待清楚。或许,正是因为它的扑朔迷离,才给小说增加了哲学的气氛。

也有人说,小说表达了作者对朴素、宁静而自然的生活的向往,但从整部小说来看,似乎被突出得不够。

金庸本人的理解是:"我所想写的,主要是石清夫妇爱怜儿子的感情,所以石破天与石中玉相貌相似,并不是重心之所在。"[①]

此"作者自述"似乎也难以服众,毕竟,石破天所受的一切磨难是难以用"爱"来概括的。

这部小说受李白同名诗启发,并且石破天也是从这首《侠客行》悟出绝世武功的。李白写《侠客行》这首诗是为了抒发他对侠客的赞美与倾慕,以表达其对拯危济难、用世立功生活的向往,但金庸以这首诗作为小说展开情节的核心,却并非在表达与李白相同的主题。石破天练成绝世武功之后并未干经天纬地的大事,而是最终归于自然。因此,这部小说的主旨似乎也成了一个谜。

倪匡对这本小说评价不高:"《侠客行》可以看是《天龙八部》后的小休。

---

① 引自金庸《侠客行》修订本之《后记》,1977年7月。

正如飓风过境，狂风骤雨之后，风眼来到，必有一番平静，《侠客行》在金庸作品之中，只能算是一个小品。"①虽然评价不高，但毕竟赋予了小说诞生以意义，但愿倪匡不是为老友开脱。

文学就是这样，"一千个读者就有一千个哈姆雷特"，这或许就是文学的魅力吧。笔者认为，《侠客行》的主旨之所以如此"扑朔迷离"，还是金庸本人的思想争斗而未见明朗的结果，对政治，对形势，对感情，对人性……1965年的金庸非常忙碌，他要频繁参加各种各样的会议甚至是国际会议，要保证《天龙八部》的按时连载，要应对一些报纸的攻击，要考虑筹办《明报月刊》事宜……这些，原本够复杂的东西交织在一起，让他无暇仔细将思路整理，并反映在他的《侠客行》里、推至读者面前，让读者见仁见智去吧。

非常时期，笑熬浆糊

1966年5月16日，"中央文革小组"改组，江青任副组长，历时十年的"文革"全面发动；是月，《燕山夜话》作者邓拓和毛泽东秘书田家英自尽，北京大学贴出被毛泽东称为"全国第一张马列主义大字报"的大字报；8月，红卫兵运动波及全国；年底，动乱被进一步推向农村，张春桥、王洪文制造了"康平路事件"，这是全国性武斗之始；接下来的时间里，文革呈愈演愈烈之势。

1967年5月，香港爆发了六七暴动。香港"左派"在中国大陆文化大革命的影响下，展开了对抗英国殖民政府的暴动。事件由最初的罢工、示威，

---

① 引自倪匡《谈〈侠客行〉》，《倪匡论金庸》。

发展至后期的暗杀、放置炸弹。结果51人直接在暴动中丧失性命，逾800人受伤。六七暴动成为港英政府施行善政的警示钟和开始，被称为香港政治发展的分水岭。

动荡的形势，让金庸郁结于心，并反映在他1967年写的《笑傲江湖》里。

对此，金庸后来有解释："写《笑傲江湖》那几年，中共的文化大革命夺权斗争正进行得如火如荼，当权派和造反派为了争权夺利，无所不用其极，人性的卑微集中地显现。我每天为《明报》写社评，对政治中龌龊行径的强烈反感，自然而然反应在每天撰写一段的武侠小说之中。"[1]

"影射"之处在小说中不难找到。如东方不败大搞个人崇拜，这种作派任我行开始时是看不惯的，但拥有权力之后，任我行便不再排斥这种个人崇拜，甚至渐渐上了瘾。对此，金庸指出："那些热衷于政治和权力的人，受到自己心中权力欲的策驱，身不由己去做许许多多违背自己良心的事，其实却是很可怜的。"[2]

金庸甚至让小说中的人物直接当他的传声筒，代他说出颇含深意的话。比如他让令狐冲和冲虚道长有这样的对话：

"权势这一关，古来多少英雄豪杰，都是难过。别说做皇帝了，今日武林中所以风波迭起，纷争不已，还不是为了那'权势'二字。"

"正是！那时候只怕他想做皇帝了，做了皇帝之后，又想长生不老，万寿无疆！这叫做'人心不足蛇吞象'，自古以来，皆是如此。"[3]

《笑傲江湖》没有交待故事发生的背景，对此，金庸有所解释："笑傲江湖的自由自在，是令狐冲这类人物所追求的目标。因为想写的是一些普遍性格，是生活中的常见现象，所以本书没有历史背景，这表示，类似的情景可

---

[1] 引自金庸《笑傲江湖·后记》。
[2] 引自金庸《笑傲江湖·后记》。
[3] 引自金庸《笑傲江湖·后记》。

以发生在任何朝代。"① 笔者以为，金庸对小说"时代背景"的这种"忽略"，或许是为了加强"影射"的效果，也似乎为了"避嫌"，颇有"看似平常最奇崛，成如容易却艰辛"之意。

《笑傲江湖》的名字取自《西游记》第九回《袁守诚妙算无私曲 老龙王拙计犯天条》中渔夫的《西江月》词："得来烹煮味偏浓，笑傲江湖打哄。"故事的中心虽然是武林争霸夺权，但要表达的思想却是这两句词的意境，并通过令狐冲和任盈盈双双归隐江湖来实现这一意境。在小说中，武林帮派夺权的手段是《辟邪剑谱》和《葵花宝典》，然而，权力本身便是双刃剑，最后，争权夺利都栽在《辟邪剑谱》和《葵花宝典》上。

《笑傲江湖》不仅靠跌宕起伏、波谲云诡的情节引人入胜，更能塑造出数十个个性鲜明、生动可感、呼之欲出的文学形象，能于错综复杂的矛盾冲突中刻画人物复杂的性格。比如令狐冲的豁达不羁、舍生取义，任盈盈的娇美慧黠、任性挚情，任我行的老谋深算、桀骜不驯，岳不群的表里不一、阴鸷狡诈……

正因如此，《笑傲江湖》才如此受人青睐，令人着迷。

以下是一段关于《笑傲江湖》魅力的记述——

（北大）方正的某位负责人忙得十年不敢碰小说。唯一能把他从计算机旁拉走，而且使他连续两天不工作的，唯有金庸。他去上海出差时带上两本《笑傲江湖》。读完了直着急——还有一本在北京没带来。可是他还得有一个星期才能回京，也就是说还有一个星期他才能知道结果，那么令狐冲和任盈盈，后来到底怎么样了？金庸小说的绚烂壮阔可不是电脑软件能编制出来的。②

倪匡将这部小说排为第三位，他这样赞誉他的老友金庸和其小说："金庸特意舍弃了他最擅长的历史和虚构相揉合的创作方法，表现了他创作上多

---

① 引自金庸《笑傲江湖·后记》。
② 引自陈祖芬《成年人的童话——查良镛先生北大行》，作家出版社2006年9月版。

方面的才能。在一连串的曲折、奸谋之中,逐渐暴露伪君子的面目,解决了正、邪的真正意义,这是一部写尽人性的小说。"①金庸本人也不无得色地写道:

《笑傲江湖》在《明报》连载之时,西贡的中文报、越文报和法文报有二十一家同时连载。南越国会中辩论之时,常有议员指责对方是"岳不群"(伪君子)或"左冷禅"(企图建立霸权者)。大概由于当时南越政局动荡,一般人对政治斗争特别感到兴趣。②

鼎定乾坤封笔时

令狐冲和任盈盈携手"笑傲江湖"之后,金庸并未退出武侠小说江湖,此时的《明报》还需要他,需要他的武侠小说来增加和稳定销量,虽然此时《明报》的销量已经达到了105644份,下半年更是达到了106395份。③他又写了《鹿鼎记》,自1969年10月24日起在《明报》连载,至1972年9月23日连载结束。

《鹿鼎记》是金庸的最后一部长篇武侠小说,也可以说是金庸的封笔之作。这以后,金庸又写了短篇小说《越女剑》,发表于1970年1月创刊的《明报晚报》上,接着还连载了他新写的《三十三剑客图》,以之为《明报晚报》助威,但再也未写长篇武侠小说。

把《鹿鼎记》作为封笔作,这是不难理解的。从才气上说,从《书剑恩仇录》和陈家洛开始,到《鹿鼎记》和韦小宝结束,从主人公的最文雅到最

---

① 倪匡《谈〈笑傲江湖〉》,《倪匡论金庸》。
② 引自金庸《笑傲江湖·后记》。
③ 《明报》销量最高值是1989年6月11日的203500份。数据取自张圭阳《金庸与〈明报〉》之附录《〈明报〉历年销量表》,湖北人民出版社2007年9月版。

恶俗，金庸已经写了个遍；写法上也将他力所能及的都运用一遍。以金庸的认真执著，在不重复前路的基础上，想再写出超越性的大部头作品已无此可能。

最重要的是，到了《鹿鼎记》结束，他再无旷日持久地写一部大部头武侠的足够动力。从动力上讲，《明报》已经跻身香港大报之林、妇孺皆知，似乎不再只需他的武侠小说来"杀开一条血路"了；从年龄上说，从1955年的乍过而立，到1972年[①]的年近知天命，武侠小说陪伴金庸走过了人生最"当打"的黄金时期，也陪着《明报》从出生到成长到茁壮。不论是金庸还是他的武侠小说创作都已经完成了自己的使命。

对此，金庸多番谈起："现在写小说已经没有动机了。以前是为了报纸销路，现在报纸也不办了，写小说相当辛苦、相当痛苦的……将来我也希望有充裕的时间再写小说，写那种很大的娱乐性，自己写了也高兴的，也以分享自己的经验。"[②]

金庸已经解释得非常清楚，至于"将来我也希望有充裕的时间再写小说"之类的话，其实不过是给读者一个念想，让他们不至太失望罢了。不论是写小说的才力还是金庸的体力精力，恐怕都是不可能的了。

但无论如何，金庸为我们创作了12部[③]脍炙人口的长篇武侠小说，为我们的心灵提供了太多精神的营养，为我们的精神世界做了太多太多，我们必须要感激他。

[①] 在金庸《鹿鼎记·后记》里，金庸说了另一个版本："最早的《书剑恩仇录》开始写于一九五五年，最后的《越女剑》作于一九七零年一月。十五部长短小说写了十五年……"其实，他的最后一部长篇小说直至1972年才结束，15部长短篇小说，用去了金庸17年的时间。金庸在一次采访中也提到："我第一部写的是《书剑恩仇录》，还算成功，就一直写下去，写到最后一部《鹿鼎记》，那是在1971、1972年间就写完了，觉得没多大兴趣，就不写了。"
[②] 引自《金庸访问记》，《金庸：中国历史大势》。
[③] 金庸在《鹿鼎记·后记》中，为自己的写作生涯作过这样的总结："我写的武侠小说长篇共十二部，短篇三部。曾用书名首字的十四个字作了一副对联：'飞雪连天射白鹿，笑书神侠倚碧鸳'。最后一个不重要的短篇《越女剑》没有包括在内。"

金庸将《鹿鼎记》故事发生的背景设定为清朝康熙年间，主人公是韦小宝，他是妓女的儿子，生活在社会的最底层，因此才更有传奇色彩。

韦小宝摆平诸事的基本方法是溜须拍马和无赖欺骗，小说以他作为主人公便很容易引起读者的怀疑与不满，加上小说中作者将更多的历史更巧妙地糅进去，使之更像历史小说，于是不少读者甚至认为《鹿鼎记》整本都是别人代写的，对此，金庸作过澄清："其实这当然完全是我自己写的。很感谢读者们对我的宠爱和纵容，当他们不喜欢我某一部作品或某一个段落时，就断定：'这是别人代写的。'将好评保留给我自己，将不满推给某一位心目中的'代笔人'。"①

读者虽然已经接受让石破天这样一个满身谜团的傻小子作为主人公的《侠客行》，但《鹿鼎记》将一个"坏小子"作为主人公却超出了很多读者的底线，因此，对这部小说，不乏斥责之声。对此，金庸认为，一部小说的主人公不一定非得是好人，带有"亮色"的"坏人"、甚至纯粹的坏人都可以作为主人公。正因为金庸不想重走以往小说的老路，才故意这样设定了一个主人公。无心插柳，这最后的一部长篇却被倪匡评为第一，这恐怕是金庸不曾想到的。

而韦小宝也被倪匡目为最可爱的形象，他的千般坏处，都是人的坏处，是人人都有的，正因如此，他才真，才可爱。"韦小宝是自由自在的典型、是至情至性的典型、是绝不虚伪的典型。韦小宝撕破了许多假面具，破坏了许多假道学，扬弃了许多假仁义。"②

不少"金迷"觉得金庸让韦小宝同时拥有七个女人死心塌地的爱的安排不好，建议修改。对于韦小宝的七个老婆，倪匡也有谈及：

韦小宝颇受"妇解份子"的诟病：娶了七个老婆，真不像话。说这话的

---

① 引自金庸《鹿鼎记·后记》。
② 引自倪匡《我看金庸小说之人物榜》。

女权先锋，不妨熟看《鹿鼎记》，然后掩卷，发问："我的床头人，是不是有韦小宝七分之一可爱？"很难有男人有韦小宝七分之一可爱，那么，做韦小宝七个妻子之一，就比别的女人幸福快乐得多。幸福，快乐才是人生要追求的目标；礼法，制度，只不过是一些人制造出来的，不是人的天性。"①

倪匡的观点并非全无道理，但笔者认为，这颇有刻意维护老友之嫌。出于对前辈的敬重，笔者并不想从生活中找出一些证据来驳斥，我只想提出一个问题：若从可爱的角度而言，韦小宝真的比郭靖、令狐冲、杨过、胡斐等金庸小说的主人公可爱七倍吗？从幸福的角度而言，韦小宝的老婆双儿、曾柔、阿珂等人真的如黄蓉、任盈盈、小龙女、苗若兰的幸福一样吗？

笔者认为，金庸之所以安排韦小宝娶七妻的结局，是一种无奈之举、是他内心深处不排斥"一夫多妻"制度的意念的释放、也是他这一生无力解决好自己几段感情的折射、是金庸由于种种原因未能将其余六个女子的命运合理安排的结果，并非《鹿鼎记》值得称道、别具匠心的"完美结局"。

痛下杀手为哪般

金庸的可贵之处就在于，第一，觉得"没兴趣"、不想写的时候没有硬写；第二，积极主动地修订自己赖以成名、成功的作品。

金庸的修订工作自 1970 年 3 月开始，至 1980 年年中结束，历时 10 载。曹雪芹对《红楼梦》"披阅十载，增删五次"，金庸也差不多与之相当了。在修订过程中，金庸还要参加频繁的社会活动，办《明报》，写社评，辛苦可想而知。

---

① 引自倪匡《我看金庸小说之人物榜》。

关于对自己的小说"痛下杀手"的原因，金庸曾作过说明："我从1970年开始修改十二部小说……第一，这些小说是过去在报上连载的，每天写一小段，有的写了二三年，前后一定有些不连贯，有漏洞，这是一定要补足的。第二，报上连载总是比较啰唆些，出版单行本就把不必要的、冗长部分删掉很多。情节方面也是如此，删除不需要的，或者再补充一些进去。像《天龙八部》的前面两本等于是重新写。"① 这段话可以看出，金庸对自己当年的杰作，颇不客气。

在说明中，金庸也提到了修订的方法：一、消除不连贯之处，补足有漏洞之处；二、删除啰唆的句子和情节，补充新鲜合理的。

这里，以《射雕英雄传》为例，说明金庸在修订上的"毫不手软"与艰辛。

从人物上，去掉了秦南琴这个人物，将她与穆念慈合而为一。

情节上改动最大，首先去掉了一些无必要联系的情节，如小红鸟、蛙蛤大战、铁掌帮行凶等等，还增添了一些合理的新情节，如张十五说书、曲灵风盗画、黄蓉迫人抬轿与长岭遇雨、等。

在《射雕英雄传》出第三版时，金庸又在2001—2002年不厌其烦地对之进行了再修订。改正了不少年代的错误，重写了黄药师和诸弟子的关系，使小说中的一些情节更加流畅、合理，如将吕文焕守襄阳一节，改为李全、杨妙真夫妇领"忠义军"守青州，以顺合历史及地理。等等。

修订的时候，金庸的态度是认真的。

在接受记者采访时，他曾这样说："这些作品，一般我要先修改五六遍，然后请人看过，拿回来再改，基本上每部都要修改七八遍。不过故事情节、人物性格都没有作什么改变，主要是一些太啰嗦的地方删掉一些，句子行文不好的改动改动，有些漏洞要修补修补。"②

然而，修订之后，小说仍然存在较明显的报纸连载的痕迹，存在着偶

---

① 引自《金庸访问记》，《金庸：中国历史大势》。
② 引自《独家专访金庸：修改原著绝非为版税》，《广州日报》大洋网2003年11月16日。

然性太多、巧合太多的不合情理之处。对此，阎大卫[①]指出金庸的小说有两大弱点："其一是在写小说时，太着重于商业利益。……第二个问题是写得粗糙。金庸在写这些小说时，多是每天写一两千字，有时是报馆的工作人员在一边等着，金庸写完后立即拿到报社去排印。……如果，在报纸上连载不得不这样写，在出单行本时，作些大动筋骨的修改，将原书作较大的压缩，把商业利益的影响删到最低限度，也许会有大的改进，可惜金庸没有这样改。"[②]

阎大卫的批评态度无疑是认真的、中肯的，但笔者认为，金庸自挑毛病的做法已经难能可贵，尤其是广泛征求"金迷"们的意见，接受他们的建议，并应用在修改当中，已不失"大侠"风范。至于如阎大卫所说，未能彻底消除报纸连载的痕迹，未能来个"大动筋骨的修改"，则是可以理解的，且无太大必要。金庸的小说在修改之前便已拥有广大的读者，这些读者未必没看到小说中的毛病，但他们仍一如既往地爱读，就说明这些都不是最重要的因素，小说生动的情节、鲜明的人物形象，尤其是"侠"的精神，是吸引读者的重要原因。若真的使之"脱胎换骨"，还是金庸的小说吗？读者还会欣然接受吗？为报纸连载而写，当然会有连载的痕迹，一如在战争年代写的文章势必会染上销烟的味道一样，何必一定根除之呢？"别人的老婆好，自己的文章好"，金庸已经极不容易。

再说，金庸无意在武侠小说的写作上为读者做示范，他的武侠也似乎没有给别人当范本的本意。有瑕疵的才是真实的、亲切的、可信的、易让人走近的，就像金庸笔下的人物一样。

[①] 阎大卫，1960 年毕业于北京大学，1984 年获英国 HULL 大学物理学博士学位，现任吉林大学电子工程教授。

[②] 引自阎大卫《班门弄斧——给金庸小说挑点毛病》，海天出版社 1998 年 3 月版。

第六章
雪泥有痕非吾意 润物无声正当时

"凡有中国人、有唐人街的地方就有金庸。"金庸的武侠小说创造了一个奇迹,一个神话。近年来,随着"金庸热"的愈来愈升温,"金庸剧"的热拍、一元钱版税、两登作家富豪榜、加入作协、作品入编教科书等等,金庸已然成为一个热门的话题。

百变"金庸"

现代社会的人,尤其是从事小说创作的人,已渐渐明白,文学只有与影视"联姻"才能让自己真正"火"起来,其中包括丰厚的回报。因此,涌现了很多有意向影视靠拢的小说,有的小说本身便是与剧本的嫁接,写作形式介于小说与剧本之间。更有甚者,不少作者觉得"爬格子"太辛苦了,来钱慢,已完全抛弃小说写作,投入了影视的怀抱。

在这方面,金庸显然并未刻意为之,虽然他的小说里也不乏戏剧、影视作品的痕迹。自从1972年封笔之后,他以及他的小说便与影视结下了不解之缘。可以说,他的小说被频频改编为影视作品,为他带来了更加丰厚的收益。

首先是电影。

"自二十世纪五十年代末期开始至六十年代初为止,那时的香港电影公司基本上制作的都是粤语片,几乎所有的金庸小说均被改编为粤语电影。"[1]1958年,粤语片《射雕英雄传》在香港上映,这是第一个走进观众视野的金庸作品改编的电影,制作公司是香港峨嵋电影公司,曹达华饰演郭靖,容小意饰演黄蓉;1977年,邵氏兄弟重拍了《射雕英雄传》,恬妞、惠英红、李修贤以靓女俊男的形象开始走进观众视线。

1960年,《书剑恩仇录》被搬上银幕,由香港峨嵋电影公司拍摄,张瑛(饰演陈家洛)、紫罗莲(饰演霍青桐)主演;1981年公映了邵氏兄弟影业(香港)有限公司拍摄的新版《书剑恩仇录》,由倪匡编剧;1987年,由天津电

---

[1] 引自孙立川《影视:解读金庸小说的新文本》,香港《大公报》。

影制片厂、香港扬子江影业有限公司、香港银都机构有限公司对《书剑恩仇录》联合拍摄,由著名导演许鞍华执导。

"从此,楚原、胡金铨、张彻、徐克、袁和平、程小东、王晶、华山均导演过金庸的电影,由电影演员自筹或合作拍过片的还有周星驰、刘德华、李连杰等。"[①]

从上世纪70年代,邵氏电影公司开始拍《书剑恩仇录》《笑傲江湖》《天龙八部》起,已经制作发行了多部由金庸小说改编的电影,捧红了一大批电影明星,如恬妞、林青霞、许冠杰、叶童等。除了小说本身的魅力以外,随着港产电影在全球华人社会中的流传,金庸已卓然成为华人最喜爱的小说家。

自上世纪70年代起,由于电视机进入"寻常百姓家",金庸小说改编的电视剧也开始风行。1976年,电视剧集《神雕侠侣》由香港佳视拍摄,由米雪、白彪担纲,这是金庸小说第一次被改编为电视剧;1983年,香港电视广播有限公司(TVB)拍摄了《射雕英雄传》,由黄日华和翁美玲主演;1986年,香港亚洲电视拍摄了该公司唯一一部金庸电视剧《越女剑》,由李赛凤、岳华主演。

1984年,台湾开始拍摄金庸作品改编的电视剧。这一年的7月14日,《书剑恩仇录》与观众见面,除此以外,还有《鹿鼎记》《射雕英雄传》及《越女剑》等剧;1991年,台湾《雪山飞狐》剧组开了先河——首次到内地拍摄,这不仅仅是金庸剧的一个亮点,也是台湾电视剧制作历史上的一个亮点。

新加坡电视台则自上世纪90年代末也加入了拍摄"金庸剧"的行列。1998年,新加坡新传媒制作私人有限公司拍摄了《神雕侠侣》,该剧长40集,由李铭顺饰演杨过,范文芳饰演小龙女;2000年,新加坡TCS拍摄了40集的《笑傲江湖》,导演是霍志揩,由马景涛饰演令狐冲,范文芳饰演任盈盈。

---

① 引自孙立川《影视:解读金庸小说的新文本》,香港《大公报》。

此后 30 多年来，被香港、台湾、新加坡及内地电视台拍成的金庸电视剧，据不完全统计，至今已有 55 版以上。

TVB 自 1976 年开始第一部金庸作品《书剑恩仇录》之后，20 多年间，已将 11 部金庸小说改编为 21 部长篇电视剧集。有的剧集则是 10 年改拍一次，如《神雕侠侣》、《射雕英雄传》、《笑傲江湖》等，是拍摄金庸电视剧集最多的公司。

1994 年，金庸小说改编的第一部电视剧《书剑恩仇录》内地版登台，黄海冰饰演陈家洛、王菁华饰演霍青桐、杨雅娜（杨钫涵）饰演香香公主。此后，内地拍摄金庸剧的脚步越迈越大。《射雕英雄传》、《神雕侠侣》、《笑傲江湖》、《碧血剑》、《倚天屠龙记》、《鹿鼎记》等剧相继亮相，每一部电视剧都创造了很高的收视率，每部电视剧都赢得了不少掌声。随着它们的热播，周迅、胡歌、李亚鹏、刘亦菲等一大批演员被人忽略了年龄，以青春偶像的形象定格在人们心中。

除了传统的影视剧形式以外，金庸剧还与戏剧结合，与观众喜闻乐见的娱乐形式结合，又出现了金庸剧动画版、京剧版、真人秀版等形式。

随着电视 DVD 制品技术的突破，DVD 等衍生制品成为影视市场新的宠儿。面对韩国电视剧所掀起的强大"韩流"，日本业界希望能以金庸的电视剧作为主打，以与"韩流"抗衡，于是，在日本掀起了"华流"的新浪潮。

自 2005 年起，日本 NECO 频道播映内地版《射雕英雄传》，好评如潮；随后，《天龙八部》也接踵而至，迅速成为受追捧的另一部外国电视剧集。而 Maxam、M3 Entertainment 等则分别购买了香港版的《笑傲江湖》、《天龙八部》、《射雕英雄传》、《书剑恩仇录》等 DVD 在日本出租和销售的代理权。

进入 21 世纪以后，网络这个具有神力的尤物将全世界的人联系成近在咫尺的一家人。金庸小说改编的影视作品当然不甘落后，不仅在网络上大量流传，几乎无限制地占领人们的时间和心灵高地，更以全新的形式出现在人们面前。

2002年，昱泉国际股份有限公司推出了《笑傲江湖网络版》，成为国内第一款纯金庸武侠小说故事背景的大型3D网络游戏；2007年1月，该公司又推出了单机游戏《笑傲江湖2之五岳剑派》，将此前他们的《笑傲江湖1之日月神教》又推进了一步；2011年，经过金庸独家授权，麒麟游戏公司推出了《书剑恩仇录online》，该游戏以原著小说情节为线索展开游戏剧情，利用领先的自主研发引擎技术，为中国玩家量身打造新一代武侠网游体验……

金庸小说改编的影视作品以全新的面貌占领最新的市场。

由于影视、网络等媒介的介入，金庸不仅是一个小说发行总量逾5亿的传统小说家，更是一个无人堪与之比肩的"网络"和"影视"作家。

1元的特惠广告

2000年3月24日，《笑傲江湖》在无锡外景地开机，该剧由中国电视剧制作中心出品，由张纪中任制片人，黄健中、元彬（香港）任导演，网罗了李亚鹏、许晴、巍子等明星加盟。经过了一系列风波之后，终于在2000年9月25日顺利封镜。金庸看了部分剧情后表示："这是我看到的最好的一版《笑傲江湖》。我非常满意，比《三国演义》和《水浒传》还要好。"

此前的1999年4月25日，金庸接受了中央电视台《文化视点》的采访，他表示："如果央视能够拍得和《三国演义》《水浒传》一样好，愿意以一元钱转让其武侠作品的版权。"4月底，央视派人专门与金庸联系，终于促成了一元钱版税的一段佳话。

对于媒体议论的这一"冲动"之举，金庸解释："香港导演把我的小说胡言乱改，我非常生气，他们还经常加内容进去。要加内容，为什么不自己写武侠成名？孩子不好，帮我教教可以，但不能生了孩子说是金庸的……"[1]言谈之间颇不客气。

1999年11月22日，央视趁热打铁，派员与时任浙江大学人文学院院长的金庸接洽，向金庸赠送一块有机玻璃的匾额，中间镶嵌着一张1元纸币，纸币的编号为25666666，中央电视台向金庸表达了由衷的谢意，以中国电视剧制作中心的名义在匾额上铭刻"金庸先生《笑傲江湖》电视剧版权转让纪念"。

然而，略具商业头脑的人都会想到，金庸此举意在敲开金庸剧的大陆市场，事实是，金庸无疑取得了成功，他用1元人民币为自己做了无数个免费广告。果然，自1999年以后，金庸剧在大陆频繁拍摄并高调占领电视的黄金和非黄金时间。

2000年4月26日，金庸驾临无锡《笑傲江湖》拍摄外景地；2000年中秋，金庸再次到浙江新昌大佛寺探班。看了部分毛片后，他满意地说："我从中看到了你们剧组的严肃认真，我对此表示敬意。"[2]

"这部戏的制片人、导演、美术师，所有演员很努力、认真，剧情大都忠于小说原著，改动不大，灯光、服装、道具、光线都设计得很好。"[3]

2001年3月，《笑傲江湖》在央视八套播出之后，收视率不高，观众反映负面居多，有人感叹，1元钱的版税果然效果极好，让他们看到了一个很烂的片子。有人将这剧戏称为"笑熬浆糊"。一时间，骂《笑傲江湖》、骂张纪中便成了一种"时尚"。

---

[1] 引自紫雨《金庸评价央视版〈笑傲江湖〉》，人民网2000年12月29日。
[2] 引自乾达婆：《芝麻开门——张纪中访谈录》，广西人民出版社2002年版。
[3] 引自2000年10月，金庸写给江苏电视台的亲笔信。

桂雨清[①]指出了央视《笑傲江湖》的五大败笔：

一、不理解原著中令狐冲对岳灵珊的刻骨之爱……尤其是令狐冲在岳灵珊坟前的简单独白，估计不会拍摄到位。

其次，该剧也绝对拍摄不出（寻找不出）令狐冲这位天赋性情大侠——从始至终根本不喜欢"剑"和"武功"，恬淡、懒散，不愿和生活、命运抗争的天才流浪汉。

再者，有符号象征的"葵花宝典"，伪君子岳不群，惟我独尊的任我行和有强烈人格分裂的东方不败……我想电视剧不会把握准确。

第四，眼花缭乱的场面会很多，或许好看，但难免浮光掠影……如果削弱动作戏的三分之一，会赢得三分之一的观众……用武打动作补拙，其实就很拙。

第五，我认为片花中的人物服饰和原著插画大相径庭，预测不会理想。[②]

在这种情况下，金庸对该剧的态度便发生了转变。

2001年5月，他在中山大学说："这出戏拍之前他们说绝不改动，我就送给了他们，不要版权费。但他们没遵守诺言，我有点生气，后来与他们成了朋友也不好当面骂他们了。"

一个多月后，金庸在南京对记者说："包括最近中央电视台的《笑傲江湖》我也不看，全套的VCD都放在家里。为什么？编得不正宗。"

金庸的否定给了制片人张纪中极大压力，一方面，他不相信一向稳重的金庸大侠会这样"大失水准"。毕竟，拍摄期间金庸的赞誉给了他们莫大的鼓励；播出期间的批评又成了收视的巨大阻力和贻人口实的证据。张纪中认为，即便金庸对《笑傲江湖》的某些地方不满意，也不可能如此频繁地公开表示，更不可能一棍子打死，这样对他本人也不好；另一方面，张纪中还对

[①] 桂雨清，天津市著名作家、剧作家，曾创作《走过天堂》、《佛殇》等七部长篇及数百万字的武侠小说，《马三立》、《蓝色妖姬》、《燕子李三》、《大明宫词》、《侠客行》等四百多部（集）影视作品。
[②] 引自桂雨清《央视版〈笑傲江湖〉五大败笔》，《天津日报》2001年3月25日。

媒体扬言，要向金庸"讨个说法"。

当然，金庸也曾对央视版《笑傲江湖》的某些部分提出自己的看法，2001年，金庸被聘为南开大学名誉教授、接受聘书时，金庸说："他们的改动还是很大的，与小说有很多不同。许晴本人蛮可爱的，但在戏中的表现与角色有差距,比如她在里面扮风尘女子。我写的任盈盈是个江南女子，很端庄、怕羞，比一般的淑女更淑女。"①

好在，随着《笑傲江湖》播出，观众的标准渐渐放宽，心态渐渐放平，骂的声音渐渐平息，取而代之的是渐渐由弱而强的赞誉之声。"就像当初骂张纪中一样，他们居然开始毫不吝啬地赞美张纪中，把一些通过网友投票的奖项给了张纪中。弄得丈二和尚摸不着头脑的张纪中在领取一些网友投票产生的奖项时未免要谦虚几句：'欢迎明年接着骂。'"②

金庸"1元钱版税"之举不管出于什么目的，不管有多少商业的成分在其中，不管其造成的结果多么泥沙俱下、多么毁誉参半，在客观上都对广大金庸迷们有益。至于金庸在"央视版"《笑傲江湖》播出之际的"公开表示"，是否具备"大侠风度"，现在想来，当时的"大侠心性"还是有的，有话直说，不闷在心里，又近似一种孩童心理，原无可厚非的。自彼时起，内地影视市场对金庸剧洞开大门，从某种意义上说，是由1元钱敲开的呢。

"金"字招牌

从1962年就"移民潮"所写的大量社评起，到后来与《大公报》等左派报纸的激烈笔战文章，都使金庸署名为"查良镛"的社评文章成了一块"金

---

① 引自《金庸：如果新"射雕"改动太过分 我将收回版权》，《长江日报》2001年5月29日。
② 引自《张纪中拍8年金庸剧赚1亿 在骂声中茁壮成长》，《现代快报》2007年12月19日。

字招牌"；在武侠小说创作上，自从1955年被罗孚所逼创作《书剑恩仇录》之后，直至1972年封笔，他的笔名"金庸"两个字也成了另一块"金字招牌"。

自《明报》1959年创刊到1992年金庸转移控股权，长达33年的时间里，金庸以自己的本名，几乎每天写一篇社评，以充实《明报》的时评阵地，增强《明报》的舆论力量，稳固《明报》在读者心中的地位。长期以来，他的社评以敏锐的眼光、独特的视角、深刻的思想、幽默机敏而有力的语言赢得了知识分子和公务员读者群的信任和喜爱，是这些人的信任和喜爱，是《明报》成为一份香港有品位、有分量的大报的基础和动力。尤其是上世纪六七十年代，在《明报》蹒跚学步的时候，在时局最动荡的时候，他更是辛苦异常地每天写社评。到了80年代，随着年龄的增长和社会事务的增多，他写的社评相对少了些，但一遇重大的时事发生，他仍要亲自撰写。他发在《明报》上的社评，极易辨认：如果社评的标题是大号的黑体（偶尔也有宋体）字，那便是金庸亲自写的；如果是小号的楷体，便是由别人执笔，因此，掌握了这个规律的人便为他的社评送了八个字——"查记出品，黑体为号"。渐渐地，喜爱他社评的读者便有了一个习惯，每当重大新闻发生的时候，总是惯性地看看《明报》，看看查良镛有什么看法。不仅是普通读者，国际新闻界、中国国共两党、美国国务院都非常重视查良镛写的社评，经常将他的社评剪辑下来，以资参考和研究。

金耀基[1]这样称誉金庸和他的社评："知识丰富，见解卓越，同时有战略，有战术，时常有先见之明，玄机甚高，表现出锐利的新闻眼。"[2]

---

[1] 金耀基，1935年2月14日出生，浙江省天台县人。曾任香港中文大学新亚书院院长、香港中文大学副校长、校长，现任香港中文大学社会学讲座教授。著述包括《大学之理念》、《从传统到现代》、《海德堡语丝》等。
[2] 引自刘晓梅《文人论武——香港学术界与金庸讨论武侠小说》，《诸子百家看金庸》第三册，台北远流出版公司1987年版。

叶积奇①曾这样评价金庸的社评："六七十年代，他在《明报》上发表的社论，成为了知识分子争相阅读的文章，而且备受赞扬……《明报》在六七十年代以至八十年代，被视为知识分子报纸，查氏的社论占了很大功劳。"②

"明报社评，绝大多数（百分之九十九），由金庸亲自执笔，见解之精辟，文字之生动，深入浅出，坚守原则，人人称颂。就算意见完全和他相反的人，也不能不佩服他的社评写得好，这是金庸在写小说才能之外的另一种才华的表现。"③

据统计，金庸亲笔撰写的社评竟达7000多篇！如果说，是他的社评撑起了《明报》的半壁江山，似乎也不为过。

另半壁江山是由金庸的另一块金字招牌——武侠小说——支撑起来的。

金庸的武侠小说，据孙立川先生在文章中说，"自上世纪五十年代中期起，新武侠文学在香港兴起，十年成长，十年生聚，至今已历半个多世纪，金庸小说不仅在当年甫登场就惊艳港澳，更走向世界，凡有华人处，必有金庸小说在流传，这已是不争的事实。五十多年来，据不完全统计，金庸的小说已销印五亿多④册，这还不包括盗印本。"⑤

孙立川博士系香港著名学者，时任香港天地图书公司副总编辑，他所列的数字当不至太过儿戏。如果5亿的数字是经过不完全统计的结果，他写该

---

① 叶积奇，香港报人。广东人，在香港出生并受教育，读书时修的是英文系，毕业后从事翻译和写作工作。作品散见于《明报》、《星岛晚报》、《快报》等，出版有《他们都是这样成功的》等书。
② 引自叶积奇《谁是第一健笔》，《中国图书商报·书评周刊》2002年8月8日。
③ 引自倪匡《武侠小说大宗师——金庸》。
④ 该数字另有一种版本，据1997年1月28日《文艺报》发表的张琦的《金庸在西方》一文援引的信息——"根据《远东经济评论》'文艺和社会'栏目资深编辑西蒙·埃利根所作的粗略估算，光是中国内地、中国香港和中国台湾三大市场，历年来金庸小说的销售量，连同盗版在内，累计已达一亿册。"（《金庸小说把俗文学大大提高了一个层次》，《第一财经日报》2008年11月22日）
⑤ 引自孙立川《影视：解读金庸小说的新文本》，香港《大公报》。

篇文章时是2008年，如今，又过了将近四年，金庸小说的销量又要增加很多。

东南亚是海外华人最集中的地方，"金庸迷"自然遍地都是。泰国《星暹日报》文艺版主编洪林说，以前华人看金庸，主要是通过当地华文报纸的连载。从上世纪60年代起，几乎每一家华文报纸都要连载金庸小说，否则销量上不去。

由于英国和香港的历史渊源，金庸是英国人的老熟人。上网搜索，会找到金庸详细的英文简历，以及金庸武侠影视介绍。记者还发现了一个网上金庸书屋，里面清楚地列着金庸的书单，《射雕英雄传》、《书剑恩仇录》、《天龙八部》等主要作品一应俱全，点击进入后就可以直接阅读。

在法国，金庸的读者包括《第二次鸦片战争：洗劫圆明园》的作者、历史学家布里泽，汉语总督学白乐桑等。很多法国民众还在网上讨论金庸。有个叫埃里克的网友写道："最近读了一本书叫《射雕英雄传》，是本中国的功夫小说。功夫小说是中国人喜爱的文学，它把人物放在中国历史背景里展开，可读性很强。"另一名法国网友马上反驳："功夫小说不是把人物放到历史背景里，而是放到一个叫'江湖'的虚幻世界里。在中国，'江湖'意味着一个虚构复杂的社会，那里充满了纷争和叛逆。而'功夫'集中了一切智慧与能量，体现着荣誉与正义……"其熟悉程度可见一斑。

加拿大和美国的中文书店都把金庸的《射雕英雄传》、《雪山飞狐》、《天龙八部》、《神雕侠侣》等作品作为"当家"图书陈列于橱窗里和书架上。加拿大渥太华的中文图书馆里，2/3都是金庸小说。

在阿根廷首都布宜诺斯艾利斯的唐人街上，有两家专门出租中国书籍的小书屋。书籍主要以武侠类和言情类为主，租金庸小说的人最多。还有几家华人音像店，其中根据金庸武侠小说拍的电视剧最有生命力，一些很多年前拍的老片如《射雕英雄传》等，还经常有人来租。

在澳大利亚的国立图书馆、州立图书馆和各大学图书馆，收藏了几十部金庸小说及相关书评、金庸作品研讨会的论文集、根据金庸作品改编的影视剧光碟等。澳大利亚国立图书馆自上世纪 90 年代后，因为经费的关系，购买汉语图书有所减少。不过，金庸的书每次都作为"保留书目"第一批引进。

在南非华人最为集中的约翰内斯堡市唐人街，大小书店和音像店里都能发现金庸的作品。南非的"金庸迷"大有人在。在利比里亚、刚果、赞比亚等其他非洲国家，中国的武侠文化也深受欢迎。很多懂英语的人都读过金庸小说，有的特别痴迷，甚至给自己的孩子取名"金庸"。[①]

作家富豪

"作家富豪榜"是湖北红安人吴怀尧于 2006 年创办的，其目的是通过对图书市场的深入调查，每年年底发布全中国最有钱的 25 位作家排名，宗旨是展现作家群体生存状况。

2010 年 11 月 15 日，金庸以 350 万元的版税收入，荣登"2010 第五届中国作家富豪榜"第 12 位；2011 年 11 月 21 日，金庸 220 万的版税收入，位列"2011 第六届中国作家富豪榜"第 19 名。

从最近两期的作家富豪榜来看，上榜的富豪作家呈现这样的现象：

一是为儿童和 90 后的青年人写作的作家相对富裕，如儿童文学作家杨红樱和郭敬明；写盗墓等"通俗"题材的作家易富，代表人物是南派三叔；已经成为名人的人，如果再写书，这样的人离富豪相对较近，如白岩松。

作家富豪榜排序的标准是该作家当年在中国内地的图书版税收入，对于绝大多数作家而言，这个数据是相对客观的，但对于有些作家并不准确。比如韩寒，他除了图书的版税收入之外，还有作为赛车手的收入和广告代言收

[①] 引自《金庸近况：身体状况很好 颐养天年》，人民网—《环球人物》，2011 年 10 月 17 日。

入。对于金庸来说更不准确，因为金庸图书在大陆的收入仅仅是他全部收入的一部分，甚至是较小的一部分。如果单讲图书的版税收入，金庸的小说对于全球华人来说，都是畅销书，因此，其小说在港、澳台和国外其他国家的收入就无法算在其中。除了中文繁体、简体版之外，金庸小说还有英文版、法文版、越南文版等多种外文版本。在众多外文版本中，自1996年由日本德间出版社出版《书剑恩仇录》之后，一发而不可收，其后陆续出版了金庸小说的日文版全集，时至今日，已再版多次。

除图书版税之外，金庸作品改编成的影视剧、网络游戏及其衍生产品的版税（国内国外均有）收入就更不在计算之列。

对于两登中国作家富豪榜之事，未见金庸谈什么体会，想必他也未必知道，即便知道，也未必在意。毕竟，它所反映的"事实"并不全面客观。

很多人还应该记得，1991年，香港《资本》杂志评出"90年代香港华人亿万富豪榜"，查良镛以12亿资产列第64位。如今，20年已经过去，金庸的身价外人难以估计。正因如此，人们只能以"最富的作家"来称呼金庸了。曾经沧海，如果金庸对此非常淡定，不置一词，也毫不奇怪。

口水横飞的 2009

2009年6月18日，中国作家协会在官网上挂出了《中国作家协会2009年度会员发展公示》，409名待定会员中，金庸赫然在列，其时，金庸已然85岁高龄。一时间，金庸即将加入作协的事情不胫而走，并引起热议。

有人说，金庸大侠已经名满天下，他已经不需要"中国作协"这个招牌或者身价认证，不该蹚作协这注浑水；也有人认为，金庸此举，和他与央视的 1 元钱版税一样，不过是一种炒作、一种商业手段而已。

"金庸聪明一辈子，怎么到老了却糊涂了？"昨天（2009 年 6 月 22 日），网络作家慕容雪村接受记者采访时说得很直接，"金庸需要身份认可吗？他能在这里得到什么？简直是往自己身上泼污水。我自己是绝不会加入中国作协，咱丢不起这个人。前阵子还有作协会员抄袭我的小说，里面的人真是良莠不齐。"①

但也有金迷认为，金庸加入作协，是他的选择，也是他的权利，为什么别人有这样的权利，金庸就不能有？难道因为他名气太大？

笔者对此也有同感，因此便觉得慕容雪村的话有些偏激：对于作协，人人都有评判的权利，都有加入或排斥的权利，金庸也是如此。金庸从少年时就撰文写书，直至名满天下，虽然年纪大了，但想加入作家的组织，也无可厚非。这与茅盾临去世前要求恢复自己的党籍心态是一致的，我们不能说一个人的生命都快结束了，还入党干什么？因为这是他们的追求，也是他们的权利。

甚至，人们对金庸入作协之事进行了辩论，正方的观点是：

"我们对建立武侠世界的金庸应该怀有谢意。现在这个老人，进入作协后，能够领取一份工资补贴，对他个人而言，总也是一件好事情吧？"

——张恒（凤凰网评论员）

反方观点是：

"无可否认，属于金庸的时代已一去不返。戏唱完了却赖在舞台中央不肯谢幕，只会徒惹观众反感。若说此前金庸改编自己的小说以及金庸作品入教材，还有评论价值的话，那现在这个封笔多年的耄耋老人入作协，则只具

---

① 引自《15 岁出第一本书 85 岁加入作协 老顽童金庸闯新江湖》，浙江在线 2009 年 6 月 23 日。

话题作用和炒作效应。"

——李晓亮（媒体从业者）[1]

当然，也有骑墙观点：

"金庸何以在85岁高龄加入中国作协呢？在笔者看来，这是双方相互取悦、相互娱乐的行为。对中国作协来说，金庸的加入，自然有了提升吸引力的筹码，更何况，中国人向有锦上添花的习惯，中国作协恐怕是深谙此道的。对金庸来说，无论主动还是被动，无论是否需要，能加入作协，并且通过相关的程序当上作协名誉副主席，想必也不是什么坏事，如此一来，有人投桃，自然也就有人报李了。"[2]

2010年4月25日，作家、童话大王郑渊洁发出博文，依据《中国作家协会章程》第20条，宣布退出中国作协。郑渊洁在文章中称，中国作协全国委员会难以促进中国文学的繁荣发展。如同拥有郑渊洁退出中国作协的权利一样，任何人，包括金庸，也有加入中国作协的权利。

对于金庸加入中国作协之事，浙大人文学院中文系主任吴秀明这样评价："我觉得主要是这位玩文字的老人的个性使然。"想想，也是，从浙大博导资格事件，到去剑桥读书，金庸总能挑动舆论的兴奋神经，这是金庸的个性使然，他总是有这样那样的梦想，他和所有人一样，一直拥有梦想的权利。正因如此，当步非烟发出"超越金庸"的战书、希望他能把文坛宗师的位子让给后辈时，金庸就劝其改名："步非烟这个名字取得不好，建议她把名字改掉。在唐朝，有个歌妓叫步非烟；在我的《笑傲江湖》中，有个曲非烟，她的人生不快活，只活了十几岁。不过，有才气与改名字没有关系。"后辈目无尊长、向前辈发起挑战的时候，为什么前辈非得保持风度，微笑着忍受后辈的挑衅？

---

[1] 引自《金庸加入作协，不必大惊小怪》，金羊网－新快报2009年06月22日。
[2] 引自朱四倍《金庸加入中国作协或是"互娱"》。

为什么年轻人可以有这样那样的追求，像金庸这样的老者就不能有？为什么寂寂无名者可以努力追求功名，已经有了名气的却被自己的名气剥夺了追求新事物的权力？

还是嘉兴市作协主席、编剧李森祥具有"理解万岁"的味道："金庸这样的大家，还需要向中国作协找组织的温暖吗？哈哈，我看他就像《射雕英雄传》里的老顽童一样，希望自己变得可爱起来。"[1] 不愧是家乡人，到底更能理解家乡人。

此时，金庸正在剑桥攻读博士学位，未见他对国内论争的回应。9月，金庸加入作协之事尘埃落定，他还被聘为作协名誉副主席。

也有人指责作协，批准金庸这样名气如雷贯耳的人加入，是想乘机炒作一把。对此，笔者也想化用慕容雪村的话来反问一下："中国作协需要炒作吗？"一如四年前英国剑桥大学授予金庸荣誉文学博士名衔，剑桥还需要以此炒作吗？我想，剑桥此举是为了表达对一位在文学上做出贡献的老人的敬意和肯定。牛津能授荣誉院士，剑桥能授荣誉博士，中国作协为什么不能聘为名誉副主席？即便是中国作协想让金庸加入，以引起人们的关注，以提高在人们心里的地位，以净化在公众心里的形象，也是可以理解的。首先，金庸有这样的价值和号召力；其次，从作协的角度来讲，似乎并无什么肮脏的、不可告人的目的。毕竟，文学在国人心里已经退居到尴尬的角落里了，即便是炒作一把，以重新唤起人们的注意，也是可以理解的。只是，笔者认为，不论批准谁加入，作协如果能够做到合乎吸纳新会员的章程，不致让人觉得太过"破格"甚至"暗箱操作"，这样最好。

---

[1] 引自《15岁出第一本书 85岁加入作协 老顽童金庸闯新江湖》，浙江在线 2009 年 6 月 23 日。

教科书，谁的后花园

2001年7月上旬，大小媒体纷纷转载金庸《射雕英雄传》第三十九回《是非善恶》的节选即将成为初中课文的新闻。新闻称，支持者认为，金庸作品拥有大批读者，成为课文后，可激发学生阅读兴趣，改变语文课文老是"板着面孔"的尴尬局面；反对者则认为武侠小说不过是一种娱乐性的文学形式，思想境界不高，尤其是打打杀杀的情节，恐怕会对学生有误导。新闻还称，有关部门权衡了双方意见之后，还是决定将《射雕英雄传》编入初中语文课本。新闻后面还挂出《射雕英雄传》节选部分《郭靖的烦恼》及该"课文"的习题，以征求民众意见。有板有眼，不由人不信。该新闻一出，不仅在教育界引起轩然大波，还在全社会激起了"千层浪"。

"中国教育部决定把金庸作品《射雕英雄传》第三十九回"郭靖的烦恼"一节，列入中学教材。那是查博士的光荣；亦是武侠小说的丰碑。"[1]

"金学家"陈墨认为，金庸小说是"现代汉语口语化的一种优秀成果"，完全有资格成为课文。

然而，反对的声音更大。

南京大学中文系的王彬彬[2]表示："无论从何种意义上说，金庸小说都不应成为教育孩子的范本……这是件极其荒谬、可悲的事！"

---

[1] 引自宫千羽《〈鹤惊昆仑〉与王度庐》，《文汇报》2001年8月13日。
[2] 王彬彬，1962年11月生，安徽望江县人。著名文学评论家、文学史家。著有《在功利与唯美之间》、《鲁迅晚年情怀》、《为批评正名》等。

……江湖义气不但与现行的法治精神相对立,而且武侠中的帮派意识更是对青少年的身心有害无益。如今将与法治精神背道而驰的武侠戏、江湖情纳入课堂教学,成为教育学生的范本,无疑会对学生原本浓厚的江湖兴趣起火上浇油推波助澜的作用。可以想象,我们的孩子将来在课堂上麻醉并快乐着,而法治意识将会离他们越来越远。那将成为教育的真正大悲哀。①

有的反对的态度虽然明确,但口气较为柔和:"金庸笔下的英雄人物,大多是只讲所谓的江湖义气,欺压人民的又一方面军而已,说严重点,小说是在推荐虚无主义、无政府主义、无国籍主义,这是作者自己生活的体验,我认为无需指责,但要在我国推而广之,则不妥。"②

也有的较为理性。

《新闻导报》记者王锋的报道中说:"金庸小说是否应该进入初中语文教材或者指导阅读内容,并不是简单的一个教材删减增加的问题,它背后所折射的问题是耐人寻味、发人深思的。"③

然而,教育部和人民教育出版社有关人员的回答则非常干脆:"教育部有关部门至今没有考虑过要把金庸作品选入初中的语文教材中去的意向。""没有这回事,我们已辟谣。""绝无此事。"

以下是既成事实:

金庸的《天龙八部》第四十一回《燕云十八飞骑,奔腾如虎风烟举》节选被选入全日制普通高级中学《语文读本》(必修)第四册中,排在第六课,与王度庐的《卧虎藏龙》节选并合为《神奇武侠》单元。该读本于2004年11月出版,现正在使用。

---

① 引自单士兵《应该对金庸作品选入中学教材说"不"》,《中国青年报》2001年7月25日。
② 引自署名"网友"的《〈射雕英雄传〉的影响是好是坏》,人民网2001年8月13日。
③ 引自王锋《当"金庸"被背进书包》,《华商报》2001年8月2日。

接着，北京版高中《语文（必修1）》又将金庸《雪山飞狐》（节选）纳入泛读备选篇目。

有关专家解释说，课文选择的一个重要指导原则就是为了提高学生的语文素养，是让学生了解"讲故事"有多种讲法，为了开拓学生的文学视野。

金庸等人的武侠小说进入学生的课本之后，并未像有关人士担心的那样，出什么大乱子，相反，还让孩子们渐渐改变了对语文课本的看法，不仅他们学起来更有兴趣了，语文教师在教学过程中也觉得语文课比以前好教了。这或许正应了南京师范大学文学院院长何永康的话。他认为，现代传媒如此发达，中学生完全可以通过其他途径读到武侠小说，采取视而不见的态度，倒不如收入一两篇有代表性的作品，对他们进行正确引导，教育部改革教材的这一举措值得肯定，教育界人士的一些担忧是没有必要的。

金庸得知自己的小说被选入中学读本之后，非常高兴，但同时又觉得选《天龙八部》不如选《射雕英雄传》。

金庸先生表示，3月1日，他在办公室得知《天龙八部》第四十一回被选入中学读本，感到非常高兴，但是他说天龙八部讲的是人生的痛苦与悲哀，担心中学生看不懂。金庸说年轻人应该看看他的小说，现在的年轻人总是向钱看，总是追求物质，没有崇高的理想，社会上缺乏一种侠义精神，而他的小说正是让人们行侠仗义，且不鼓励人们随意打架或者杀人。[1]

---

[1] 引自张剑锋、王殿学、刘炜《〈天龙八部〉入高中语文读本 金庸担心学生看不懂》，《新京报》2005年3月3日。

云、松、书，舍了

"云松书舍"曾是金庸的一个梦，当这个梦成真的时候，他却改变了主意。

1994年4月，金庸应万学远（时任浙江省省长）之邀回故乡访问，正值他为嘉兴高等专科学校捐资300万元修建的"金庸图书馆"落成，他兴奋地泼墨挥毫："感我桑梓，赐以嘉名，愿尽菲薄，助振斯文。"

对金庸而言，故乡的一草一木都是无比亲切的。这次回乡，更激起他对当年在《东南日报》工作的往昔的回忆，使他对故乡产生了无比留恋之情，他不仅欣然接受了杭州大学"名誉教授"聘书，还不禁产生了欲在西湖畔终老的愿望。于是，浙江省政府、杭州市政府破例在西湖洪春桥畔划出五六亩地，建造一座园林式的小舍，取名为"云松书舍"，作为金庸"藏书、写作和文人雅集之用"。金庸表示，自己去世后，这所房子连同房中的书籍全部捐给政府。

1994年10月，由金庸出资1400余万元的"云松书舍"奠基。建筑"由杭州的园林管理局负责，建成后又由香港的装修公司做内部修饰"（潘耀明语）。然而，1996年6月，"书舍"竣工后，金庸却觉得规模太大，太奢华了，便不愿入住。他表示，这么好的房子他住到里面会不舒服，因为老百姓首先会不舒服。于是，他决定不等自己去世，而是提前将它捐给杭州市政府。

1996年11月4日，"云松书舍"落成和捐赠仪式同时举行。"云松书舍""方圆3.2万多英尺，建筑面积1万多平方英尺"（潘耀明语），是一所园林式别墅，极为豪华古雅。

1998年，金庸在杭州九溪玫瑰园买下了一幢别墅，别墅掩隐于浓郁的绿阴里，周围山清水秀，春夏时节，鸟语花香，窗外的远处便是钱塘江，只是看不到西湖，算是个遗憾。"云松书舍"未使他西湖终老之梦成真，新居离西湖也不算远，并且能让他回溯于少年时与父母亲人同观钱塘潮的喜悦里，算是无心插柳吧。

2002年5月21日，捐献"云松书舍"之后，金庸首次以客人身份下榻这里，他以别样的心情题词——

灵隐九里西湖路，云松伴青桑，藏剑影，隐刀光，入门闻书香。

为云松书舍书　金庸
壬午年

金庸并不拒绝纷扰的人世间，但内心的最深处，终究对幽静的环境、闲散的生活方式充满向往，关于这一点，潘耀明写道："就我所知，金庸于香港以外的读书处除杭州的云松书舍，他在牛津、东京、新加坡和澳大利亚，均有自己的寓所，并各有藏书。也许他大可以仿效当年林语堂先生所推崇古希腊的逍遥学与文友'交游接触，朝夕谈笑，起坐之间'……这种工牟造化、师法自然的游学方式，与金庸退休之后所追求的第三个理想也是相符的。"[①]

金庸一直有这样的理想："……第三个理想是，衰老时不必再工作，能有适当的物质条件，健康、平静愉快的心情和余暇来安度晚年，逍遥自在。"[②]而西湖风景秀美，令人心颤：灵隐寺寻觅禅踪，六和塔聆听涛语；心神与万道霞光一同围拢岳墓，和湖滨晴雨共度神奇时光；万松书院，书香沁人心脾，杨公堤上，德行与大路并存；三台云水凝于谦气节，梅坞春早，龙井茶氤氲入梦；钱王祠穿透历史风烟，北山街攒集古今秀色。西湖又毗邻金庸的家乡海宁，年青时他又在这里"工作和战斗"过，这里维系着他太多的记忆。因此，

[①] 引自彦火（潘耀明）《金庸与云松书舍》，《人民文学》1999年第5期。
[②] 引自金庸《第三个和第四个理想》。

他才产生建造"云松书舍"之念。

鄢烈山曾对金庸建造该"豪宅"质疑:"中国的侠义传统原本是崇尚天马行空、独来独往,既不投靠豪门,也不结交官府……金庸标榜淡泊,以佛教徒自居……假如他真的接受了西湖边的法外施惠,怕应羞见富春江上垂钓地严子陵和西湖孤山梅妻鹤子的林逋先生?"[①]然而,金庸却慷慨地将云松书舍捐了,此举虽然有无奈的成分,因为他怕人骂。尽管也有人质疑金庸捐书舍的动机,但相信骂声会稀少很多。不论金庸为何捐出"云松书舍",此举在潘耀明看来,"颇有大侠恢宏的气度"。

"金学"新释义

金学,是当代"辞赋训诂考证学"的简称,因其学科创立者是金学孟先生,故以"金"名之;金学,也是"金石学"的简称,金石学始于西汉,成于北宋,至清代正式有"金石之学"之名;金学,也指研究我国古典文学名著《金瓶梅》之学,历代研究《金瓶梅》者,不乏其人,论著亦层出不穷。

然而,本节所说的"金学"却另有他义,是指研究金庸及其小说之学。

对金庸及其小说的研究,从学者到普通金迷,从朋友到陌生的粉丝,从年逾古稀的老者到血气方刚的年轻人,都不乏其人,且写出了大量的研究文章,出版了大量的著作。这些文章或著作有针对金庸本人的,有针对金庸创作方法的,也有剖析金庸笔下人物的,凡此种种,不一而足。

首先是金庸传记。

[①] 转引自艾涛《金庸新传》,山东友谊出版社2002年1月版。

关于金庸的第一本传记是《金庸传》，作者冷夏，1995年由远景出版事业公司出版。该书对金庸及其作品有这样的定位："凡有华人的地方，就有金庸的武侠小说。"

还有艾涛的《金庸新传》（山东友谊出版社2002年1月版）、傅国涌的《金庸传》（北京十月文艺出版社2003年7月版）等。

金庸研究著作有数十本之多。

内地首推《金庸小说论稿》，作者为严家炎，北京大学出版社2007年12月出版，是第一部从学理上研究金庸小说的专著，对金庸研究的合法化起到了重要作用。

2009年1月，重庆大学出版社出版了《诸子百家看金庸Ⅰ：金庸茶馆》和《诸子百家看金庸Ⅱ》，前者由三毛、冯其庸等著，后者由柏杨、林清玄等著，书中文体不限，论文、奇论、随想、考证，兼容并包，充分呈现了金庸小说在华语世界的影响力。

同时，重庆大学出版社还出版了金庸老友倪匡的《我看金庸小说》、《再看金庸小说》、《三看金庸小说》、《四看金庸小说》、《五看金庸小说》，用风趣而睿智的笔调，信手拈来、娓娓讲述了金庸武侠小说的创作特点，对金庸作品一一点评，排位论次；按人格的高低优劣，对金庸小说中的主要人物评定等级。

陈墨的《金庸小说研究系列》（百花洲文艺出版社）、等。

还有更多人对金庸及其小说的外围进行研究，且不论质量如何，均颇有趣味。

如潘国森《修理金庸：大师不应错的小学问》（次文化有限公司，2010年7月版），作者自称"金学研究二十世纪天下第二"、"二十世纪指出金庸小说错误天下第一"，旨在为金庸小说找错。

李鈖《金庸笔下的终极武器：穿越时空带你解读金庸巨作中的情感主题》（华文出版社，2011年5月版），作者是借金庸武侠酒杯，浇爱情块垒。

林保淳《解构金庸》(中国致公出版社,2008年7月版),从不同的角度,以不同的方法,综合、系统地对金庸作品中创造的人物形象和事件做了深入的解析和构筑,就金庸创作的若干方面如艺术想象的特点、对中国传统小说形式和语言的传承和创新等作了深刻的分析。

戈革《挑灯看剑话金庸》(中华书局,2008年1月版),以极具感情的笔触评析了金庸武侠小说的写作特点、情节模式、故事来源等问题。

朴素《网看金庸》(河南大象出版社,2007年1月版),精选和金庸有关的高质量、富特色的网文,力求比较客观地反映当前网络金庸之全貌。

张彻、董千里《金庸百家谈》(春风文艺出版社,1987年版)。

吴霭仪《金庸小说的男子》(台湾远流出版事业股份有限公司,1998年版)、《金庸小说看人生》(台湾远流出版事业股份有限公司,1998年版)、《金庸小说的女子》(台湾远流出版事业股份有限公司,1998年版)、《金庸小说的情》(香港明窗出版社,1997年版)。

陈志明《金庸笔下的文史典故》(上、下)(东方出版社,2007年8月版)、《金庸笔下的文史典故(续编)》(上、下)(东方出版社,2008年5月版),以独特的视角,几乎将金庸小说里蕴藏的文史典故一网打尽。

甚至有《金庸爱情36计》(湖北人民出版社,2011年5月版),以金庸武侠小说中耳熟能详的爱情婚恋故事为切入点,以作者独特的观点揭示人性及婚恋心理,并以三十六计为线索,进行深入的剖析,作者是紫衣飘飘。

对金庸进行研究的文章或图书太多,在此不一一列举。

网络对金庸及其作品的研究起步虽晚,但也颇为热闹。

自1993年起[1],"网络金学研究"已有近19年的历史。目前实力最强、声名最著的金庸网站,当属"金庸茶馆"(台湾)和"金庸江湖"(大陆)。"金庸茶馆"开通于1996年8月,系金庸小说台湾版权拥有者远流出版社旗下网站，其会员多为台湾的金迷。

"金庸江湖"创办于 2004 年 4 月，开通之前，金庸还为该网站亲笔题写了站名，是中国大陆唯一一家专门研究金庸小说版本的网站，也是金庸先生唯一授权的无线官方网站，其前身为 WAP 无线官方网站"金庸的江湖"，2006 年元月更名为"金庸江湖"。

另外，还有"金庸茶馆"，这可是一家真正的茶馆，是全国唯一由金庸亲自授权过的茶馆，始建于 2008 年 1 月 5 日，由上海文汇新民联合报业集团发起并组织"金庸书友会"而开办的一家茶馆，是一个以茶会金迷的极好的社交场所。

以下是名人对金庸的评价，首先是赞誉的：

"《天龙八部》是千百个掀天巨浪，而读者就浮在汪洋大海的一叶扁舟上。一个巨浪打过来，可以令读者沉下数十百丈，再一个巨浪掀起，又可以将读者抬高数十百丈。在看《天龙八部》的时候，全然身不由主，随着书中的人物、情节而起伏。"（倪匡语）

"不读金庸就等于不懂一半中国文学。"（孔庆东语）

也有批评的：

"我固执地认为，武侠先天就是一种头足倒置的怪物，无论什么文学天才用生花妙笔把一个用头走路的英雄或圣人写的活灵活现，我都根本无法接受。"（鄢烈山语）

"武侠小说的文体及其创作机制决定了它变不出新质……如果比喻得再通俗易晓些，也略为刻薄些，则就是，三陪女、发廊女、洗脚女，诚然是新花样，但和旧式的北京八大胡同的"姑娘"，上海会乐里的"先生"一样，其提供特种服务的实质则同。"（何满子语）

……

不论赞誉或者批评,即便是论战的双方也因为金学有了某种联系。

金学,它成就了很多人,成就了很多事,成就了很多书,成就了很多佳话,它正将越来越多的人联系在一起,形成一个新的江湖。

第七章
商海浮沉侠客行 《明报》长明耀香江

金庸是百年难遇的"高人",其为人处事的哲学也已臻"化境":他创《明报》,历坎坷,百折不回,终铸辉煌,缔造神话。巅峰之时,他激流勇退,转让《明报》,但仍让《明报》辉耀香江。其间,他收获了如日中天的名望,也书写了人生的绚丽多彩。

撰写社评

不可否认，先有了金庸，才有了《明报》，金庸给《明报》以生命；有了《明报》，金庸才有了施展才华的平台，也才有了后来的令名，《明报》又成就了金庸。

有一个事实难以抹煞：自 1959 年 5 月创刊，《明报》之所以能够迅速站稳脚跟，得益于金庸的社评。不论是对自己亲笔撰写的社评，还是对别人执笔的社评，金庸的要求是统一的：第一要务是要能提出精辟的见解，如果不能做到这一点，就必须要能为公众提供新鲜的知识和信息，金庸主张，社评需要补充一些报上没有登过的资料，以增加读者的知识储备和阅读兴趣。

"（社评）不单是将当天已登出来的新闻解释一下，发挥一下，还得提供些其他资料，要比读者们自己所能分析的，看得更加深远些。有时可以提提十年八年以前的旧事，也不妨推测将来……"[1]

金庸特别重视社评的预见性，并且其社评屡屡"预知未来"——

1962 年 1 月社评题"一九六二年的预言"，预言 1962 年会有什么大事发生。1963 年社评作出七项预言，年底统计，中了六条……[2]

写社评时的金庸像个"预言家"，其敏锐的眼光和精准的判断令人咋舌。

---

[1] 引自 1958 年 10 月 5 日《新晚报》，这是《新晚报》创刊八周年时金庸所写的纪念文章，其中谈到对社评的要求。

[2] 引自张圭阳《金庸与〈明报〉》，湖北人民出版社 2007 年 9 月版。

金庸评论的对象可以概括为六大类：国际热点、苏联共产主义、华侨、香港、台湾、内地。

他对国际时事的预测、判断常常准确。比如，1959年10月上旬，《明报》发表社评《保守党获胜》，预测英国大选，结果，保守党果然获胜。于是，10日的《明报》便又推出一篇社评《本报预测，又获证实》。

1967年12月22日，金庸发表《明年二月，越南大打》的社评，预测越战将会在小停之后再次发起，结果不幸被金庸言中。3月17日，金庸再撰《越战是否用核弹？》，预测美国不会使用核弹，因为美国加入越南战争是打着保卫越南人民的和平民主的旗号，如果使用了核弹，难免会使大批越南的无辜平民受到伤害。果然，3月31日后，美国总统林登·约翰逊发表演讲，终止滚雷行动，表示美国国防军将逐步撤出越南，并宣布放弃竞选下任总统。金庸的部分预测又得到了证实。

金庸自己曾经解释他对时局时事准确预测的原因："《资治通鉴》令我了解中国的历史规律，差不多所有中国人也按这个规律的。"这可以算是金庸预测时事的理论依据，但也可以说成是他顾左右而言他。"我作的许多大胆推断，后来事实大都应验了，并没有重大失误。这不是我眼光好，只是运气不错。"这就有一种试图"瞒天过海"的谦虚了。或许金庸老友董桥说出了根源："利己之心的确是人类秉赋之自然也。查先生当年在《明报》天天写社评议论世局国事，有口皆碑，不少人想知道他判断政情为什么都那么准。查先生私底下总爱说，人是自私的，推测个人或政府的用心和行动，必须推己及人，先从其自私的角度衡量其得失，然后判断其下一步之举措，一定不会离题太远。"[1]

金庸的社评当然会比较多地触及中国内地的形势。

---

[1] 引自董桥《孔夫子视富贵如浮云？》。

1969年底，金庸在社评中预测整个70年代的国际局势，他写道："七十年代将是一个和平的年代，战争将比历史上任何一个十年都少……香港也将是和平而安定的，繁荣和兴旺的高潮，将一个接一个地到来。惟一可虑者，是大陆将出现一段时期的大混乱，而这种大混乱，当然也会影响到香港……"[1]

其实，金庸对于"大陆将出现一段时期的大混乱"的预测，其实已经不再是预测，因为中国内地的"文化大革命"已然开始三年。

由于金庸对社评非常重视，他的社评往往写得很慢。一篇社评，他往往用四五个小时的时间来准备，准备的内容包括浏览各种报章杂志——中文英文照单全收、外国新闻杂志、政治经济方面的书籍、与该篇社评相关的资料，还要与相关人士交谈。写之前很难，但写的过程却很快，像水流冲破了障碍一般，一泻千里；一旦写成，但极少修改，甚至一字不易。因此，他的社评才真正为知识分子所欢迎。有时候，到了该发排的时候，金庸的社评还未成形，只能由一个人前来金庸办公室催稿。这个人是字房副领班翁荣芝，只有他才有胆量敲老板的门。一边敲一边大喊："你的'粉肠'搞掂未？"[2] 听到翁荣芝的催促后，金庸便像被上足了发条一样，文思泉涌，一气呵成。

金庸社评椽笔之健，得益于他敏锐的嗅觉，更得益于他自小便养成的责任感。当然，自《明报》创办，金庸社评亦如其武侠小说一样，浸透着商业目的，这也是不争的事实。

---

[1] 引自1969年12月17日《明报》。

[2] 那时的稿件送到排字房后，先被剪成一小段一小段，好似剪粉肠，所以相关人员便把稿件叫做"粉肠"。

辱骂和恐吓，都是战斗

香港六七暴动期间，由于金庸和《明报》站在港英政府一边，主张坚决予以镇压，还香港以安定，这激起了左派报纸的仇视。1967年，中国内地的文化大革命已进入高潮，5月15日，中国外交部（此时已被造反派夺权）强烈谴责香港政府对参与暴动的无辜者进行镇压的行为。港英政府也申明，其镇压是为了全体民众的利益，是为了维护法律的公正。于是，暴动者纷纷到港英政府门前示威，暴动的规模和声势空前。他们效仿内地造反派的样子，将港督府墙壁上贴满了标语、大字报。在舆论界，左派报纸也不甘落后，也为暴动起了推波助澜的作用。暴动引来了更残暴的镇压，双方矛盾更加激烈。左派成立了"斗委会"（全称"为香港各界同胞反英抗暴斗争委员会"），与港英政府对抗。为此，自5月18日起，金庸在《明报》发表了一系列的社评——《英国的香港政策》、《香港居民在恳求》、《十二天来的噩梦》等，呼吁尽快结束暴动，珍惜和平。

于是，左派便将《明报》视为寇雠，将金庸视为汉奸、走狗、卖国贼，并以"豺狼镛"[①]呼之，将金庸列为"十大汉奸"之首，并将其大幅照片在香港一家国货公司的橱窗里展出。

澳门甚至禁止《明报》和《明报月刊》销售。但金庸毫不畏惧，以笔作枪，奋起反抗，明确表达自己坚定不移的立场。

金庸的强硬激起了左派更大的愤怒。1967年6月23日，《明报》第四

---

① 在港人的方言里，"豺狼镛"与"查良镛"的读音极为接近。

版香港新闻版第四栏的左下角，出现了一则《敬告同业，行动起来》的启事，公开指责《明报》支持港督府的立场，呼吁《明报》工人起来反对政府，反对金庸，因为他"赚了大量金钱，到瑞士去做寓公"[①]。启事的署名是："《明报》机房工人斗委会"。该启示义正辞严，颇有鼓动性，被《新晚报》立即转载，以此攻击《明报》。

启示登载的这一天，《明报》的机房工作人员罢工，报纸印刷几乎瘫痪，幸亏金庸向《香港时报》借印刷人员，在减少版面的前提下，才勉强逃过中断发行之灾。

6月24、25日两天里，《明报》发表《敬告读者》和《再告读者》两篇社评，向读者解释真相，并组织人员和普通作者利用"自由谈"这个阵地对左派进行反击，又将《新晚报》当初的口号"我们的报纸"拿来，以标明《明报》无论何时何地始终与读者站在一起，重表"我们的报纸"的决心，渐渐扭转了不利局面，并将发行量由之前的每天8万份增加到10万。

1967年8月24日，香港商业电台播音员林彬，由于在其主持的节目"欲罢不能"、"大丈夫日记"里抨击左派分子，被人往其汽车里掷汽油弹烧死。林彬被杀，全港震惊，《明报》当然不能坐视，金庸接连发表了《烧不灭正义的声音》、《敬悼林彬先生》等社评，哀悼林彬，痛斥左派。随即，金庸被列入6人暗杀的"黑名单"，还被人邮寄炸弹恐吓。后来，金庸回忆道："我家曾经收到过一个邮包炸弹，王世瑜发现邮包可疑，于是报警，警方就在我跑马地家门口引爆了那个炸弹。"[②]

为了避免像林彬一样被极左派暗杀，不得已，金庸携家人去新加坡避难。报社的一切业务皆交由沈宝新打理，由总编辑、被誉为"报坛怪杰"的梁小

[①] 金庸确实如该则启事所述，到过瑞士，不过不是去"做寓公"，而是出席国际报业会年会。他在瑞士一周，会议结束后即返回香港。

[②] 引自张圭阳《金庸与报业》，湖北人民出版社2007年版。

中负责编务,梁小中和胡菊人[①]负责社评。后来,金庸回忆说:"顺便到新加坡去巡视业务,那边有张《新明日报》。"[②]

在新加坡期间,金庸无时无刻不在关心香港的《明报》和诸位同仁,几乎每天晚上都打越洋电话,询问局势的进展、暴动的发展和工人的安全。这期间,左派分子几百人曾到《明报》大厦进行破坏,试图烧掉《明报》大楼,幸亏工人们有所防备,事先将《明报》编辑部的标志撤下,装上铁闸门,将铅字铸为液态,以之做防备的武器等。所幸,破坏者先是未快速找到编辑部地址,后被及时起到的警察干预,《明报》才得以幸存。这些情况,让远在新加坡的金庸难以释怀。日后,他在与池田大作的对话中说:"我当然有些担心,但我写武侠小说的主角都是大丈夫,到了这个关头一定要坚持到底,没有退缩余地。要么就只有谨慎行动,非必要也不会外出。"[③]这里的"外出"指的便是远避狮城。他还说:"中国和日本历史上都有不少宁愿牺牲自己性命也决不放弃原则的仁人志士,我每逢读到他们的文章,总是悠然神往,不胜敬仰。"[④]

此时,金庸预测能力强的"天分"又得到了展现,在新加坡的他始终坚信,这种局面是暂时的,因为中国政府不会任由它持续下去,因为"香港只有保持现状,才对中国有用,既然有用,就长期而充分地利用之。"[⑤]

果然,金庸的预言又得到了证实。北京火烧英国驻华代办处之事发生后,

[①] 胡菊人,1933年10月12日出生于广东顺德,原名胡秉文。70年代任《明报月刊》主编,成为香港最著名的专栏作家和文学评论家之一,以后一度就任《中报》总编辑。1981年和陆铿合作创刊《百姓》半月刊,并任主编。著有《旅游闲集》、《坐井集》、《小说技巧》等。
[②] 引自张圭阳《金庸与报业》,湖北人民出版社2007年版。
[③] 引自金庸、池田大作《探求一个灿烂的世纪——金庸、池田大作对话录》,北京大学出版社1999年版。
[④] 引自金庸、池田大作《探求一个灿烂的世纪——金庸、池田大作对话录》,北京大学出版社1999年版。
[⑤] 引自金庸、池田大作《探求一个灿烂的世纪——金庸、池田大作对话录》,北京大学出版社1999年版。

在时任国务院总理的周恩来的干预下,事情得以妥善解决:肇事者受到了严厉批评,英国驻华代办处被毁坏的房屋得以重建,设备得以重新添置。事情总算告一段落,事情传到香港,参与暴动的左派便收敛了气焰,风暴渐渐平息,香港局势渐渐变得缓和。但回到香港之后的金庸,由于左派对他的人身威胁尚未解除,他仍处于危险之中,只能处在香港警方的保护之下,直到1979年的到来。

1978年,十一届12月18—22日,三中全会召开,宣布文化大革命结束,廖承志任国务院侨办主任、党组书记,港办主任。复出不久,廖承志便明令香港左派人士及媒体以大局为重,不要再将《明报》作为攻击对象。自此,金庸才算真正到了"安全地带"、"阳光地带"。

曾经沧海难为水,除却巫山不是云。元稹的这两句爱情诗用于形容金庸的经历也十分恰当。事实也是如此,回首那一段峥嵘岁月,金庸像个孩子一样,掩饰不住自己的得意:"每一个阶段中,在坚持自己的主张时,都面对沉重的压力,有时甚至成为暗杀目标,生命受到威胁,但是非善恶既已明确,我决不屈服于无理的压力之下。"[①]

那个叫"明报"的家族

说起《明报》,人们往往指的是它的狭义,即《明报》自身;其实,广义的《明报》可是还有6个"兄弟姊妹"呢。

创刊于1959年5月的《明报》当然是不可撼动的"大哥"。"他"的6

[①] 引自金庸、池田大作《探求一个灿烂的世纪——金庸、池田大作对话录》,北京大学出版社1999年版。

个兄弟姊妹分别是二哥《武侠与历史》、三哥《明报月刊》、四哥新加坡版《新明日报》、五哥马来西亚版《新明日报》、六妹《明报周刊）、七妹《明报晚报》。"他们"的位次排列自然按创刊的时间先后，他们一起组成了一个大家庭——《明报》集团。

《武侠与历史》周刊创刊于1960年，是《明报》的第一个附属性刊物，主要刊载长篇武侠小说，比如金庸的《飞狐外传》就刊登于其上，但也不拒绝短篇，且发表了为数不多的短篇武侠小说。《武侠与历史》除主要发表金庸自己的武侠小说外，还登载其他作家的作品，如古龙的《绝代双骄》等。从该周刊的名字上看，似乎分为"武侠"与"历史"两大块内容，其实这是一种望文生义的理解。潘耀明这样解释："金庸很欣赏西方拉丁语系中，历史与故事是同一个字 History，他过去曾办过《武侠与历史》，恐怕也与此有关。"[1] 原来，金庸为该周刊命名的真实用意是"武侠与故事"，怪不得!

1966年1月，《明报月刊》创刊，读者定位是全世界的华人学者、知识分子，刊物的定位是"推广知识与文化交流的非营利性刊物"，其编辑宗旨是"'五四'时代的北京大学式"、"抗战前后的《大公报》式"，能够以"严肃负责的态度，对中国文化与民族前途，能够有积极的贡献"。（金庸语）

《明报月刊》恪守宗旨，虽然未能为《明报》获很多利润，但为金庸和《明报》赢得了良好的国际声誉，收获了一大批海外读者的敬佩和爱戴。

1967年上半年，金庸将办报纸的目光盯向了海外。

1967年3月18日，《新明日报》诞生。这是金庸与新加坡商人梁润之合办的一份报纸，同时在新加坡和马来西亚两地印行，梁润之为董事局主席，金庸为副主席。

《新明日报》的定位是一份无任何政治背景和党派关系的商业性报纸。

---

[1] 引自潘耀明《扳不倒的金庸》，《收获》2001年第1期。

它有五大特色：独家刊登金庸武侠小说，副刊名家汇聚，篇篇杰构；娱乐版独有消息，专爆珍奇内幕；通讯网遍布全球，天天有各国现状报道；"天下事"版资料最丰富，包罗万有；名家主编"马经"，当日下午报道大彩结果。①

创刊三个月后，又发行了马来西亚《新明日报》，两地同一版式。但1965年新加坡独立，报纸正式分为新加坡版《新明日报》和马来西亚版《新明日报》，且均成为该国的大报之一。后来，由于两国政府先后出台了缩减外国人参股的政策，金庸也随之退出股权。

1968年11月，《明报周刊》创刊。它是一本以学术和新闻为主的周刊。初创之时，《明报周刊》谨守金庸创刊的初衷，以刊载软性新闻为务，拒绝娱乐新闻，但后来，雷炜坡出任总编辑之后，专门刊登娱乐新闻。虽然背离了办刊初衷，但赢得了大量读者，为《明报》赚了大把金钱。②

1969年12月1日，《明报晚报》创刊，它起初的定位是一份综合性报纸，后来，随着股市在香港的日渐兴起，《明报晚报》便顺应时势，变成了一份以经济为主的报纸。

《明报》"七姊妹"里，并未包含《野马》杂志和《华人夜报》。

《野马》杂志创刊于1962年，性质与《武侠与历史》大致相同，只是内容更繁乱些。由于是金庸与沈宝新两个人合办③的杂志，且存活时间较短，故并未列入《明报》集团之中。

《华人夜报》未被列入的原因也大致相同，它创刊于1967年9月22日，

---

① 引自张圭阳《金庸与〈明报〉》，湖北人民出版社2007年9月版。
② 据1990年香港市场研究社报告，《明报周刊》拥有353000的庞大读者群，收益自然可观，仅广告收入便有7500万之巨，占《明报》集团总收入的20%。
③ 1991年3月22日，明报企业有限公司在香港联合交易所上市，金庸占60%的股份，沈宝新占15%，公众人士占25%。

只是其寿命更加短促，1969年就关闭了。个中原因，前文已经提过，甚至，或许因为它的早夭直接导致了金庸与第二任妻子的不睦。毕竟，由于朱玫与王世瑜的"政见不合"，直接导致了《华人夜报》的解体，不仅使《明报》失去了一员大将，还因王世瑜离开之后创办了《今夜报》，使《明报》又增加了一个对手。如果翻找《华人夜报》存在的意义的话，是它催生了《明报晚报》。由于它的失败经验，让《明报晚报》引以为戒，并迅速成长壮大。

1978年之前，《明报》发行量曾经经历过三次大的突破：

一是1962年，销量从上半年的29203份突增至下半年的41805份。第二阶段是由1964年上半年的58860份持续向上增长至1966年上半年的82959份。到了第三阶段1968年，《明报》销量达118000份……1977年至1978年，销量回升至10万至11万份。1979年一度突破日销12万份……1989年，《明报》销量再次大幅攀升，由1988年的11万份，跃升到203500份。[①]

为了适应《明报》迅猛发展的需要，1976年12月，《明报》用银行按揭的形式，买下了北角全栋共九层的南康大厦，更名为明报大厦，耗资800万元。

《明报》，终于有了自己的"家"，这艘在香港报业风雨飘摇的岁月里艰难起步的小舟，终于发展成为披波斩浪前行的巨舰。

1991年1月23日，《明报》在英属百慕达注册成立了"明报企业有限公司"，成为《明报》的控股公司。同年3月22日，明报企业有限公司在香港联合交易所成功上市。通过这次上市，《明报》、《明报月刊》、《明报周刊》三份刊物之合并出版产权估值为5亿8000万元。

在金庸和众多同仁筚路蓝缕、众志成城的努力下，在广大读者的支持和信赖下，《明报》神话已经形成。

[①] 引自张圭阳《金庸与〈明报〉》，湖北人民出版社2007年9月版。

《明报》被卖，祸耶福耶？

1994年1月1日，金庸从《明报》集团完全隐退。1993年12月31日，《明报》刊登了董事局发表的启事：

> 明报集团于1992年2月改组，进一步发展多元化业务。1993年4月1日起，董事局主席查良镛先生要求改任集团名誉主席，逐步实现查先生分阶段退休之心愿，并推荐于品海先生出任主席。今年12月初，查先生致函董事局，希望自1994年1月1日辞去名誉主席及非执行董事之职衔，静心欢度退休后旅游、颐养、讲学及著述之生活。董事局再三诚意挽留，查先生恳切表示年近七十，志在'放下、自在'。董事局虽极感遗憾，然必须尊重查先生之心愿。
>
> ……

启事登出，不明就里的读者大哗。人们的谈论中充满了遗憾与惴惴：为什么金庸要退出他辛苦创办的《明报》？莫非《明报》的金庸时代就此结束了？

实际上，早在《明报》刚刚起步之时，已成为别人吸纳、收购、吞并的对象，只不过金庸没有同意而已。聊举几例：

1968年，《南华早报》提出与《明报》交换部分股权，但为金庸拒绝，原因是股权交换后，《明报》董事局决策必定受到若干规限，会损害《明报》一贯中立形象，令外界以为《明报》倾向英方。

1987年，三间机构相继表示有兴趣收购《明报》或与《明报》合作：梅铎的新闻集团、英国麦士维《镜报》集团、长江实业集团。

1987年，电视企业有限公司提出以《明报》集团现有之净利润十倍价格收购，条件是金庸仍做董事长，负责编辑部三至五年。此项建议未见落实。

1989年6月1日，金庸公开表示退休后，又有新加坡联合早报集团、日本德间书屋、《东方日报》等十一个机构，表明要收购《明报》，金庸一一回绝了这些收购……[①]

回绝，总是因为某些条件不合适，然而，欲转让《明报》的心思早已生出，这是不争的事实。然而，最终，《明报》还是于1991年12月12日香港智才集团董事会联合宣布，智才收购《明报》的计划初步实现。

《明报》最终还是易主了，其原因究竟是什么？

一是金庸觉得自己年事已高，精力有限，欲趁早为《明报》妥善安排。1989年5月20日，《明报》创办三十周年时，他已宣布不再担任社长一职，每星期只到报社一两次，如果再这样下去，企业和报纸会老化的，因此，他想趁自己头脑还很清楚的时候，做个长期的筹划，毕竟，报纸、周刊和月刊的生命比他个人的生命长得多。

二是答应了牛津大学圣安东学院讲学的邀请。1991年10月和12月，牛津大学两度力邀金庸为访问学者，为期半年，金庸大为高兴："我在中学就梦想能到牛津或剑桥去读书，这个梦想不能实现，常常觉得乃终生遗憾。现在能以相当于教授的资格去讲学、研究，高兴得很……"[②]

三是力求为《明报》引进资金和管理的活力。金庸曾说："我希望能让公司里一批年轻人接班，把我这种家长式的管理方式改变一下，改成制度化的管理，这样更有利于明报集团的发展。"[③]《明报》上市以后，机会与风险并存，一向稳健的金庸已经想到这些。关于接班人的问题，他曾经征求过二女

[①] 引自张圭阳《金庸与〈明报〉》，湖北人民出版社2007年9月版。
[②] 引自孙宜学《千古文坛侠圣梦：金庸传》，团结出版社2001年1月版。
[③] 引自孙宜学《千古文坛侠圣梦：金庸传》，团结出版社2001年1月版。

一子的意见，但他们都对接班问题不感兴趣，只得作罢。他也曾考虑到让公司的年轻人接替他，但由于种种原因，这个念头最终胎死腹中。最后，他在众多洽谈者中，精挑细选，选择了于品海和他的智才公司。

四是金庸骨子里的归隐思想。从少年到老年，他一直佩服历史上的范蠡与张良，并想效法他们。在他的小说里，越是高手，越有归隐的愿望，且最后往往不惜抛弃一切去实现这样的愿望。他曾这样写道："……由于我从小就对范蠡、张良一类高人十分钦仰，而少年时代的颠沛流离使我一直渴望恬淡安泰的生活……"[①] 正因如此，金庸的笔下才有王重阳、陈家洛、袁承志、令狐冲等人物的鲜活与可爱可敬。

正是因为卸下了《明报》的重担，金庸才能于1992年2月远渡英伦讲学；于1999年3月出任浙江大学人文学院院长；于2005年再赴英伦，实现剑桥读书梦想。

将《明报》出售给于品海后，金庸在明报集团还是保留了5%左右的股权，他计划分五批出售，大概到1996年底。然而，让金庸不曾想到的是，他力排众议、精心挑选的"接班人"于品海，却于1995年10月，又将《明报》集团转让给了张晓卿。

《明报》，这曾寄托着金庸全部感情的"尤物"，她早已像子女或情人一样牵扯着金庸的心，让他或喜或忧，情不自禁。不同的是，她的一易、再易其主，完全没有自己的主动权。如果她果真是一个有生命有感情的人，又情何以堪？我们无从知晓金庸得闻她被再次转卖时的真实心情。这种心情实难为外人道，也无力用语言形容。但我们想，除了衷心祝福她越来越好之外，金庸还有其他选择吗？

---

① 引自金庸《男主角的两种类型》，吴霭仪《金庸小说的男子·序》。

《明报》：品海之后见晓卿

1991年底，于品海成为《明报》集团第二代老板。

"经过相当长时间的交往和了解，我觉得于品海先生的经营管理才能，令我十分佩服，正是巩固与发展《明报》企业的理想人才，同时他对新闻事业具有热诚，那是非常难得的性格。他出的价钱不是最高，连第二、第三高也不是，但我很乐意将《明报》的控制股权交在他手里……"[①]

这是金庸对于品海的评价。

人们纷纷猜测，于品海何许人也？为什么金庸给予他如此高的评价，并对他如此信任？

说起来，于品海与《明报》还算有缘，他出生于1959年，与《明报》同岁。在香港读中学，在日本讨生活，有一段时间里，他挣扎在日本社会的最底层。

后来，于品海到美国圣地亚哥大学入电视新闻系读书，但终学费不足而辍学，辗转到加拿大改修政治经济专业。毕业以后，于品海回到香港之初，经历了一系列的挫折和失败，办杂志，当翻译，做编辑，给人当秘书，在失败中坚强，在挫折中睁大敏锐的眼睛，寻找商机。1985年，于品海注册了智才管理顾问有限公司，因为聪明、肯抓机会，公司迅速发展壮大，经过一连串的收购之后，公司以几何级的速度膨胀，并成功收购《明报》。

当于品海以智才公司法人的名义找到金庸时，金庸先不免有一番犹豫。

[①] 引自杨莉歌《金庸传说》，次文化堂1997年版。

一、他首先怀疑这个年仅三十几岁的年轻人的实力，因为两年前，于品海还代表日本的德间书局与金庸谈过收购事宜，现在，他又代表自己的公司来谈，不由得人不怀疑；二、让金庸更加怀疑的是这样的因素：一个年轻人，竟然拥有收购《明报》的实力，他会不会有什么政治背景？背后有没有什么政治力量指使？如果收购成功，会不会改变《明报》自由办报的初衷？关于这一点，金庸曾经明确表示："……第一，我不想将《明报》卖给外国公司；第二，我不希望收购《明报》的机构纯粹从生意出发，而不是对新闻事业有一种奉献精神与责任感。至于某些我怀疑具有政治目的的探盘者，根本没有对之作任何回应。"①

人们听到金庸最后选定的"买家"竟然是于品海时，难免难免生出种种猜测，甚至有人说，之所以会有这样的结果，完全是因为于品海的相貌像金庸自杀的长子查传侠。

也难怪人们的猜测。因为如果按金庸转让《明报》的标准来判断，于品海并不符合。

第一，虽然于品海的公司是在香港注册的，不属于外国公司，但其中有外国公司的背景：在他一连串的收购里，多是外国资金背景的公司，如Acesite（Phils.）、马尼拉希尔顿酒店、Savoy Concepts 有限公司等，并不完全符合金庸的第一条标准；

第二，于品海收购《明报》，肯定是出于商业目的。至于金庸所说的于品海"对新闻事业具有热诚"，这几乎等同于一个托词。试想，欲收购庞大的《明报》集团，谁能说出"因为我不喜欢它、不喜欢新闻事业，所以才收购"？

就算于品海符合没有政治背景这一条，但他也缺乏竞争力，因为参与收购竞标的财团中，无政治背景的岂止他一人？况且，人家的出资又比他高。

---

① 引自《明报》1991 年 12 月 13 日，《经济日报》1994 年 12 月 12 日。

对于于品海长相像查传侠的猜测，金庸也在公开场合承认过，只是说得不太肯定。但恐怕正是因为这个因素于品海才占了上风也未可知呢。

这也可以从金庸的谈话中得到部分印证："在和他交往数月之中，倾谈'大计'，投机万分。我们在香港天南地北的长谈，两个家庭又一起去日本旅行，在温泉旅馆中越谈越高兴……"

可见，于品海不仅仅在资金上投资，这件事情上，他在感情上的投资也很多。

"《明报》改组的当天，于品海公开表示，他收购明报企业纯粹是商业活动，是一项长期投资，不涉及政治，更不会涉及《明报》一贯地编辑方针。他甚至说，现在明报企业市价每股约三元，即使有人愿意出价二十元，他也不会转让。"[①] 于品海还向金庸表示，不辞退《明报》的老员工，这些，都让金庸很满意。金庸觉得，他为《明报》找对了人，于品海是最好的接班者，会永远呵护《明报》。他可以放心地到牛津讲学去了，可以安享自由时光了，可以转让留在《明报》的股权了。冥冥之中，金庸甚至认为，他将《明报》交给了自己的儿子。

于是，《明报》的"查良镛时代"结束，"于品海时代"开始。

然而，仅仅过了四年多的时间，《明报》便又被于品海"托付"给了马来西亚商人张晓卿。

和金庸一样，我们丝毫不怀疑于品海将《明报》发扬光大的诚意，但一系列事情的发生让于品海再也顾不得当初的承诺了。

一、"席扬案"[②] 给《明报》和于品海极大的冲击。

二、1993年11月8日，于品海创办了《现代日报》，因为连连亏损，被

---

① 引自傅国涌《金庸传》，北京十月文艺出版社2003年7月版。
② 1993年9月27日，《明报》记者席扬到北京采访，采访期间，因窃取当时尚未公布的中国人民银行存贷款利率方案、中国人民银行参加国际黄金交易的决策机密和其他重大金融机密，并于7月28日《明报》上发表，以窃取、刺探国家金融机密罪被北京市国家安全局拘留审查；1994年3月28日，席扬被判处有期徒刑12年，剥夺政治权利两年。在香港产生了暴风雨般的冲击，新闻界的目光全部投向了《明报》。

他独资购回之后，仍于 1994 年 11 月 26 日停刊，落下一个亿的大坑。

三、包括社长雷炜坡在内的一些《明报》的中坚相继离开。

四、1994 年 10 月 10 日，于品海在加拿大因盗用信用卡、冒签他人支票等罪名被判刑的消息被《香港经济日报》首先公开披露。舆论的焦点再次对准了早已进入多事之秋的《明报》和于品海。在强大的压力下，于品海辞去《明报》企业有限公司董事局主席和香港报业公会主席两大职务，并于 1995 年 10 月将自己名下的《明报》股权全部转让给张晓卿。10 月 20 日，张晓卿就《明报》企业主席职。

张晓卿，祖籍福建闽清，1936 年出生于马来西亚诗巫市，由于出身贫寒，张晓卿靠半工半读完成了小学和中学学业。

1975 年，张晓卿创办了常青公司，凭借坚韧的毅力、过人的胆识和丰富的商业经验，常青公司如它的名字一样发展壮大；1989 年，张晓卿在常青合板公司基础上，又兴建了常丰合板有限公司，使之成为马来西亚最大的胶合板厂，并将伐木生意扩至新西兰、新几内亚等国。此后，张晓卿的商业触角扩大至饲养、新闻出版上。[1]

他在新闻出版上的努力和取得的成就似乎都是为接手《明报》集团热身，直到他最终成为《明报》的新掌舵人。

接管《明报》之后，金庸对张晓卿寄予了很大的期望，1995 年底，他动情地说："《明报》是我的孩子……希望张先生来了之后，能够重振《明报》的声威，恢复稳固、健全的财政状态。"

2006 年 6 月 26 日，是《明报月刊》和明报出版社成立四十周年的日子，张晓卿邀请金庸参加了纪念酒会。

---

[1] 张晓卿在澳大利亚拥有一座大型养牛场，在中国上海拥有自己的锯木厂，名下有马来西亚华文大报《星洲日报》和《光明日报》、新几内亚英文报《The National》，还与大连一家出版社合资经营。引自《香港报业纵横》。

酒会上，张晓卿说，《明报月刊》（"明月"）创刊于1966年，那时"文化大革命"这场文化浩劫正席卷中国。面对这项具有毁灭性的历史灾难，当时主掌着《明报》的著名作家查良镛独具胆识，草创了这份具有承续中华文化使命感的刊物，挑战四人帮、护卫公平与正义，并要重新点燃当时在中国几近熄灭的文化香火。

金庸表示，"明月"当初就是打着"与文化大革命对着干"的信念创办的，所以曾经经历过许多困难，但是对文化有兴趣的人都会成为"明月"的读者，看"明月"的一定有知识。

金庸也在会上特别向张晓卿致意说，听到张晓卿说会继续"明月"让他很感动，因为"明月"并不是一份赚钱的刊物，很感谢张晓卿并没有介意。[①]

2009年5月20日是《明报》创刊50周年纪念日，21日，《明报》举行了庆祝酒会。张晓卿在酒会上致词，他说，明报的特色不仅是政治的，也是文化的；它其实就是不断在追求一个文化中国的典范，因为政治经济的建设，只能使一个国家强大，但是，文化的建设，却可以使一个国家伟大。会上，张晓卿再次提到金庸："这也是明报从创刊到现在的理想。追寻文化中国的理想，从创办人金庸（查良镛）到本人，50年来，一路不变，始终如一。""明报，更不能自外于中华民族的历史发展，而要有一种对全球华人命运的承担。中国人站起来了，不再是被动的、沉默的免于被欺凌而已，而是要赢得全球的尊敬，要让中国人的软实力，成为全球化社会中的巧实力。"[②]

《明报》，先经过于品海之手，最终成为张晓卿的阵地，不仅渐渐渡过了难关，还获得了稳步发展的机会。就像一个人，品味了大海的广阔之后，又走过一段迷惘，最终见到了早晨清新的光亮。

---

① 引自《〈明报月刊〉暨明报出版社庆周年·张晓卿：市场价值左右文化刊物面临更大压力》《星洲日报·国际》2006年6月26日。
② 引自《香港明报创刊50周年张晓卿：在权力面前明报要永说真话》，《星洲日报·国际》，2009年5月21日。

第八章
头上光环已无数 阅尽荣辱是达人

金庸固然是时代造就的神话，但炫目的光环还是遮掩了他的真面目。从"文坛侠圣"到香港"良知的灯塔"，褒之者对金庸不遗余力；从"拒绝金庸"到"我看金庸"，贬之者对金庸也极尽能事。其实，神坛下的金庸已阅尽荣辱，通达一切，褒与贬与他何有哉？

牛津，牛气之津

1992年1月18日至2月21日，中国改革开放近14年之后，邓小平南巡武昌、深圳、珠海、上海等地，发表了重要讲话。南巡讲话的要点有六大方面：一、革命是解放生产力，改革也是解放生产力；二、改革开放的判断标准主要看是否有利于发展社会主义社会的生产力，是否有利于增强社会主义国家的综合国力，是否有利于提高人民的生活水平；三、发展才是硬道理……科技是第一生产力；四、坚持两手抓，两手都要硬；五、正确的政治路线要靠正确的组织路线来保证；六、坚持社会主义信念……这是历史发展的总趋势。南巡谈话对中国的经济改革与社会进步起到了关键的推动作用。

与此几乎同时，卸下《明报》实际职务[①]的金庸应英国牛津大学圣安东学院之邀，以一种激动且轻松的心情远赴英伦，成了一名访问学者。他曾说："事先我担心不被牛津大学选上，选上之后觉得很光荣……觉得这个机会不能放弃。如果可能的话，后年我还想到剑桥作些研究。学术上要真的做出点成绩才行。"[②]

说这段话的时候，金庸的心态似乎已成了老玩童周伯通：即便是到了遥远的英国，他所到之处，又岂会有宁静的环境供他读书和研究？且不说他是个"政治色彩"非常浓郁的人物——写过数千篇社评、预测过无数次时局、1981年7月被邓小平接见、同年9月被时任英国首相的撒切尔夫人接见、1984年10月被时任中共中央总书记的胡耀邦接见、1988年他曾任香港特别

[①] 在英国的这段时期，金庸还应当初对《明报》新掌门人于品海的承诺，用电话和传真机与《明报》保持着联系，指导编辑工作。

[②] 引自孙宜学《千古文坛侠圣梦：金庸传》，团结出版社2001年1月版。

行政区基本法起草委员会委员、辞去基本法草委后又曾与香港总督彭定康有过一番笔战，单说他的武侠小说，就已经足够吸引人的注意力，让很多人产生与他"切磋武功"的欲望了。到了牛津大学图书馆，如果金庸肯稍微留心，他便会发现书架上他的武侠小说——中文版的、英文版的，甚至其他语言版的，便会发现这些书有过多少被人翻动过的痕迹，发现借书档案上的记录是如何密集……他又怎么能有宁静的环境实现自己的愿望？

难怪半年之后，离开牛津大学的时候金庸会如此感慨："我在牛津时，是希望能够做些学术工作，但我的个性不适合，学术的基础也不好，现在才开始，已做不成世界第一流的学者了……"[1] 其实，金庸这番话虽然反映了某些事实，比如由于年龄、知识结构等因素所限，正如他坦承的，成不了世界第一流的学者了，但这其中也透露了这样的信息：对于做学问，并非金庸的个性不适合，也不全是他的学术基础不好，是没有时间，也没有这样的条件，最起码在牛津这段时间是这样。

在牛津，金庸的身价是多重的——亦生亦师亦学者。除了难得的读书和研究之外，他更多的时间是应邀演讲和与人"论剑"。当时，英国人最关心的是香港问题，是香港被中国政府收回之后的政治体制问题。对此，金庸再次发挥了他写社评时预测的专长："对大部分老百姓来说，对从事经济活动的人来说，对店东、银行家、售货员、经理、制造商、会计师、秘书、地产发展商、商人和投资者来说，无论他们是亿万巨富还是街头小贩，在1997年之后的香港，都可以生意照做，工作如常。由于香港的自由经济符合中国的最佳利益，符合共产党的最佳利益，符合中上层官员和他们的子女的最佳利益，所以，他们在经济上，会很乐意、很合作的让香港人一切不变，以符合香港人的最佳利益。"[2]

金庸演讲时，偌大的牛津近代中国研究中心里座无虚席，他的预测引起

---

[1] 引自杨莉歌《金庸传说》，次文化堂1997年版。
[2] 引自金庸演讲《香港和中国：1997及其后5年》。

了人们雷鸣般的掌声，随后，热心的听众还问了金庸一系列问题，金庸都即席作了友好而不失原则的回答。

在牛津期间，金庸发现了这样一个现象：包括牛津、剑桥在内的一些世界著名的院校进门处往往悬挂着一块块木牌或者铜牌，牌子上铭刻着一行行数不清的名字，名字下面有更详细的标注，记载着他们为国捐躯的日期，这引起了金庸的极大感慨和痛惜。若干年后，在与池田大作的对话中，他犹自难以忘怀："这些人都是英国的精英，如果不是年纪轻轻就在战争中牺牲，他们都是牛津或剑桥的教授、讲师、博士生、硕士生、大学生，这一排排的人名中，不知要出多少位优秀的政治家、大学者、科学家、艺术家……可是这些生命忽然无端端的化为尘土，那真是多大的浪费……"[①]

在牛津的半年，虽然给金庸留下了没有能够进行学术研究的遗憾，但收获是巨大的：

烟雨蒙蒙中，楼房的尖塔便生出无限魅力，静默日光里，爬满老藤的石墙把古老的故事送进人心田；仔细听去，泰晤士河的吟唱也有了学术的韵味，高远的天空下，散发着自由的气息；萧伯纳慵懒倚过的书架上，似乎多了戏剧情节的曲折，王尔德小憩过的木凳上，寂寞的灵魂拥抱了轻松。从身心上，金庸得到了放松，这是非常难得的；大学浓厚的学习和研究氛围对他产生了一种磁性，他变成了一块磁石，为后来他欣然接受浙江大学人文学院院长的任命和再赴英伦到剑桥读硕、读博打下了心理上的基础。

有所思，乃在北国春

自1948年离开大陆到香港《大公报》工作之后，虽然于1950年有过一

[①] 引自金庸、池田大作《探求一个灿烂的世纪——金庸、池田大作对话录》，北京大学出版社1999年版。

段短暂的回大陆时期，但金庸的绝大部分时间还是在香港度过的。但大陆毕竟是他的故乡，是他魂牵梦萦的地方，大陆鲜活着他太多的记忆，凝聚着他太多的梦想。

如果有机会回大陆，将是金庸最大的喜悦。

1993年3月19日，金庸接受邀请，到内地参观访问。在北京，他受到了时任国家主席的江泽民的接见。回港后，金庸撰文一篇，以记述这次会见。在这篇《北国初春有所思》的文章里，他写了4首诗，表达他的回内地的经过与感情。

其一曰：

南来白手少年行，立业香江乐太平。
旦夕毁誉何足道，百年成败事非轻。
聆群国士宣精辟，策我庸驽竭愚诚。
风雨同舟当协力，敢辞犯难惜微名？[①]

1994年10月3日至29日，金庸赴北京大学访问；10月25日，北大授予他名誉教授称号，金庸欣然接受。金庸登上北大讲坛，是由萧蔚云教授[②]促成的。回忆那一段难忘的岁月，金庸曾对池田大作感叹："萧教授曾留学苏联，法学渊深，著作甚多，曾参与中华人民共和国宪法的修订工作，是中

[①] 这4首诗的时间和出处另有一个版本：1992年12月，笔战香港总督彭定康之后的金庸重回故乡，1993年春天，他应邀去北京访问。赴京前夕，查济民吩咐他为《香草诗词》第二辑写几首诗。这是前香港基本法草委的一个诗词集辑。两年前已印了第一辑。金庸自称"我作旧诗的功力自知甚低，连平仄粘拗也弄不清楚，但长者命，不敢辞，半宵不寐凑成了四首。"
其余的三首是：
其二：京深滇闽涉关山，句酌字斟愧拙艰。五载商略添白发，千里相从减朱颜。论政对酒常忧国，语笑布棋俱偷闲。钱费包张俱逝谢，手抚成法泪潸潸。
其三：法无定法法治难，夕改朝令察卯危。一字千金筹善法，三番四复问良规。难言句句兼珠玉，切望条条莫固基。叫号长街烧草案，苦心太息少人知。
其四：急跃狂冲收险滩，功成一蹴古来难。任重道远乾坤大，循序渐进天地宽。当念万家系苦乐，忍令百姓耐饥寒？哗众取宠浑闲事，中夜抚心自可安。(引自金庸、池田大作《探求一个灿烂的世纪——金庸、池田大作对话录》，北京大学出版社1999年版。

[②] 萧蔚云(1924—2005)，湖南省祁阳县人，北大教授、博士生导师。1985年任香港法起草委员会委员。

国地位很高的法学专家。他为人和蔼，思想开明……我和他有时有不同意见，可以坦率地讨论或辩论。有一次在许多香港记者面前，我们对于中国内地法律在香港特别行政区的适用问题，作了相当激烈地辩论。他很客气地表示让步，我心中感激，自责态度不好。从此之后，我们二人结成了好友。"[1]

金庸的演讲分《中国文明不断消长》和《中国历史发展规律》两大板块，先自我介绍、自我谦虚、说明自己与北大的渊源之后，金庸高度评价了北大："北京大学在五四运动中起了领导作用，整个近代中国社会的进步与发展是与北大师生的重大贡献分不开的……我感到，牛津大学自由开放的学术空气和博大精深的学术研究是世界一流的，但牛津大学的老师、学生对于国家、对于社会、对于人民的关怀和牺牲，目前却大大不及北京大学的师生。"

金庸所言甚是。在中国现代史上，北大不仅是中国"新文化运动"与"五四运动"等运动的发祥地与中心，也是多种政治思潮和社会理想在中国的最早传播地，素有"中国政治晴雨表"之称，享有极高的声誉和重要的地位。金庸这几句话，不仅仅拉近了他与北大师生的心理距离，更表达了他对北大由衷的倾慕。

在《中国文明不断消长》这一板块里，金庸概括了中国为外虏所侵所经过的七个历史危险阶段，赞美了中华民族无论经受多少挫折都会最终战胜困难，生生不息，颇有见地。关于他本人和他的小说，金庸则非常谦虚。他说："（我）作为新闻工作者，对每一门学问都须懂得一点，但所知都是些皮毛，很肤浅……大家希望听我讲小说，其实写小说并没有什么学问，大家喜欢看也就过去了……"

在《中国历史发展规律》中，金庸提出了自己总结的历史规律："纵观中国历史，大概可以看到这样一个规律，我们的民族先是统一强盛，后来慢

---

[1] 引自金庸、池田大作《探求一个灿烂的世纪——金庸、池田大作对话录》，北京大学出版社1999年版。

慢腐化，组织力量衰退。此时如果出现一些改革，那么就会中兴。如果改革失败了，或者自己腐化了，那么外族敌人就会入侵。在外族入侵的时候，我们民族有个很特殊的现象，就是外族的入侵常常是我们民族的转机。"

对于自己的小说，金庸进行了评判："我在武侠小说里写了中国武术怎样厉害，实际上是有些夸张了。中国人不太擅长打仗，与外国人打仗时，输的多，赢的少，但是我们有耐力，这次打不赢没关系，我们长期跟你干，打到后来，外国人会分裂的。"这种评判，是文学与历史相结合的产物，因而也是非常客观的。

演讲到最后，金庸讲了他的一次经历，借此提出自己的愿望："最近牛津有一个十分盛大的宴会，伦敦《泰晤士报》前总编辑李斯·莫格勋爵也参加了，他曾谈到，十九世纪世界的经济中心在伦敦，二十世纪初转到了纽约，到了战后七十年代、八十年代则转到了东京，而二十一世纪肯定要转到中国。"

这次北大之行，金庸受到了北大师生极为热烈的欢迎。对于金庸本人，观者如潮；对于金庸的演讲，听者云集。雷洁琼和新华社社长周南也前来"捧场"。主持会议的北大副校长幽默地说："今天这形势，金大侠武功再高也不好办了！"然而，遗憾的是，金庸错会了北大师生的心思：他们想看的是小说的金庸，不是历史的金庸，也不是新闻的查良镛。正因如此，他放弃讲小说而讲历史的做法是"不合时宜"的。可能他是陷入了心理定势之中：在国外讲中华民族受欺凌的历史七大转折，得到了高度的认可，于是他便觉得在北大也一定会这样。不料，他的历史观点反映平平，这不能不说是一种遗憾。但我们还是应该看到的是，在北大的讲坛上，"半路出家"的金庸竟然敢"班门弄斧"讲历史，不能不说是一种勇气。

1993年4月1日，《中国青年报》刊登了一篇署名为"于仁杰"的文章《结束隐居生活，日前推出新作：金庸复出》，文章称金庸与倪匡（金庸好友）、丁情（古龙徒弟兼好友）三人合著的小说《冰比冰水冰》不日将在大陆上市。

这篇文章无疑给广大金迷注入了一针兴奋剂，长期以来，他们太想读金庸的新作了，为此，他们盼得"花儿都谢了"。

但该文章随即便得到证实，这不过是"于仁杰"和《中国青年报》为大家开的一个"愚人节"玩笑而已。不论如何，从这篇"文学色彩"颇浓的消息里，我们能够读出金庸武侠小说的强大号召力。

1994年8月，王一川[1]教授策划的《20世纪中国文学大师文库·小说卷》将金庸列为大师之一，名列鲁迅、沈从文、巴金之后，引起了强烈反响。

1994年，北大授予金庸名誉教授，北大教授严家炎先生撰《一场静悄悄的文学革命》一文，文章说："这是另一场文学革命，是一场静悄悄地进行着的革命，金庸小说作为20世纪中华文化的一个奇迹，自当成为文学史上光彩的篇章。我们衷心钦佩查良镛先生在事业上和文化上取得的双重的巨大成就，并向他致以最诚挚的敬意！"[2]

1995年，严家炎教授在北大开设金庸作品研究课程。陈平原[3]的《千古文人侠客梦》和严家炎的《金庸小说论稿》等与金庸相关的专著纷纷惊艳现身。

2000年11月2日至5日，北京大学和香港作家联会联合举办了"2000年北京金庸小说国际研讨会"，媒体竞相报道此盛事。一时间，"金庸热"狂潮再起。

2007年6月18日，北大武侠文化研究协会（简称武侠协会）成立，又值北大国学研究院成立十五周年。此日，金庸再赴北大，为协会题词，并在英杰交流中心阳光大厅作了演讲，为时40分钟。6月17日，金庸曾表示

---

[1] 王一川，1959年2月生于四川沐川，著名学者，文论家。北京大学艺术学院院长、教授、博士生导师。《文化与诗学》副主编。

[2] 引自严家炎《最新历史版本：这是一场静悄悄的文学革命》，《明报月刊》1994年12月号。

[3] 陈平原，1954年生于广东潮州。北京大学中文系教授、博士生导师。著有《北大精神及其他》、《中国现代学术之建立》、《千古文人侠客梦——武侠小说类型研究》等。

欲到北大国学院研习国学，国学院院长袁行霈[①]表示："十分欢迎金庸来国学院，真诚地期待他来北大住一段时间，可以讨论各方面问题。这样，学生们以后就可以时常在未名湖边碰到金庸，如果有问题，随时可以请教。"此次演讲，央视著名导演张纪中到场捧场，声称自己是"亲友团"。

2007年9月5日，北京大学教育基金会对外宣布，金庸向北京大学捐资1000万元人民币，用以支持北大的国学研究。北京大学将设立"金庸国学研究基金"，全方位资助北大国学研究院的教学、研究、翻译、出版等活动。早在1993年，金庸已曾捐赠100万元人民币，作为北大国学研究院的启动资金。

2008年11月，已卸任北大校长的许智宏向南京的初中生透露："金庸准备明年读完剑桥博士，再接着念北大国学研究院的博士。"许智宏说，金庸认为自己在刘邦废立太子的事情上一直搞不明白，向北大国学院的老师请教后，就豁然开朗了。他觉得自己对国学的研究不够，希望能到北大国学研究院向一些老师请教。不过金庸原来是想到北大当本科生，许智宏一听，便阻止他说："那学生还不都得围着你要签名啊！"最后金庸听从了他的劝说，改读博士了。[②]

[①] 袁行霈，1936出生，江苏武进人。北京大学中文系教授、人文学部主任、国学研究院院长、民盟中央副主席、中央文史研究馆馆长、国务院学位委员会委员。著有《陶渊明集笺注》、《中国诗歌艺术研究》、《中国文学概论》等。
[②] 引自黄艳《北大前校长许智宏透露：金庸曾想到北大读本科》，《现代快报》2008年11月22日。

对谈也"疯狂"

1995年11月16日起,在《明报月刊》总编辑潘耀明的建议和约请下,金庸与池田大作①开始了一场"旷日持久"的对话。对话涉及范围极广,从少年时光到老来记忆,从武侠创作到人生体悟,从友情到亲情到爱情,从国内到国外,从过去到未来,从现实生活到佛法世界……他们的对话先是同时由日本的《潮》杂志、香港的《明报月刊》连载,其他报刊比如北京的《生活》双周刊转载,后来又结集成书,由日本潮出版社东京社、台湾远流出版社、香港明河出版社于1998年出版发行,后来,北京大学出版社在出版时,将其命名为《探求一个灿烂的世纪(金庸/池田大作对话录)》。

对话期间,金庸与池田大作曾四次在日本和香港对面交谈,更多的是通过笔谈的形式。

池田大作是日本著名学者,曾英国著名史学家汤因比进行对话,其对话结集为《二十一世纪的对话》(英文本)中。而金庸自1946年第一次读汤因比的《历史研究》之后,深受其文明史观影响,上世纪50年代还曾动手翻译过《历史研究》。正因有这样的机缘,潘耀明才萌生让金庸与池田大作对话的创意。

让潘耀明萌生该创意的原因还有非常重要的一条——金庸已经彻底"退

---

① 池田大作,1928年出生于日本东京,日本创价学会名誉会长、国际创价学会会长。世界著名的佛教思想家、哲学家、教育家、社会活动家、作家、桂冠诗人、摄影家、世界文化名人、国际人道主义者。1983年获联合国和平奖,1989年获联合国难民专员公署的人道主义奖,1999年获爱因斯坦和平奖。著有《展望二十一世纪》(与汤因比对话)、《社会变迁下的宗教角色》(与威尔逊对话)、《探求一个灿烂的世纪》(与金庸对话)等。

休"了。没有"俗务"缠身的金庸有了相对多的时间,他可以在下棋、看书、研究佛经、学习法文和日文之余,做些轻松愉悦的工作。退休之后,金庸一直有一个愿望,这个愿望在他接受北大授予名誉教授之时就曾表示过:"退休后我有两个计划,一是写历史小说,二是做一些研究工作。近大半年我正构思写一两本历史小说,若体力许可,就会写长篇;不然的话会写短篇。"[①]

看来,金庸是"退"而不"休"的,正因如此,他才乐于接受潘耀明的建议。

二人的对话历时两年多,直到 1997 年底才暂时告一段落。金庸与池田大作的对话录,不仅是研究金庸与池田大作学术思想和人生感悟的重要资料,也是研究中国和世界历史、文学甚至佛学等方面的重要资料。

浙大,梦想终成真

1999 年 3 月 25 日,已然 75 岁高龄的金庸接受新浙江大学人文学院之聘,就院长之职。金庸是浙大 21 个学院中第一个聘任的院长,也是"迫不及待"地走马上任的院长。

促成金庸成为浙大人文学院院长之事的是张浚生,1998 年 4 月,张浚生回到母校,负责浙江大学、杭州大学、浙江农业大学和浙江医科大学四校合并事宜。9 月,新浙大成立后,领导班子决定向外聘请著名学者出任新组建的 21 个学院院长,张浚生首先想到的便是金庸,二人早在 1985 年就已认识,是多年的好友,张浚生相信,金庸出于本能的对家乡的热爱,会答应聘请;凭金庸的能力,也一定可以胜任。1999 年 3 月 26 日下午,在浙大邵逸夫科技馆,

---

[①] 引自杨莉歌《金庸传说》,次文化堂 1997 年版。

金庸欣然从张浚生手中接过两份聘书，一份聘他为浙江大学教授，另一份则聘他为人文学院院长。对此，金庸的一个朋友颇不理解，他质问金庸说："你去教他们写武侠小说吗？去教他们写明报式的社论吗？"金庸这样回答朋友："我想去提倡中国传统的人文精神。"在金庸心里，即便是理科生，也必须具备中国传统的人文精神。

当记者问金庸为什么要答应院长之聘时，他表示，家乡观念促使他下了决心，浙大浓厚的学习氛围也令他神往，因此，他更想利用自己的海内外关系为浙大做些什么。金庸还表示，张浚生做了太多努力，他没有理由不答应等等。而面对媒体，浙大有关领导也透露了他们聘请金庸的"动机"。第一，金庸是一个杂家：除了文学上的建树之外，他对历史、宗教、哲学、国际法都有涉猎，他还是一个新闻家，他的社评曾经为众多的人钦佩；第二，浙大有意创造和研究并重；第三，金庸是知名人物，社会活动和联系广泛。这对浙大的发展非常有利。

金庸从4月5日第一次在浙大的讲台上公开亮相，之后的"履新"阶段，他用了整整20天，奔走于浙大西溪校区、之江学院、玉泉校区之间，以他擅长而独特的方式给学生们上公开课，让崇拜他的学生近距离地感受他的风趣和博学。这样的时候，他似乎不再是一个院长，而像极了一个奔走于一个又一个讲坛的普通兼职教授。

对于浙大，金庸除了自己讲课之外，还邀请多位世界著名的教授、学者到浙大讲学，极大地开阔了学生的视野。

当然，由于金庸的社会活动太过繁忙，他无法整天待在浙大，而必须到处奔走。但他在任院长期间，总会极力抽空回学校，每年大约两三次[①]，每次停留十天左右。恐怕这也是不少人认为他不负责任的佐证之一。

浙大的有关领导说，对于浙大而言，金庸是无形资产，他对浙大的贡献

[①] 这是浙大人文学院的官方说法，金庸在某一场合说自己是每年回浙大一两次。

无法量化，更无法用时间的长短来衡量。2004年，金庸发起了"新经济条件下的生存环境与中华文化国际研讨会"，具有国际规格，这是长期在学校里的教授们很难做到的。

2003年，金庸还招收了3名博士生。

有颗星，叫金庸

2001年7月8日下午，"金庸"小行星命名典礼在浙江大学隆重举行，全国人大常委会委员、中国科学院数理学部副主任陈建生院士向时任浙江大学人文学院院长的金庸郑重颁发了小行星命名证书和金庸星轨道运行照片。

"小行星"是目前各类天体中唯一可以由发现者进行命名并得到世界公认的天体。天文学家们观测到一颗小行星后，因不能立刻确定它是否为一颗新发现的小行星，可先给它一个临时编号，并报告国际小行星中心，确认是新发现的小行星之后，即可得到一个国际统一格式的"暂定编号"。当一颗小行星至少四次在回归中心被观测到、并且精确测定出其运行轨道参数后，它就会得到国际小行星中心给予的永久编号。目前，国际小行星中心多用科学、文学巨匠的名字或地名、大学名为之命名。可以说，只有极少数人能有此殊荣。

据发现金庸星的国家天文台研究员朱进博士介绍，"金庸星"的总编号为10930，年度编号为1998CR2，是1998年2月6日由参加北京施密特小行星计划的科学家在河北兴隆县观测到的。该行星距地球轨道最近距离为2.6亿千米，直径约为7至16千米。金庸星是继"巴金星"之后该天文台命名的第二颗"文学家之星"。

接受命名证书之后的当日下午，金庸透露了小行星命名的背景："本人没有半点功劳，当之有愧。给我颁发证书的陈建生院士告诉我，他们天文台同事有时候在研究天象时，恰遇乌云遮日，观测不到星星，就坐下来神聊我的小说，他们中有我的铁杆武侠迷，这就是为什么会以我名字命名这颗小行星的内幕消息。"

中科院紫金山天文台小行星命名委员会的杨捷兴秘书长接受采访时说，随着小行星命名影响的扩大，有些国内实业界人士主动向天文台出资，以换取小行星命名，均被拒绝。

名人之中，获此殊荣者虽然不多，但也不乏其人：

8月7日，杨丞琳在台北举办新专辑签唱会，唱片公司宣布，在太空中将有一颗小行星以她的英文名字"Rainie"命名，已得到国际天文组织认证……而刚刚过去的7月，周杰伦、徐克也正式获得"命名小行星"的荣誉。此外，鲍德熹、林青霞等已获得小行星命名。[1]

如今，普通人也有了获此殊荣的机会：

在2002年7月发布的小行星命名中，有三颗是以中国的中学老师和学生名字命名的，获此殊荣的是2002年英特尔优秀教学奖的得主：华东师大二附中的叶佩玉老师，被命名为12881号小行星yepeiyu。入选2002年英特尔国际科学工程大奖赛决赛的江苏南京金陵中学高三的华演同学和北京80中学高二的孟奂同学，分别被命名为11730号小行星Huayuan和12106号小行星Menghuan。这三颗小行星都是由目前世界上最大的小行星搜寻项目美国的LINEAR计划发现并命名的，同时他们在这个月还命名了另外100位获得英特尔大奖赛决赛资格的其他国家的中学和另外4位获奖的老师。[2]

---

[1] 引自《林青霞 周杰伦 金庸等获小行星命名》，《成都商报》2011年8月13日。
[2] 引自《天文爱好者》，2002年第5期。

有此殊荣之后，见到这么多普通或不普通的人都有了命名小行星的机会，退出江湖的金庸恐怕就更不把这件事放在心上了。毕竟，是否以他的名字命名是别人的事，是否正确对待却是自己的事。

果然，在接受《中国青年报》采访时，金庸表示："这是北京大学一位天文系系主任、中科院院士建议的。我想他们本身可能喜欢看我的小说，所以他跟我提这个意思。我说我没有资格用这个名。他说行星绕地球转，转到哪里，肯定你的读者就在哪里，所以就比用其他的名字更加合适一点。金庸的小说不管好不好，走到哪里，总有人在看。"[1]

尴尬人难免尴尬事

2000年，金庸受聘为浙大人文学院硕士、博士生导师。对于金庸获得导师资格认证问题，复旦大学历史系教授葛剑雄表示，教育部学术委员会对博导资格有明确的三点规定，一是当过教授，二是之前必须完整培养过1个硕士生，三是在国内高校指导过博士生工作，金庸在这些方面是不符合规定的。

但时任金庸秘书[2]的潘耀明却有不同理解，他说，1998年张浚生邀金庸加盟时严格按有关申报程序，为金庸先生办理了人文学院院长、博士生导师职务的资格手续。据他了解，浙大在为金庸申报时，完全是严格按国家有关

---

[1] 引自《金庸：我现在讲话就很雅　没有"文字暴力"》，《中国青年报》2001年5月30日。
[2] 潘耀明并非金庸秘书。他经常与金庸一起参加社会活动，不少媒体都认为他是金庸的秘书了。2010年4月13日，潘耀明来蓉参加活动时，接受了《华西都市报》记者的专访。他在采访中透露，……面对外界总是将其称之为金庸助手、秘书的尴尬，潘耀明称，这是一个美丽的误会，"我曾是金庸先生的雇员，现在和他是朋友。金庸先生对我是亦师亦友。"引自《华西都市报》。

政策、法规办理的。媒体有关金庸违规取得博导职务的报道，是严重的失实。①

2000年秋，金庸开始招收博士生，方向是隋唐史和中西交通史，但令人尴尬的是，无人问津；第二年略有好转，两三个报名，但只有一人前来考试，后因专业成绩太低榜上无名；2002年，无人报考，尴尬正在继续。

2003年，金庸始有3名博士生——卢敦基、王剑和朱晓征。对此，时任浙大人文学院副院长的徐岱评价道："3名学生水平参差不齐，卢敦基甚至可以做其他两个学生的老师，考进来时他已是教授，担当浙江社会科学院文学研究所所长。在3名学生中，卢敦基具有足够能力取得学位。金庸将会把卢敦基带到毕业。"②

三名学生中，被多家媒体称作"小师妹"、"侠女"的王剑被"劝退"至另一位博导名下，另一位学生朱晓征又质疑金庸的教育方式。金庸面临的尴尬，即便是局外人也能体味出来。

所幸，这三名学生对金庸的评价都很高。

卢敦基表示，"文化大家，胜于学术名家"，他愿意花几年的时间，在金庸先生的指导下好好做博士论文。

王剑对媒体说，金庸是一位绝对的大师。

朱晓征则表示，她同意徐岱副院长赞誉金庸的话："作为一个人，他是一个杰出优秀的人；作为一个学者，他是一个一流的学者；作为一个文学家，他是一个伟大的文学家。"③

不愿意报金庸研究生，大家的心态是大致相同的：金庸作为一位武侠小说家，是毫无疑问的，作为他武侠小说的忠实读者，没有任何问题，事实上，他们很小就成为金迷了。但他们觉得，尽管如此，并不意味着金庸有带博士

---

① 引自毛剑杰、钱伟锋《"大侠"金庸在浙大五年很称职》，《青年时报》2005年1月13日。
② 引自《金庸辞职内幕大曝光 三大焦点解与浙大"恩怨"》，四川新闻网—成都晚报，2005年1月9日。
③ 引自毛剑杰、钱伟锋《"大侠"金庸在浙大五年很称职》，《青年时报》2005年1月13日。

的能力，他们这样做，正是从另一方面对金庸的敬重。这是一种对学问负责任的态度。

而对于自己招收研究生的问题，金庸也作过解释。一是他招收博士生的门槛高："我的要求很严，我的学生中英文、法文、日文都要第一流的。希腊文拉丁文都要懂。"①

二是学生素质不高："我的徒弟，要对历史有一定的研究，要掌握两种以上的外语，最好还会一点拉丁文或希腊文，总之得是个可造之材。如果招不到合适的，宁愿不招。"②

《红楼梦》第46回回录前半句为"尴尬人难免尴尬事"，荣任院长，原非本意，盛情难却之下上任原本无可厚非；再当博导，似乎玩得过了些。然而，细想之后，方才发觉，这其中的"尴尬人"未必仅仅金庸一人：年近八十的老人，究竟有无当博导的初衷？是否有他人的"启发诱导"？外人无从得知。然而，尴尬之后，金庸对此心知肚明，竟有痛下决心到剑桥拿博士文凭的下文，也不失为一件好事了。

金庸江湖深似海

我的理智和学养顽固地据斥金庸（以及梁羽生古龙之辈），一向无惑又无惭。有几位欣赏新武侠小说的文友曾极力向我推荐金庸梁羽生，我也曾怀着"一无不知，君子所耻"的心理借来《鹿鼎记》、《射雕英雄传》，最终

---

① 引自《中华读书报》转载《钱江晚报》文章，2001年4月25日。
② 引自《开馆四年金庸总算招来博士生：山西才女苦心琢磨金庸作品改编的电视剧，终于拜入门下》，《沈阳今报》2003年8月6日。

却只是帮儿子跑了一趟腿。①

鄢烈山的这篇文章可以看成是对日益高涨的"金庸热"射出的首发炮弹。在这篇文章中，作者从"历史认知"、"价值取向"、"文化娱乐"三方面批驳武侠小说，对于金庸和武侠小说火力最强烈的批评是"武侠先天就是一种头足倒置的怪物"。鄢烈山认为，武侠混淆历史真实，过分夸大原本难以捉摸的个人英雄主人，其中颇多反社会的意识和行动，与现代社会的根本精神格格不入，堪称"精神鸦片"。随即，作者失望至极："然而，令我尴尬的是，我一向崇敬的北大却崇拜金庸！"

鄢烈山《拒绝金庸》的写作背景是这样的：

1992年，金庸到英国牛津大学做访问院士半年，并荣膺法国荣誉军团骑士勋章；同年，加拿大哥伦比亚大学以"全世界读者最多的小说家"的评价，授予他文学博士称号；1993年3月，金庸再次到北京并受到江泽民总书记的亲切接见，这次会谈给金庸留下了极深刻的印象，回港之后，金庸的长文《北国初春有所思》，记录他在大陆的见闻与思考，尤其是文中的诗句，被多家媒体转载；1994年5月，《金庸作品集》共36册由三联书店出版，并引发购买狂潮；8月，由王一川主编的《20世纪中国文学大师文库·小说卷》所排大师的前四位是鲁迅、沈从文、巴金和金庸；8月25日，《中国青年报》刊登"拱火"文章《〈20世纪中国文学大师文库〉出新奇，金庸可能当大师》，果然，反响强烈，各大小媒体纷纷推出与金庸相关的文章甚至开辟专栏；1994年10月25日，北京大学授予金庸名誉教授称号；同日，北大严家炎教授在发表了《一场静悄悄的文学革命》的贺词……

一时间，金庸风劲吹，让人避之不开、无处可避。

---

① 引自鄢烈山《拒绝金庸》，《南方周末》1994年12月2日，后收入鄢烈山《中国的心病》，南方日报出版社2012年1月版。

鄢烈山的《拒绝金庸》里提到了严家炎先生，口气似有批评之意[1]，表达了自己对金庸及其作品坚决抵制的态度。

此文一出，舆论更炽，随着严家炎反驳文章的发表，一场关于金庸与武侠小说的激辩拉开序幕。

1995年1月13日，严家炎在《南方周末》发表《答〈拒绝金庸〉——兼论金庸小说的文学史地位》，对鄢烈山的批评进行反击，指出鄢文中的两大漏洞：第一，没有读过金庸的小说便不负责任地进行评论；第二，既然持评论态度，结尾却又虚伪地表示对读者的理解或支持。[2]

三个月之后，鄢烈山的《再拒金庸》便刊登于1995年4月5日的《贵阳晚报》上，对严家炎的批驳进行反批驳，论据颇似"我不会像母鸡那样下蛋，但我就没有评论鸡蛋大小的资格吗"的功力。[3]

随即，童志刚[4]加入"战团"，他批评鄢烈山为"因经常唱反调而有些名气的杂文家"，颇有人身攻击的味道，最后，童志刚为鄢烈山支招：

> 务请烈山先生平心静气地排除功利地把金庸（甚至还包括梁羽生、古龙之辈）读完，并参阅红学家冯其庸先生1985年写的《读金庸》和二十三集的"金学"丛书以及陈墨先生五卷本的《金庸小说之谜》等书，悟一悟金庸先生是不是浪得虚名，成万上亿的读者的选择是不是自贬身份的媚俗，然后再来对

---

[1]《拒绝金庸》中有这样的句子："……据说，北大中文系教授严家炎先生盛称金庸的武侠小说'带来了一场文学革命'……我无法接受金庸，更无法接受北大对金庸的推崇。是我冥顽不灵，还是历来被教育界、学术界视为'盟主'的北大自贬身份而媚俗？"

[2] 严家炎批驳鄢文说："作者洋洋洒洒地评论金庸小说，却从未读过金庸小说……既然未曾读过，却又要指手画脚，岂不怪哉！"关于第二条，严家炎批驳说："既然是'鸦片'，按逻辑推理，当然应该取缔才对。然而文章结尾，鄢先生忽然又无端地大发起慈悲来，说：'武侠小说不是罪恶，萝卜白菜各有所爱，谁爱看就去看。'……"严家炎在文章中指出："每个人都有权利表示自己拒绝什么，包括'拒绝吃饭'。我的唯一希望是，做点切实研究之后再开口。"

[3] 鄢烈山在文章中说："我没有读金庸，居然大言不惭地'拒绝金庸'，使严家炎先生'惊诧莫名'。对于教授的惊诧莫名，我莫名惊诧。那么，我没有受洗，就不能拒绝上帝？"

[4] 童志刚，湖北大家报刊社编委、读书文摘杂志主编。著有《融合与超越》、《武侠小说辞典》、"名流丛书"五卷本等。

话不迟。①

对于童志刚的观点，鄢烈山再次撰文《门外谈金庸》，进行反驳，并以"门外"自称，以表达自己坚决拒绝金庸之意，口气强硬，寸土不让，但细读之，却让人不由生出离文明渐行渐远之感。②

鄢烈山的阵营里还有同伴。朱国华认为，提出"金学"一词是在玩概念，华而不实。金庸小说不足以列入一流文学作品行列，应客观主观金庸小说，既不能无限拔高，也不必贬得一文不值。

王春瑜③和林焕平④认为，金庸被称为武侠小说大师级的作家尚有道理，但若拔高成五四以来的大师，则不合适。

王彬彬尤为尖锐，"说到底，金庸小说仍然是一种'高级通俗小说'，仍然是一种'高级文化快餐'，仍然深深打上商业文化的印迹"，因此，欲造就"金学"的观点，无疑是"日夜不分后的一种昏话"。

李国文的观点则似有偏激之嫌，他认为推崇金庸及其小说的行为属于"嗜痂之癖"。

这场"拒绝金庸"大战，激起了众怒。冲动的金迷将鄢烈山称为"学究"和"腐儒"，他们愤怒地致函鄢烈山，如数家珍地列举金庸曾在法国、英国、香港等地获得的殊荣，还将浙江省政府和杭州市政府特批西湖边上的一块地用于金庸建房的报道寄给鄢烈山，以示金庸的非凡地位。但这无疑授人以柄，鄢烈山奋起反击，指斥金庸"圈地"、"筑豪宅"之所为既不符合侠义传统，

---

① 引自童志刚《且慢拒绝金庸》，《今日名流》1995年第3期。

② 鄢烈山在《门外谈金庸》中说："我说武侠小说是'鸦片'，我拒绝它们，并不妨碍别人比如童先生推崇它们，说它们如吃饭一样必不可少……那么多诺贝尔文学奖获得者的作品我都没功夫读呢，哪有时间阅读什么金庸！……即使有闲暇，各人有各人的消遣方式，我是宁可蹲在地上看蚂蚁打架，也不乐意读武侠小说的。"（引自鄢烈山《门外谈金庸》，《今日名流》第4期）

③ 王春瑜，1937年生于苏州，江苏建湖人，中国社会科学院历史所研究员，中国作家协会会员，学者。著有《明清史散论》、《明朝酒文化》、《古今集》等。

④ 林焕平，广东新宁人，教授。著有《茅盾在香港和桂林的文学成就》、《抗战文艺评论集》、《文学论教程》等。

也不符合佛家教义。

关于金庸的论战不仅爆发于1995年前后，直到今日，也不曾断过。

尤其是金庸小说进入高中语文读本以后，拒绝和支持的声音都空前响亮，参与争辩的人也空前的多。

"金庸小说里面有很多中国传统文化的东西，比如儒家的入世救国思想、道家的清静归隐思想以及佛家的顿悟和慈悲情怀……郭靖、乔峰、洪七公、令狐冲、石破天等人物形象，放在现代文学人物长廊中也并不逊色。记得当年看《侠客行》，我曾经如金庸先生一样，因为看到石清、闵柔夫妇在庙中祝祷，为他们的爱子慈心感动得流下泪来。"[1]

"如果中学课文不加批判地推广金庸的腐朽的武侠小说，受到武侠小说教育的那一代必定是可怜的一代，必定是可悲的下一代，因为他们错失了启蒙的教育，因为他们以后将不得为人类的基本价值付出更多的努力，牺牲更多的时间。"[2]

2008年11月19日，时隔多年之后，严家炎在接受采访时评价金庸小说："金庸的语言结合了三方面的营养，一方面是新文学白话文的因素，他很喜欢"五四"时期的作品，尤其喜欢鲁迅和沈从文。另一方面又相当多地继承了传统白话小说语言的长处，此外还有近代翻译小说对他的影响。他的语言综合地吸收了三方面的营养，表现为叙述很简练，没有生造的成分，读来不但赏心，还很悦目，金庸语言的画面感很强，甚至所使用的词语的颜色、意味的搭配都很舒服。"[3]

一位网友将金庸作品与李敖作品进行了比较，通过比较，他得出了读金庸与读李敖所受的教育和影响有天壤之别："李敖其人从来是笑傲天下的。

---

[1] 引自龙城碎月《金庸武侠入选中学课本没必要大惊小怪》，人民网，2007年8月16日。
[2] 引自钟垂林《中学课本需要启蒙思想，拒绝金庸武侠垃圾》，《中国选举与治理》2007年8月18日。
[3] 引自苏娅《"金庸小说把俗文学大大提高了一个层次"》，《第一财经日报》2008年11月22日。

但我以为，他的这番话①并不过分。读金庸，迷金庸，只有使人"遁世"；读李敖先生，却会使人"入世"，并陡增一股阳刚大丈夫之气！此两者之不同也。"②

"金庸是以商人的'精打细算'开始写作的。金庸深知，只有最中庸的写作才能保持最庞大的读者基数。对他来说，获得商业上的成功比坚持某种文学理念和生命价值更加重要……这种妥协使得金庸永远只能是一个优秀的通俗小说作家，而不可能跻身于文学大师之林。"③对于金庸，从来是喜爱与拒绝并存，笔战与推动互生的，这就是"金庸现象"。

事实是，这场"拒绝金庸"大笔战，孰胜孰负且不论，结果却是反对者不曾想到的——金庸的"金字招牌"含金量更高了！

1997年6月，杭州大学首届金庸学术研讨会召开；1998年4月，由中国作协与大理市政府组织的"金庸小说与大理"学术研讨会在云南大理召开；1998年5月，"金庸小说与20世纪中国文学"国际学术研讨会在美国科罗拉多大学召开；1998年第5期的《当代作家评论》杂志刊出了一组"金庸评论小辑"的文章，刘再复的《金庸小说在二十世纪中国文学史上的地位》、陈墨的《金庸小说与二十世纪中国文学》和陈平原的《超越"雅俗"——金庸的武功及武侠小说的出路》等名家文章赫然在列；1998年5月，日本东京出版了金庸与池田大作的对话录，不久，其中文版在台湾、香港和北京推出；1998年8月，文艺术出版社出版了《评点本金庸武侠全集》，这是第一个中国现代作家的全集评点本；1998年11月，上海《新民晚报》在"读书乐"

---

① 李敖在回答采访者"你认为大家应该先读李敖，还是先读金庸"这个问题时，不客气地说："金庸的武侠小说乃是'下流'——不是肮脏的意思——而是'不入流'。所以读者应该只读李敖，不读金庸，而不是先读李敖后读金庸。如果有人先读了李敖，再读金庸，就会发现金庸不值一读；如果先读了金庸，后读到李敖，也会发现以前读金庸真是活该上当，从此之后再也不会读金庸的了。"
② 引自王若谷《比不过琼瑶李敖 金庸为何不入流？》，人民网，2011年8月5日。
③ 引自余杰《金庸的伪善和妥协》，中国新闻网，2011年8月5日。

专栏举办"金庸世界读者问答",与此同时,中国大陆、香港、台湾以及海外的各色"金庸网站"相继开通,多种以金庸小说为蓝本的游戏也相继问世;1998年11月,由台湾汉学研究中心、《中国时报》、远流出版公司联合组织的"金庸小说国际学术探讨会"在台召开,会议期间,金庸还与著名女演员萧蔷进行了一番精彩的对话。

1998年,被人称为"金庸年"。

"朔迷"与"金迷"之争

1999年是金庸的多事之秋,"《评点本》风波"[①]未息,王朔又挑起事端。

1999年11月1日,《中国青年报》发表了王朔的文章——《我看金庸》,并配以颇吸引人眼球的《编者按》,鼓动人来参与评论:"……一:挑战金庸,前无来者……只要自圆其说,言之成理,童言无忌,但说无妨。二:和声构成交响,斑斓组合繁华。日益沉寂的文坛需要强音。"

《我看金庸》长达3000多字,将金庸小说写得一无是处。《中国青年报》将该文归纳为三个要点:一、金庸小说与四大天王、成龙电影和琼瑶电视剧构成四大俗;二、金庸小说情节重复、行文啰嗦,永远是见面就打架,全部小说都由一些胡乱的深仇大恨推动着;三、金庸小说很不高明地虚构了一群中国人的形象,给世界一个大大的误会。

第二天,国内的不少媒体便以"王朔:金庸太臭"为题目纷纷转载。

王朔文章发表的当天,新浪网的"金庸客栈"和"王朔个人网站聊天

[①] 1998年8月,文化艺术出版社出版了《评点本金庸武侠全集》。1999年3月下旬起,金庸在媒体面前公开表示,《评点本》是"一种聪明的盗版"。自此,金庸、出版社和评点人之间发生了一系列的诉讼,直到2001年2月16日,三方才达成协议,这场马拉松似的诉讼才和平解决。

室"便人满为患，二人的粉丝已经开战。其中，"金迷"队伍庞大，力量惊人，态度出离的愤怒，短短几天，讨伐王朔的文章便逾10万字之多；"王迷"则小众许多，可能是深谙是非起因吧，较之金迷，也冷静许多。

有一名金迷从四个方面批驳王朔，文章较长，只撷拾其要点：

"一、王朔作为作家，过去和现在偏见都太深。二、王朔作为作家，对文学艺术的审美标准的理解似乎不正确。三、王朔作为常人，阅历太肤浅，对中国社会的历史和传统缺乏清晰的认识，对人性缺乏切身的体验和了解。四、王朔……生活阅历太局限了，对中国广大的农村社会……太不熟悉。"[1]

但"王迷"也没闲着：

"……王朔文学的价值在于对传统文学模式的反抗……没有王朔，当代文学便少掉许多东西，我读王朔，总感到字里行间隐藏着句句不便明说的真理……至于金庸先生，他的得势，正像荒漠中的一丛植物，不见得有多美，但也不为现当代正统文学所多见，因而便显得有了些生机。"[2]

金迷所持的观点大致是：1. 王朔未细读金庸小说就妄加评论，且不是就文论文，而是大而空，语言尖酸刻薄，属于"文痞"、流氓行径；2. 王朔这些年文坛寂寞，想借骂名人而让自己出名。

但王迷也不含糊，他们的观点几乎与王朔本人相同，认为金庸这些年被抬得太高，名不副实；金庸小说非属瞎编乱造，太过低俗；早就该有人站出来骂了，王朔是第一个敢吃螃蟹者……

网友大打出手，国内外的文人们当然也不能坐视，无论站在哪个阵营，他们的态度都要理性、柔和很多——

---

[1] 引自阿曾《我评王朔一二三》。
[2] 引自柴明卿《支持王朔》。

"金庸作为一个作家可以有人喜欢，有人讨厌，我对金庸是肯定的，特别是《鹿鼎记》。王朔的这篇文章是随笔性的，跟文学批评关系不大，不是学术评论，他只是借这个"题"发表自己的见解。"（刘心武语）

"其实我觉得金庸不错，他的作品曾给我带来很大的乐趣，但他作品中的写法套路问题也确实存在，王朔对他的这一点批评并不过分。"（格非语）

"从来没看过金庸的作品，原想买几本弥补这个缺憾，不过后来听王朔这么一说，倒下决心了：宁可相信王朔的话，不相信金庸了。"（陈染语）

"这不干我的事，没意思。文坛上的是是非非我不说。金庸的书我看过，挺喜欢，古龙的没看过。王朔这事不一定是炒。总之没意思。"（贾平凹语）

……

新闻界人士也不甘寂寞——

11月6日起，香港报纸开始报道金庸与王朔"论战"的战况，《文汇报》甚至用整整一版的篇幅，供专栏作家使用。

11月9日，《信报》副刊发表戴天的文章，认为王朔不过是一个"痞子"，这样的人竟然还批评金庸，充分表现了他的修养和见识之低，实在连"雅痞"都称不上。

同日，《明报》发表黄文放的文章称："王朔的文章不是文艺批评，他完全不是分析作品，不分析作品的主题和人物，就是独沽一味：谩骂……"黄文放认为，王朔此举，是一种排斥港台意识的一种反映。

11月10日，《明报》副刊刊出石桦的《权且上当》一文，讽刺王朔像一个过气的三流女星，靠脱出名。并劝金庸不必和王朔一般见识，更不必与他认识，那会跌金大侠的身价。

学界自然也不是"铁板一块"——

11月10日的《中华读书报》刊登了袁良骏的文章《再说雅俗——以金

庸为例》，文章对金庸先褒后贬，既概括了金庸小说的优点：学识渊博，气势宏伟，结构宏大，才华横溢；忠奸分明，善恶昭彰……擅长将武侠故事置于大的历史巨变中，从而大大增强了小说的历史感；努力打破小说人物的概念化、类型化，努力要人物有独特性格；在写作上很注意技巧，比如悬念书和细节等……

但后来，袁良骏又用比王朔还严厉的口吻对金庸小说进行了批评。

同日晚，严家炎在北师大与学生对话，他认为："王朔批评金庸作品里的人物思想狭隘，动不动就打，无法无天，其实，这些都是金庸小说中的邪派人物，金庸写他们，就是批评他们……我欣赏王朔的作品，也欣赏金庸的作品。我主张我们的欣赏趣味不妨宽广多样一点。要尽量避免用自己的习惯或喜欢的那类作品做标准，去对待自己不熟悉、不习惯的另一类作品。要避免跨入'异元批评'的误区……"

12月1日的《中华读书报》发表了何满子的文章《破"新武侠小说"之新》，将批评的矛头对准支持金庸小说的人。

2000年初，何满子、袁良骏等学者又在《文学报》上发表《作孽啊作孽》、《必须遏制文学低俗化的潮流》等文章，继续批评金庸及其武侠小说。

严家炎以文还击，在2000年6月28日的《中华读书报》上发《以平常心看新武侠》之文，为金庸小说辩白，并批评何满子："如果何先生坚持武侠小说无论新旧都是'精神鸦片'，都是'屎'的主张，那么，我建议他解剖两个麻雀以示范，请他分析一下鲁迅的《铸剑》、老舍的《断魂枪》，看它们'毒'在何处，'臭'在哪里。如何？"

对此，袁良骏8月23日在《中华读书报》上发文《〈铸剑〉、〈断魂枪〉都是武侠小说吗——向严先生请教》，文章说，《铸剑》和《断魂枪》均不是武侠小说，前者是纯正的历史小说，后者是纯正的写实小说。文章还说："金庸先生颇有自知之明，他曾不止一次声称：武侠小说是娱乐性作品，不宜评价太高……然而，以严先生等为代表的几位内地学者却执拗得很，非把金庸捧上天不可。不知这是不是一种学术上的走火入魔？"

严家炎和何满子、袁良骏论争之时，又有不少学者加入进来。他们的论争虽然未明确分出优劣高下，但起的两个作用却委实不可小觑：一、使文坛不再寂寞，为新世纪的发端增添了富有活力的元素；二、无意间助推了金庸小说，使之在原本的魅力之上，又增添一层神秘的光环。

局外人激烈争论，作为"始作俑者"的王朔和"受害者"的金庸反应如何？

王朔的文章发表四天之后，金庸发表文章，对王朔的挑衅进行回应，文章言辞文雅，态度大度，表达了自己与王朔素无恩怨，意欲一见，还谦逊了一番，认为自己确乎受到了众人的抬爱，最后，金庸以若有若无的口气驳斥了王朔文章中的错误：王朔在《我看金庸》中提到他看过七卷本的《天龙八部》，但只看一本便再也看不下去了。金庸说，《天龙八部》从无七卷本，不知王朔从何看起？言外之意，王朔所说的基本事实为假。最后，金庸表示："我很感谢许多读者对我小说的喜爱与热情。他们已经待我太好了，也就是说，上天已经待我太好了。既享受了这么多的幸福，偶然给人骂几句，命中该有，不会不开心的。"[1]

王朔也频频接受采访：

记者：在你眼中，金庸和古龙谁更出色？

王朔：古龙的书，我看得不少。金庸比古龙不如，在他们那一拨里面，他是最差的。

……

王朔：大家把金庸捧得这么高，只能说大家是"睁眼瞎"，别人糊涂，我可不傻。就算是为了生态平衡，也得有人骂一句。[2]

---

[1] 引自金庸《不虞之誉和求全之毁》，上海《文汇报》。1999年11月5日。
[2] 引自《成都商报》1999年11月3日。

在王朔与金庸的论战中，王朔是步步紧逼，霸气十足；金庸是以柔克刚，绵里藏针。王朔是频频出镜，公开发言；金庸是屡屡撰文，以文制暴。加上粉丝、网友的助战，文人、学者的参演，真个是天昏地暗，日月无光。在这样的氛围里，胜负似乎已然不再重要；在这样的纷扰里，是非曲直，大家心里都有一杆秤。

放下无求心自在

早在2003年，《金庸茶馆》杂志的记者曾这样采访金庸："我现在来设计一个场面：在很久很久以后，一个大人领着一个孩子，走过了一片墓地，突然这个大人对这个孩子指着一块墓碑说，你非常喜欢的那个金庸，那个名字就在上面，就在那个墓碑上，然后两个人就走过去了。在那个有金庸名字的墓碑上面，会写着什么？"金庸以老顽童似的口吻回答："这里躺着一个人，在20世纪、21世纪，他写过几十部武侠小说，这些小说为几亿人喜欢。"[①]

20世纪90年代，金庸在蓬莱仙阁观海，并有感而发，在那里题下四句诗："蓬莱极目觅仙山，但见白云相往还。放下无求心自在，琼宫仙境即人间。"

金庸曾说："什么叫'拥有'？你永远拥有你的一切吗？二三十年后，我人都不在了，还能拥有什么？古诗云'人生不满百，常怀千岁忧。昼短苦夜长，何不秉烛游'。你能拥有一件事物100年吗？"[②]

这就是金庸的潇洒。

[①] 引自辛文、叶华《金庸：为自己设计墓志铭》，原载《金庸茶馆》杂志，葛涛、谷红梅、苏虹选编《金庸其人》，社会科学文献出版社2004年9月版。

[②] 引自阎挺《放下无求心自在——近读金庸先生》，葛涛、谷红梅、苏虹选编《金庸其人》，社会科学文献出版社2004年9月版。

就在"我看金庸"的论争还未平息之时，2000年，金庸曾被李国宝[1]提名诺贝尔文学奖，许多国际知名教授也极力推荐，金庸听说之后便说他不会得奖，并适时地幽了自己一默。[2]

2005年1月10日，金庸辞去浙大文学院院长之职。

一直以来，金庸当院长、当博导的质疑之声不绝于耳。

南京大学人文学院院长董健评论金庸辞职时说，这是"结束了一场错位"，金庸"在南大历史系当个副教授都不够"。更指出金庸当年在南大作讲座，历史政治方面错误百出，引起学生不停哄笑。

刚退休的浙大历史系教授何忠礼曾对某媒体表示，让金庸带博士完全是误导学生。曾参加当时历史系基层评议的何忠礼称，当初评博导资格时，别人都著作、论文厚厚一叠材料，只有金庸是一张空白表格上面写着查良镛三个字。他和其他老师都拒绝进行这样的评议。但最终，金庸仍通过了博导资格。[3]

也有支持者。

"谁说金庸不够资格当教授？梁漱溟到北大当教授时也没有什么高级文凭。我们学术界充满了无知和偏见，金庸的学问在'职业技巧'上可能不如董健老师和我这样的'科班出身'者，但指导几个学生是没有什么问题的。"

（孔庆东语）

---

[1] 李国宝，1939年3月13日出生于伦敦，祖籍广东鹤山，是香港望族"李氏家族"的成员之一，现任香港东亚银行主席，香港行政会议成员，香港立法会金融界代表议员，香港大学副校监。

[2] 金庸这样分析自己不会得奖的原因：第一个原因，诺贝尔评审委员有政治偏见。第二，他们不中意讲故事，爱讲知识，讲心理，所以一定不会把奖颁给我……评审委员都是大学教授，一般人中意的他们不中意，认为不够高级，《魔戒》、《哈利·波特》可能永远也得不到这奖项，因为太好看、太有趣了。可能得到诺贝尔奖的话，我的小说也没有人看了。引自洪捷《近访金庸先生：八十老顽童鬼马本色不改》，葛涛、谷红梅、苏虹选编《金庸其人》，社会科学文献出版社2004年9月版。

[3] 引自《金庸可能三月正式卸任院长　浙大人对其评价很高》，新华网2005年1月13日。

"金庸当博导不够格？真是天大的笑话！……要说讲课出错误，哪个老师能不出错？关键纠正就是了。事实证明，金庸是一个大师级的历史作家，说他不懂历史，真是胡说八道。"（严家炎语）

清华大学国际传播中心主任、博导李希光这样评价金庸："在我看来是三句话：金庸是当代中国最优秀的新闻工作者之一、新闻教育家之一，他离开大学讲坛是中国教育界的悲哀。"

是耶非耶，金庸都已转身离开，把这些留在了身后。谈及金庸在人文学院院长一职的评价，浙大有关领导说，金庸是称职的。是客套之语、溢美之辞，还是由衷赞叹、客观反映，都与金庸无关。在嚣闹之中上任、在质疑之中行职、又在热议之中离开的金庸，很快便又锁定了目标——剑桥、读书。剑桥大学，那里有金庸表兄徐志摩的爱恋在萦绕不去，那里有金庸的渴望在凝聚成云，那里有绵长的书香在氤氲着诱人。

挑战，从斜刺里杀来

李轩的《人类进化史》内容简介中这样说："一直到今天，人类依然不能清晰发掘人类发展的脚印，但是已经大致勾勒出了人类发展的粗疏旅程。几百万年以前，非洲丛林中的古猿拿起了木棒；几十万年以前，山顶洞人在北京房山燃起了熊熊的篝火；几万年前，人类开始进入了石器时代；几千年前，人类在干旱的沙漠边缘建造了宏伟的金字塔……人类的历史，有着太多太多曲折的道路，也有着太多太多精彩的故事……"

不可否认，在人类进化史和社会发展史上，不仅从来不缺少超越，而且人们还呼唤和期待超越，只有如此，人类才能进步，社会才能发展。然而，也必须承认，进化与发展，进步与超越，除了是规律、是愿望、是目标之外，还应该是实力、是底气、是稳扎稳打，而不该是噱头、炒作或者是其他。

在2006年11月23日举行的今古传奇黄易武侠文学奖颁奖仪式上，获奖的女作家步非烟在获奖感言上说出了这样的惊人之语："要写新时代的武侠文学，要突破自身，我们要革金庸的命。"

今古传奇黄易武侠文学奖设立于2003年，是由著名武侠作家黄易与大陆新武侠第一刊《今古传奇·武侠版》共同设立，为大陆新武侠最高年度文学奖。凤歌（获奖作品《昆仑》）、沧月（获奖作品《帝都赋》）和步非烟（获奖作品《曼荼罗》）分获本届文学奖的一、二、三等奖。

同为新派武侠小说作家的王晴川[1]认为，现在市场上流行的言情武侠、神魔武侠等等看似新奇的东西，充其量只是"偏军和骑兵"，欲形成气候，尚有很远的路要走。他说："在武侠小说这个类型文学中，无论从文学地位，还是从艺术成就，金庸都是无法超越的。"

然而，另一位研究武侠小说的著名学者韩云波[2]却比孔庆东要乐观许多，他同意"革金庸的命"之说，力挺步非烟："武侠小说就是不断超越的过程，金庸就是用'人性'向之前的武侠作品发起了革命。"

对于人们的反驳，步非烟回应道："我这么说不是对金庸的不敬佩，反而是对他的尊敬。只会谦虚有什么意义呢？这句话总有人会说出来，现在我大胆把它说了出来。当然，也许以后革金庸的命的不是我，而是其他作家。""新武侠是一个革命的传统，还珠楼主革了三侠五义的命，金庸又革了还珠的命，才有了今天的武侠。如果总说一些谦虚的话，高山仰止什么的，无法超越什

---

[1] 王晴川，70年代出生，天津人。代表作《雁飞残月天》。
[2] 韩云波，西南大学教授，西南大学学报编辑部编审，主要研究小说学及通俗文学等，著名武侠评论家。代表作有《谁是英雄》、《剑气横空》、《人在江湖》等。

么的，有什么意义呢？这是不负责任的表现。没有一个人站出来说要超越前代，这才是对金庸先生的不尊敬。"

步非烟，本名辛晓娟，1981年7月11日出生于四川成都，毕业于北京大学中文系。其笔名取自皇甫枚所著的唐代传奇《步飞烟》。

步非烟作品有《华音流韶》系列、《武林客栈》系列、《昆仑传说》系列、《修罗道》等，曾在武侠小说杂志《今古传奇》等上连载其作品。2004年曾获"温瑞安神州奇侠奖"。步非烟说："小时候看了好多武侠电视剧，比如《江湖恩仇录》，当然还有香港1983版《射雕英雄传》。""初中时就开始写武侠了，曾为此被老师骂哭，被家长撕书……我非常崇敬、感谢金庸先生，但正是这种崇敬和感谢，让我有了责任感与使命感。"[①]

2007年1月，金庸在接受香港《文汇报》采访时，对步非烟的"挑衅"进行了首度回应："科幻小说不是武侠小说。我写的小说没有神，也没有鬼怪。现在有些小说以武侠小说冠名，却有地球人与外星人的对话，上天入地十分容易。"

步非烟这样予以反驳，他认为，当读者刚刚读到《天龙八部》的时候，肯定也会认为是颇具科幻色彩的。她认为，《倚天屠龙记》也不乏科幻：有只小船神奇地飘到南极去了？

关于武侠小说创作，金庸说："武侠小说同样需要社会阅历和生活经历，光凭想象，不相信能够写出合乎情理的武侠小说。"

这可是金庸的原则。近年来，随着越来越多的文学少年出书，几年前有一个12岁的山东小姑娘也想写武侠小说，并请金庸写序和题写书名，金庸拒绝了。他说："不行！武侠小说12岁小女孩怎写得出？写诗比较短小，描

---

① 以上部分信息取自《知名作家批北大女硕士言论　称金庸无法超越》，读者时代2006年12月3日。

写一段感情还可以,写小说不单讲究技巧,还要懂人生呢……"[1]

步非烟立即接招:"阅历只是一个方面,张爱玲最闪光的作品也是在25岁之前完成的……我相信金庸、古龙最开始写小说的时候,也不过是我们这种年龄吧。"

采访中,金庸谈起了"挑战者"的名字:"在唐朝,有个歌妓叫步非烟。"言谈中不乏人身攻击的意味。步非烟的读者认为金庸缺乏风度,但步非烟另有理解:"可能是金庸先生和我开了一个刻薄的玩笑吧,为了平息网上的风波,我准备送一首调侃金庸先生的诗。"

步非烟说话算话,写了一首名为"贺金老创作五十周年兼咏萧峰"的诗——

兴咏未辞世事闲,聊为大隐隐长年。
帝京弹铗催鹏奋,绝塞分麾记燕然。
情必深乎乃能寿,侠之大者始回天。
百年勋册知谁在,检点丹青太史篇。

步非烟与金庸舌战后不久,便被二十一世纪出版社正式签约,以200万元的价格,将今后4年作品的出版权卖给了二十一世纪出版社。

二十一世纪出版社社长张秋林表示,这是该社"打造新武侠盛世辉煌"计划中的重要环节。此前,该社已经签下了温瑞安、小椴等武侠大家,全力打造"新武侠"作家群……在问到为什么会对步非烟情有独钟,一次投入这么大时,张秋林毫不讳言这与步非烟前不久的公然放炮有关,"步非烟本来就是新武侠小说领域最有创造力和人气的作家,她最近的一些言论更是让出版社看到了她的锐气和文化感受力,现在已经有很多媒体将步非烟称为女金

---

[1] 引自洪捷《近访金庸先生:八十老顽童鬼马本色不改》,葛涛、谷红梅、苏虹选编《金庸其人》,社会科学文献出版社2004年9月版。

庸，这就是对她的实力的肯定。"①

2010年，步非烟在接受采访时说："武侠到现在已被边缘化，的确需要变革。这个变革，我非常希望是由我本人来完成……我觉得，如果金庸古龙是武侠中的李杜的话，不妄自菲薄的说，我已经具备了成为陈子昂的资本。能否在不远的将来成为李杜或李商隐，还要时间来验证……金庸先生提出的侠之大者，为国为民，是一种儒家观念的侠客，也永远是侠义的重要部分。我觉得这个时代的侠应该是一种逍遥之侠……是一种道家之侠。"②

金庸早已封笔，他的作品已经是一座"静止不动"的高标，所谓高标，就是让人超越的，就像体育上的记录，静静地躺在那时，渴望着后人刷新。我们有理由相信，金庸不会小器到害怕后人超越，他也阻挡不住真正有水平的后人超越的脚步，也但愿步非烟能够成功超越前辈。

---

① 引自《"女金庸"步非烟被重金买断》，《新闻午报》2007年4月21日。
② 引自《对话奇幻美女作家步非烟：具备资本超越金庸》，荆楚网2010年8月23日。

剑桥：放下剑，拿起书

2005年6月11日，金庸接受了英国剑桥大学授予的荣誉文学博士称号。6月22日，在剑桥大学导师学院，剑桥大学校监菲利浦亲王亲自向金庸颁授荣誉文学博士学位，他是获得剑桥大学荣誉文学博士的第一个中国人。仪式上，金庸向中国留学生们说：我在浙大做教授时，对学生们说，我没本事做你们的老师，做你们的大师兄好了；如今剑桥收我做学生，我首先要删去我的教授头衔。先进师门为大，我是师弟，你们是师兄、师姐，以后请多多指教……[1] 金庸还表示，光有荣誉文学博士的称号还不够，他将在剑桥大学历史系正式攻读博士学位，并且已经找好了剑桥大学著名的 David McMullen 教授为自己辅导。

2005年10月1日，金庸夫妇离开香港，远渡英国，正式成为剑桥大学的一名学生。金庸此举，无疑又激起了一片质疑之声，有人认为金庸仍然是在做秀，像他当年的"一元钱"版税一样，像他接受多所大学荣誉教授、荣誉院士和荣誉博士一样，像他上任浙大人文学院院长一样。既然认定了是做秀，便有人断定他肯定坚持不了多久。然而，金庸谢绝了一切跟学业无关的应酬，专心致志在剑桥读书，而且乐在其中，成了老师和同学公认的"好学生"。

金庸说，他到剑桥读博士，不是为了赚钱和升职，只为充实知识和人格修养。说这话时，金庸81岁，早已是一位名满天下、亿万身家成功者。

因为剑桥已向金庸授予荣誉博士称号，金庸向剑桥大学提出攻读博士的

---

[1] 引自田家明《金庸申请读剑桥博士记》，《青年参考》2005年11月16日。

申请时，校方开始时并不同意，因为荣誉博士比普通博士学位高。但经不住金庸的再三诚恳请求，只得答应。于是金庸在按普通学生的标准履行许多入学手续后才得以入学。

剑河（即康河）的轻唱里，仿佛吟咏着《再别康桥》的华丽诗章，金庸追寻着表兄的遗迹，思绪与数十年前的那位浪漫者对接；踏着柔软的落叶，每一片叶子都沐浴着知识的光辉；辉煌的历史、古老的故事是诱人的音乐；浓郁的学习氛围、自由的学术空气是丰裕的营养……

金庸计划用两至三年时间，主要攻读历史，包括世界史、中国唐代史、历史学等硕士和博士课程，为此，夫妇俩在学校旁租住了一套非常简陋的住房，以方便学习。金庸说，既然读书，就该像个读书人，就该过得清苦一些。

由于粉丝众多，金庸在"上学途中"免不了遇到索要签名者，但金庸总会告诉他们，自己此时此刻不过是一名普通的学生，在散步或在喝咖啡时遇到了再签吧，那时才是作家金庸。对记者的态度也是这样，他认为，剑桥不希望学生浮躁张扬，自己应该遵循学校的学风，静心读书，唯求学问，别无旁骛。

金庸一副标准的学生装束：每天斜挎一只书包，书包里装着学习用品——当天课堂中要用的书和资料。在剑桥，金庸还"半工半读"，他在牛津大学找了一份汉学研究所高级研究员的工作。

金庸的表现获得了校方的认可。校长理查德女士[①]表示，尽管剑桥的中国留学生是整个大学里最有趣、最活跃的人群，但这群人里给她印象最深刻的则是金庸："我们授予他荣誉文学博士头衔，他还嫌不够，一个八十多岁

---

① 理查德，即艾莉森·理查德，曾任美国耶鲁大学教务长，位置仅次于校长，赢得了"筹款高手"的美誉，2003年10月被任命为剑桥大学第334任校长，也是剑桥自1209年建校以来的首位女性校长。

的老头子千里迢迢跑到剑桥来读博士!"难怪校长会惊诧。[1]

  2010年9月,经过5年的"硕博连读",金庸终于拿到了剑桥大学博士学位,时年86岁。此前的2006年,金庸完成了他的硕士论文《从玄武门看早唐皇位继承》,先取得硕士学位;后于2010年9月,顺利完成其博士论文《唐代盛世继承皇位制度》的答辩。"金庸的老师、剑桥汉学名誉教授麦大维表示,金庸的博士论文研究唐代盛世时期东宫太子继承皇位制度,由唐高祖说到唐玄宗,透过整合正史、野史,分析太子继位牵涉的宫廷政治及权力斗争。'没有学者对此作过如此深入的研究。'麦大维对金庸透彻的分析深感佩服。"[2]

---

[1] 引自《剑桥大学校长:中国留学生最有趣最活跃》,大洋网,2006年4月12日。
[2] 引自《86岁金庸获剑桥博士学位:老骥伏枥 志在文凭》,《现代快报》,2010年9月11日。

第九章
高山流水有雅客 沧海月明是学人

"四大才子"耀香江，而金庸居四大才子之首，另外三名出色的文人——倪匡、黄霑和蔡澜，都是金庸的挚友。他们是一个时代的象征，是香港文化的一个缩影，是一段富有传奇色彩的佳话。当我们谈及香港文化的时候，不能不谈起他们。不能不谈起的还有，近年来研究金庸的大陆学人：严家炎、冯其庸、陈墨……

诤友：董千里

"君子和而不同，小人同而不和。"[1] 老报人董千里可以说是金庸的半个诤友，虽然言辞不甚激烈，但绝不轻易附和金庸不正确的观点。

我和金庸订交逾二十年，勉强可以说是老友，在这二十年中，几乎不曾间断为他所创办的香港明报写稿，有一个时期而且担任实际职务。当我们相识之初，彼此的政治观点颇有距离，但我在金庸的作品中和谈话中体会出他是一个彻头彻尾的自由主义者，是可以和而不同的谦谦君子，所以并不理会闲言闲语，不仅保持交往，而且发生业务上的关系。后来的事实发展证明我判断无误，虽然我们迄今在若干问题上仍然和而不同。[2]

这是董千里对金庸本人和他们的关系的评价，写这番话时，他们已然相识相交三十多年，回首往事，颇有下得山来回望山顶之感——既有居高临下之气势，又有综观全局之胸襟；登山时的不快已然忘却，只留下疲惫后的喜悦与收获。

董千里与金庸有不少相同的地方，都是浙江人，都生于上世纪20年代，董千里比金庸年长三岁。年轻的时候，两个人都是"文学青年"，大学毕业后（金庸是大学肄业），都做过编辑和记者，不同的是，董千里在《申报》，金庸在《东南日报》，后在《大公报》。对于记者和编辑工作，董千里因为曾于40年代在中国新闻专科学院研究班学习，因此应该是科班出身，金庸算

---

[1] 引自《论语·子路》，意思是，君子们团结但有不同思想，小人同谋利但是他们不团结。
[2] 引自董千里《和而不同的老友——金庸》，《金庸百家谈》，春风文艺出版社1987年版。

是"土八路"。

董千里 1950 年到香港，比金庸晚了两年。一到香港，董千里便做了编剧，后升至任国泰电影公司编剧主任，1970 年任邵氏影片公司副经理。

当编剧也是二人相同的地方之一。从这个角度来说，不论是入行时间还是坚守的时间，董千里都算是金庸的"前辈"。

董千里和金庸认识很早，应该是在 1955 年，这时，查良镛刚刚以金庸这个笔名在《新晚报》副刊连载《书剑恩仇录》，二人相识的原因是董千里对金庸的倾慕。据董千里自己回忆："《书剑》最初在报上连载时，我从头到尾均未错过，深佩作者之才，由此结识。"[1]

1960 年，即《明报》创刊的第二年，董千里便应邀为其写专栏，多用"项庄"这个笔名。1969 年到 1974 年间，董千里还为《明报》撰写社评。

金庸非常信任董千里的文笔，1965 年 5 月，金庸赴伦敦参加会议、要倪匡代写《天龙八部》前，为了减少倪匡的心理压力，最大限度地保证文稿质量，曾当着董千里面交代倪匡，"老董的文字，较洗练，简洁而有力，文字的组织能力又高，你的稿子写好之后，我想请老董看一遍，改过之后再见报！"这件事后，并见倪匡被这番话伤及自尊的文字，足见信任董千里文字功夫的不仅仅是金庸，还有倪匡。

既然董、金二人的缘分是武侠小说，董千里当然对金庸的作品达到的高度自然推崇；然而，既然是"和而不同"，董千里便不会一味赞誉，其中还不乏批评："金庸作品也能够做到雅俗共赏，层次或不如《红楼梦》之多而且高，亦已为以后所仅见。他数年前之所以辍笔，恐怕也因发现自己逐渐离开了这一原则。"[2] 这里，董千里称赞的恐怕已不仅仅是金庸的作品了，还有金庸的为人和谨慎的写作态度。董千里的这句话还透露出这样的信息，金庸

---

[1] 引自董千里《"书剑"的两条主线》，《金庸百家谈》，春风文艺出版社 1987 年版。
[2] 引自董千里《武戏文唱与雅俗共赏》。

的作品不再雅俗共赏了，因此他才封笔，也便隐含着对金庸作品的批评。

董千里对金庸的小说写过很多评论，收入《金庸小说评弹》一书中，于1997年由台北远景出版事业公司出版发行。

少年时代的董千里对中国古典文学和传统戏曲情有独钟，但让他遗憾的是，他始终未能学会依格律填词，这点和金庸与颇为相似，金庸对中国传统文化也爱之甚殷，但在吟诗填词上也自觉不怎么样；当然，董千里也未能如愿以偿，登台成为梨园名角。

董千里笔耕数十年，除为《明报》贡献的才力之外，另著有《成吉思汗》、《马可波罗》、《董小宛》等历史小说。

董千里是一个富有多方面才华的老报人，《明报》自创刊到壮大，屹立数十年不倒，董千里功不可没。

慧星·彗星：古龙

古龙生于1938年6月7日，这个原名熊耀华的著名武侠小说家，用他年仅48岁的生命创作了70多部精彩绝伦的武侠巨作，其作品影响巨大，开创了近代武侠小说新纪元，将武侠文学推上了一个新的高峰，与金庸、梁羽生一起，并称为中国武侠小说三大宗师。

古龙的创作理念是"求新求变"，不受传统拘束，将中外经典镕铸一炉。从创作中期直到末期，他不断突破自我，多番表达"武侠小说到了要变的时候"之意，并终生身体力行之。

古龙出生于香港，后随家人移居内地，曾居于汉口。由于战乱，又不得已先移居香港，后于1950年定居台湾，就读于成功中学。这段时间里，其父亲熊飞因有外遇抛弃妻儿，古龙亦离家出走，曾一度迷失自己，加入帮派。

古龙的童年、少年和青年时代一直与动荡、拮据和痛苦为伴，直到他 1955 年读高二时，才有一些亮色。这一年，他在《晨光》杂志发表小说《从北国到南国》，笔名古龙，职业写作生涯于此开始。

自 1963 年起，古龙的六部长篇小说《情人箭》、《大旗英雄传》、《浣花洗剑录》、《名剑风流》、《武林外史》和《绝代双骄》相继问世，遂于卧龙生、司马翎、诸葛青云并称为台湾武侠"四大天王"。

古龙与金庸产生交集起于上世纪 70 年代初。自 1972 年 9 月起，应邀为《明报》撰稿，该年年底或或 1973 年年初开始连载其著名的长篇小说《陆小凤传奇》。该小说直到 1975 年方连载完毕。

1973 年 5 月，古龙的《凤凰东南飞》(即《绣花大盗》)在《明报》旗下的《武侠与历史》640 期上刊出；《银钩赌坊》自 1973 年 11 月《武侠与历史》第 670 期以"陆小凤传奇之四"为名连载，直到 1974 年 3 月未及结束即中止连载。

古龙、倪匡与金庸均为好友，相同的爱好、相投的性情将他们连在一起。倪匡与古龙结识缘于《明报》，因向古龙邀稿《绝代双骄》，二人渐渐成为莫逆之交。

"金庸的头极大，笔者有三个大头的朋友：金庸、张彻、古龙。这三个大头朋友，头都大得异乎常人，事业上也各有成就，和这三个大头朋友在一起，常有一种极度安全感！就算天塌下来，也有他们顶着！"[①] 看来，倪匡非常自得于与金庸的友谊、与古龙的友谊之中。"极度安全"——这是倪匡对作为朋友的金庸和古龙的评价。

事实上，古龙对金庸惺惺相惜，评价甚高：

直到五十年代开始后，才有个人出来"复兴"了武侠小说，为武侠小说开创了一个新局面，使武侠小说又蓬勃发展了二十年。在这二十年中名家辈

[①] 引自倪匡《武侠小说大宗师——金庸》。

出，作品之丰富和写作技巧的变化，都已到达一个新的高峰，比起还珠楼主他们的时代，尤有过之。

开创这个局面的人，就是金庸。

……

我本不愿讨论当代的武侠小说作者，但金庸却可以例外。因为他对这一代武侠小说的影响力，是没有人能比得上的，近十八年来的武侠小说，无论谁的作品，多多少少都难免受到他的影响。

他融合了各家各派之长，其中不仅是武侠小说，还融会了中国古典文学和现代西洋文学，才形成了他自己的独特风格，简结、干净、生动！

他的小说结构严密，局面虽大，但却能首尾呼应，其中的人物更跃跃如生，呼之欲出。

……

我自己在开始武侠小说时，就几乎是在拼命模仿金庸先生，写了十年后，在写《名剑风流》、《绝代双骄》时，还是在模仿金庸先生。[①]

在全世界的中国人当中，金庸先生的影响力在我认识的朋友中无出其右者，他作品中深思熟虑的看法，在中国小说史及思想史上都具重要的地位。五四时代是反传统主义的，我们现在写武侠小产的人却是去认识传统，我希望年轻一代的读者能借着金庸先生而认识中国的传统。[②]

而金庸也是如此，对古龙及其武侠小说推崇备至："古龙兄为人慷慨豪迈、跌荡自如，变化多端，文如其人，且复多奇气。惜英年早逝，余与古兄

[①] 引自古龙《关于武侠》，《七种武器》，沈阳出版社1997年版。该文在2004年收录于百花文艺出版社出版的古龙散文集《谁来与我干杯》中，更名为《谈我所看过的武侠小说》。
[②] 引自陈雨航整理《如橡飞笔渡江湖——论侠、道与中国传统的精神》，《金庸茶馆》5，中国友谊出版公司，1998年3月版。

当年交好，且喜读其书，今既不见其人，又无新作可读，深自悼惜。"[1]

在同一个场合，金庸这样评价古龙及其小说："古龙小说比较欧化，是用现代人的想法表达传统的武侠事件，走的是另外一条路。由于个性的原因，他的小说大多不能坚持写完，只写一半就交由他人代写。如果他自己能坚持写完，就可能出许多好作品，但由别人代写，就不及他的水准了，所以说古龙小说参差不齐。"[2]

这段话虽然有对好友古龙的批评，但更多的仍然是称赞。

曹丕的《典论·论文》道："文人相轻，自古而然。傅毅之于班固，伯仲之间耳，而固小之，与弟超书曰：'武仲以能属文，为兰台令史，下笔不能自休。'"然而，"文人相轻"之陋习在倪匡、金庸与古龙身上全然看不到，他们的友谊和互相欣赏的做法堪称高风亮节。

古龙生性豪爽，嗜酒如命，爱异性若酒。因于1980年底在北投吟松阁饮宴时遭人砍伤[3]而失血2000cc，更加不幸的是，输入的血液中带有肝炎病毒，遂种下疾病之苗。加之电影投资的失利和婚姻的触礁，苦闷至极的古龙更加忘情于酒。

1985年9月21日，古龙因肝硬化引起食道瘤大出血，下午6时不治身亡，年仅48岁。为让好友在另一个世界里不致寂寞，好友王羽[4]、倪匡、林清玄[5]等人在其棺木里放了48瓶XO陪葬。乔吉[6]挽之曰："小李飞刀成绝响，

---

[1] 引自《They are legends：仍未突破的文字"传奇"》，ilife 2002年1月。
[2] 引自佚名《金庸答北大学生问》，葛涛、谷红梅、苏虹选编《金庸其人》，社会科学文献出版社2004年9月版。
[3] 金庸有一次谈到："他是江西人，个性有点侠气，我就没有。他喝酒多年，所以年轻时就去世了。与他交往，我认为他与武侠生活相近。有次他不愿与一帮日本人喝酒，结果被人砍伤手臂。"（引自谢晓《金庸畅谈人生：真爱是一生一世的》，葛涛、谷红梅、苏虹选编《金庸其人》，社会科学文献出版社2004年9月版）指的应该就是此事。
[4] 王羽，本名王正权，祖籍江苏无锡，1944年3月28日生于上海。香港影视演员、导演、编剧、监制、制片人。代表作为电影《江湖奇侠》、《鸳鸯剑侠》、《欢乐青春》等。
[5] 林清玄，1953年生于中国台湾高雄旗山。他是台湾作家中最高产的一位，也是获得各类文学奖最多的一位。代表作有《莲花开落》、《冷月钟笛》、《温一壶月光下酒》等。
[6] 乔吉，武侠小说家，倪匡、古龙好友。代表作有《续剑侠传》。

人间不见楚留香。"

相对于很多长寿的作家,古龙更像一颗流星,当人们还在仰视和谈论着它光艳的彗尾时,它已经燃烧尽自己,融入宇宙的永恒。消失之时,它无意间掠走了太多人叹息般的目光,留给人们悠长的惆怅。正应了他说过的那句话——星光虽淡却永恒,火焰虽短暂却热烈。这句话我们只能诠释为他的一生是火焰,短暂;他的名声是星光,永恒。

腻友:倪匡

"腻友"一词,据有人考证,出自蒲松龄《聊斋志异·娇娜》:"余于孔生,不羡其得艳妻,而羡其得腻友也。"意为极亲密的朋友,对于金庸与倪匡而言,相当于蓝颜知己。

倪匡家里珍藏着金庸为其书写的两幅长联,长联之后还有注释。该书法作品极其珍贵[1],除了它凝结着倪匡与金庸深厚的友谊外,更有"孤品"之意,金庸即便日后盛情难却之下给人留下墨宝,也不会再有如此"诚然"形制的作品。

长联为:

年逾不惑,不文不武,文中有武,不饥不寒,老而不死,不亦快哉;
品到无求,无迁无争,迁则必争,无灾无难,远于无常,无量寿也。

---

[1] 金庸说这样一段话:"我的书法写得不好,现在我出去人家都要拿出白纸、拿出笔让我写 字,没办法我只好在家里练字。所以没根底的,但是全体嘛,是我自己自创的,诗词书法这些都是自己写了武侠小说再练的。"金庸的作品集都是自题书名,他认为"字虽然写得不好,总好过请别人题呀!"引自傅国涌《金庸传》,北京十月文艺出版社2003年7月版。

显然是金庸怕人不解,在联后注释曰:

我与君俱以武侠小说为人知,文中有武,并驾当时。人之喜祷善颂者,恒以"大宝贵亦寿考"为祝。寿考诚美事,大宝贵则非大争求不可得,或求而无成,或既得而复失之,终日营营,忧心忡忡,人生百年,何愚而为此苦事。君少年时多历忧患,当深知不饥不寒之至乐。

女俏子灵斯谓好,谷重穗,不搞不震非好汉;
贝富才捷信为财,果珍李,无忧无虑作财婆。

匡兄四十初度,撰联自寿,有"年逾不惑,不文不武"暨"无欲无求"语。以"不"、"无"二字为对,惟有句洒脱,匡嫂不之喜也。谨师其意,以抽笔书二联祝无量寿。举世贝壳藏家,或雄于资,或邃于学,抑或为王公贵胄,似君以俊才鸣者,未之或闻。

匡兄华诞之喜弟金庸乙卯六月[①]

至此,该贺寿之书法作品才告结束。

金庸祝寿长联的注释中有"匡嫂不之喜也",局外人非常难解,对此,倪匡曾做过说明。原来,倪匡40岁的时候曾写过一副对联:"年逾不惑,不文不武,不知算什么;时日无多,无欲无求,无非是这样。"自己觉得写得洒脱,十分高兴,便让报上将这副对联发表了。然而,让倪匡不曾想到的是,该对联不仅招来了别人的骂詈,说他此联像挽联一样,还倚老卖老;更因对联中的"时日无多"四字让匡嫂大不高兴。金庸听说这件事后,就送来了这件极珍贵的贺礼。

至于金庸所书的第二联,既是拆字联又是嵌字联:上联将"好"字拆为"女"、"子"两字,意在称赞倪匡的一女一子倪穗与倪震,紧接着便将二人

[①] 引自彭华、赵敬立《挥戈鲁阳:金庸传》,江苏文艺出版社,2001年3月版。

的名字嵌入，意在说倪穗与倪震是俏丽和灵秀的"好"孩子。粤语中的"搞搞震"是"胡捣蛋"的意思，金庸在上联中用"不搞不震"来称赞倪匡的自撰寿联来折腾是好样的。下联是对倪匡妻子说的，先将"财"字拆分为"贝"与"才"，后嵌入倪匡妻子"李果珍"的名字，目的是让她无忧无虑地做富婆。

一件贺礼，无穷深意，金庸与倪匡的友情深蕴其中，纵使局外人也感动。

金庸的注释中也有规劝与信任："寿考诚美事，大宝贵则非大争求不可得，或求而无成，或既得而复失之，终日营营，忧心忡忡，人生百年，何愚而为此苦事。君少年时多历忧患，当深知不饥不寒之至乐。"既有对好友的洒脱或故作深沉哲义之举的规劝，也有对好友的信任：毕竟他年轻时候经历过很多忧患，现在已经过上了不挨饿不受冻的生活，定当珍惜。

金庸所说的"君少年时多历忧患"，一语括尽倪匡的年轻时代。

倪匡1935年生于上海，自华东人民革命大学"毕业"后，参了军、从了警，后因参与"土地改革"、"治理淮河工程"到苏北、内蒙古垦荒。在内蒙古时因个人取暖，将一座木桥拆毁充作木柴烧火，被怀疑为"反革命"，以"破坏公共交通设施"罪接受隔离调查。

1957年，倪匡伪造多种公章、证件、介绍信由内蒙古"畏罪潜逃"至广州，后偷渡至澳门，最后落脚香港。倪匡最初在染厂做杂工，后被《真报》录用，先后任工友、校对、助理编辑、记者与政论专栏作家，这一时期，倪匡的笔名为衣其。

这便是金庸贺礼中"少年时多历忧患"的含义。

1962年，在金庸鼓励下，倪匡开始用"卫斯理"的笔名写《钻石花》，并在《明报》副刊连载。连载至第四篇《蓝血人》起，"卫斯理系列小说"正式走向科幻系列，倪匡也渐渐声名鹊起。以后一发而不可收，终成著名作家，在小说（包括武侠、推理、科幻、奇幻、奇情、色情等诸方面）、散文、杂文、专栏、政论、剧本、图章方面均有建树。

倪匡小说的数量有超过300本、电影剧本有超过400部之多，其他作品集尚不在其中。如此卓然大家，对金庸尚保持最真诚的崇拜，实属高风亮节。

飞雪连天射白鹿，笑书神侠倚碧鸳。看官，这十四个字，一副对联，看来似乎并无出奇之处，但内中却包括了十四部惊天动地的武侠小说，用十四部武侠小说的第一个字，缀成这副对联。当初在写作这十四部小说之际，绝无日后用首字作对联的打算，但竟然天然浑成，可称有趣之极。各位如熟读金庸作品，可以知道每一个字，代表了他的什么小说，略化几分钟找一找，十分有趣。由此可知写这十四部小说的人，作这副对联的人，才情是如何之浩淼。此人非别，金庸是也。①

能如此称赞金庸的，恐怕只有倪匡。

亲兄弟，明算账，这方面，金庸和倪匡心里都有"数"。

一次朋友聚会，倪匡乘着酒兴要金庸加稿费，大庭广众之下，金庸抹开老友脸面，便答应了，但只加了5%。倪匡便得寸进尺，乘机要金庸再加点儿，但金庸此次并未"就范"，而是给倪匡写了一封长信，历数经济如何不景气、开销如何大、负担如何重，洋洋洒洒十几条理由，情真意切，痛陈自己的难处，不由人不让步，一番动之以情、晓之以理之后，硬是将加薪的要求化解于无形之中。这样温馨的小"摩擦"，都成了友谊的见证。

倪匡也有胜利的时候，那是为漫画家王司马②"讨薪"。倪匡略施小计，不令实现了王司马加薪的愿望，还大大超出了他的期待值——由每月300元

---

① 引自倪匡《武侠小说大宗师——金庸》。
② 王司马(1940—1983)，本名黄永兴，生于澳门，1965年入《明报》工作，为《明报》画了多年的漫画，深得金庸欣赏。金庸的武侠小说修订重版时，曾指明要王司马为他设计封面和插画。

加至每月 1200 元。金庸后来知道，并未责怪好友，而是笑笑说："1200 元买王司马的画，还是太便宜了。"

金庸知道，这是倪匡为他着想、为《明报》着想，自然心照不宣。

倪匡眼里的金庸，完全是一副好朋友的形象，这一点自然与有些金庸传记上的不同——

> 他属下的职员，每以为金庸严肃，不苟言笑。但事实上，金庸本性极活泼，是老幼咸宜的朋友，可以容忍朋友的胡闹，甚至委屈自己，纵容坏脾气的朋友，为了不使朋友败兴，可以唱时代曲《你不要走》来挽留朋友。[①]

> 十余年前，金庸嗜玩"沙蟹"，"蟹技"段数甚高，查府之中，朋辈齐聚，由宵达旦，筹码大都集中在他面前。笔者赌品甚差，有一次输急了，拍桌而去，回家之后，兀自生气，金庸立时打电话来，当哄小孩一样哄，令笔者为之汗颜。又有一次也是输急了，说输了的钱本来是准备买相机的，金庸立时以名牌相机一具见赠。其对朋友大抵类此，堪称是第一流朋友。[②]

在倪匡的记忆里，金庸极少公开发火，有两次[③]除外。即便是那两次，也只能算是两半次。一次是在汽车上，倪匡向金庸提出了某一要求，引起了金庸的不满，他哼了一声，说："除非《明报》破产，不然万万不能！"然后便无下文。

还有一次是对一个喜欢造谣生事、唯恐天下不乱的人，金庸当众表示不

---

① 引自倪匡《武侠小说大宗师——金庸》。
② 引自倪匡《武侠小说大宗师——金庸》。
③ 其实，金庸在公开场合发火还有一次，不过这一次倪匡不知道而已。那是在金庸任香港基本法草委期间，由于秘书处工作上的疏忽，没有将他的工作文件分发给各草委讨论，他知道后，突然在会上大声说："我抗议秘书处的做法！如果这样，我就辞退政制小组负责人职务，连政制小组也不参加。我只参加经济组好了！"会场气氛一时变得紧张。有些草委不理解他为这样的小事发脾气，但他严肃地表示："这是原则问题。我当然要据理力争！"最后港澳办副主任鲁平出来调停，秘书处立即把他的工作文件补发给各草委，事情才算平息。引自傅国涌《金庸传》，北京十月文艺出版社 2003 年 7 月版。

与之同席。其他时候，金庸一直保持着极有修养和涵养的人。①

金庸的这一性格也可以从董培新②的回忆中得到佐证。董培新说："金庸先生本性极活泼，喜欢热闹，他每周都在家中设牌局，邀请朋友们来打扑克牌。他牌技又好，我们的钱都被他赢去了。他会请大家吃饭，还买礼物哄输钱的朋友开心。朋友们在他家就像在自己家一样，可以随便胡闹，金庸先生从不生气。朋友里数倪匡最能闹腾，金庸先生跟他很要好。"③

凡是有中国人的地方，都有人知道他的名字。

金庸是怎样的？金庸就是金庸，是天皇巨星，是真正的作家，也是一个成功的企业家。④

倪匡这样评价金庸。

无穷的宇宙，无尽的时空，无限的可能，与无常的人生之间的永恒矛盾，从这颗脑袋中编织出来。

金庸这样评价倪匡。

蔡澜评价倪匡说："倪匡不是人，是外星人，他的脑筋很灵活，他想的东西都很稀奇和古怪，所以跟他讲话非常愉快，我们常常哈哈大笑。"

正因友情和信任，金庸才力请倪匡在他出国的日子里代写《天龙八部》；也正因如此，倪匡才迎难而上，投桃报李。

---

① 见傅国涌《金庸传》，北京十月文艺出版社2003年7月版。
② 董培新，1942年出生于梧州，著名画家。曾经给金庸的小说画过彩色的国画，并举办过以"金庸小说"为主题的画展。广州出版社曾出版过《董培新画说金庸》。
③ 引自胡婷婷、韩云波《金庸家族600年传奇》，《环球人物》2011年10月18日。
④ 引自倪匡《武侠小说大宗师——金庸》。

散文大家：董桥

我追随查先生做杂志、做报纸那么多年，期间当然也经历过很多很多风风雨雨，我看到他真的做不到"八风不动"的佛家教导。可是，他对每一场风雨的反应，确实让我得到好多启示。"有容乃大，无欲则刚"虽然是他办报的格言，我始终觉得那只是他最愿意与报馆同仁共勉的理念；我在查先生学到的最实际的东西，是他对新闻写作与评论的技巧，以及他对编采人员的专业的尊重与宽容。他常说，那也是他从实践中学习到的修养。①

董桥这段话透露出这样的信息，他是金庸的部下，是与金庸一起应对《明报》成长过程中的一切风雨的人之一。在长期的共事中，金庸给了他很多的帮助，尤其是新闻、评论的写作技巧，他对金庸非常钦佩。

董桥是《明报》的功臣之一，为《明报》做了14年的贡献，直到金庸转让《明报》之后，他还在坚守。

董桥生于1942年，比金庸小了18岁，当金庸的武侠小说和犀利的社评名满香江之时，董桥还在英国学习，还是个寂寂无名的青年，因此，他以崇拜的目光仰视金庸是十分合理的。

1979年，总编辑胡菊人辞职离开了他工作13年的《明报月刊》，金庸痛惜之余，请来了年仅37岁的董桥，董桥曾在英国BBC电台中文部工作，这一年刚刚到香港，在美国国际文化交流总署任职。

从1980年到1986年，董桥没有辜负金庸的期望，他通过自己和同事们

---

① 引自董桥《我们头上没有光环》，始载于《苹果日报》1999年12月2日，后收入董桥《没有童谣的年代》一书，该书于2001年1月由文化艺术出版社出版发行。佛家所谓的"八风不动"，佛家训导之一。"八风"指利、衰、毁、誉、称、讥、苦、乐，四顺四逆，共八件事。顺利成功是利，失败是衰，背后诽谤是毁，背后称赞是誉，当面赞美是称，当面漫骂攻击是讥，痛苦是苦，快乐是乐。佛家教导说，应当修养到遇八风中的任何一风时情绪都不为所动。

的共同努力,让《明报月刊》继续发展壮大。在《明月》任总编辑期间,有80轮"明月"自他手里升起。1986年10月,董桥离开离开《明报月刊》,要到《明报》去了。走之前,他发表了《"八十"自述》一文,以之为这80期《明月》作结:

> 我接菊人兄之后主编《明报月刊》快七年了……当年,查先生给我的聘书上提醒我必须"遵照《明报》一贯中立、客观、尊重事实、公正评论之方针执行编辑工作……我虽然无权判断自己是不是做到了查先生给我的提示,我却一直没有轻心淡忘那几句话地重量和真谛。
>
> 政治要有用世的寄托;文化要有高洁的灵机;学术思想蕴蓄的应该是人情所系的关爱。一本综合性的思想、文化、生活杂志有这样一股毫不凝滞的气质,也许足以在时代思维的大道上留下一鳞半点的脚印了……
>
> ……离任在即,我当然不忘谢谢这八十个月里那么多读者、作者朋友跟我一起自反自省,一起关怀社会秩序与文化秩序中的和谐境界。查先生自始至终容忍我的学术癖性和编辑品位,我尤其衷心感激。[1]

对金庸的为人及其文字,董桥素来发自内心的钦佩,正因如此,他才在公开场合或字里行间表达这种赞誉和敬佩之情。他曾说:"我未必同意查先生的一些保守观点,可是,他的每一篇文章我都细读,读的是那毫不保守的文字和气势。跟随查先生十几年,我从他的原稿中注意到字斟句酌而不露斧痕的功力。"[2]

董桥本人即是一位散文大家,文笔雅健雄深,兼有英国散文之隽永渊博与明清小品之灵动清趣,为当代中文书写另辟蹊径,深得海峡两岸三地读者的倾心喜爱。在当时被称为文化沙漠的香港,他以通贯中西的学养,以中国

---

[1] 引自陈子善编《董桥文录》,四川文艺出版社1996年版。
[2] 引自董桥《香港的两枝健笔》,《没有童谣的年代》,文化艺术出版社2001年1月版。

式文人的方式，以其文字做笔，为世人造就了一种文化的温情。具有董桥这样名气、地位和成就的人，依然不改当年地对金庸崇敬，除了董桥本人具备的高尚人格之外，足见金庸非凡的文字和人格魅力。

董桥写过一篇《为天龙八部所见》的文章，文章这样评价金庸：

他在困厄的环境中培养出坚毅的反叛精神。他在芬芳的书香里享受才士的大名盛举。他在财富的殿堂上乐于亲近浅俗的欢笑。他在情感的风雨下不辞暴露脆弱的心灵。千万读者从他的小说政论中传燃侠义的薪火，他却始终没有滥用他的侠骨丹心。千万读者从他的小说政论中培养至情至性的气魄，他却始终保持冷静淡远的气度。

这里，董桥在以优美、富含哲理的语言为读者、更为自己描画金庸——他心里的金庸。他在这篇文章里还写道："书斋里的学者和闹市中的普罗都倾倒于金庸小说和查先生政论的魅力之下。"

然而，这并意味着董桥对金庸"苟同"而无主见，相反，他一向有自己的原则且恪守之，对金庸予以委婉的批评。

1999年10月26日，"新闻业机制改革与经营管理"研讨会在浙大召开。金庸在会上作了《两种社会中的新闻工作》的发言，并刊登于1992年上海的《新闻记者》杂志上。

金庸的言论[①]，若一块石头入水，在香港和海外激起了巨大的浪头。读到《新闻记者》杂志上刊登的金庸发言记录之后，董桥当即写下了《金庸在杭州的谈话》一文，发表于12月28日《苹果日报》"时事小景"专栏上。文章有这样的话：

[①] 金庸曾经提出"报纸是老板的私器""新闻自由其实是新闻事业老板所享受的自由，一般新闻工作者非听命于老板不可"的观点，这次讲话中，他又重申了这样的观点，还表达了"对新闻传媒作为政党'喉舌'与'工具'的理解"，认为资本主义社会中的传播媒介"全然谈不上什么'真实报道，公正评论'"，"并用大量事实痛斥了西方所鼓吹的'新闻自由'、'人权大于主权'的极端荒谬性"。金庸说："我们新闻工作者的首要任务，同解放军一样，也是听党与政府的指挥，团结全国人民，负责保卫国家人民。"（引自1999年12号《新闻记者》"编者按"）

查先生这篇谈话虽然在杭州发表，我在香港拜读，竟有咫尺天涯之感：他对西方和香港的传媒运作自有精辟的看法；他要新闻工作者向解放军看齐，那倒是香港传媒人要从头学习的课题了，查先生的言论前进的很。①

董桥文章中，对金庸的批评显而易见，只是比较含蓄、比较文明而已。出于多年的友情，他不忍疾风暴雨式地驳斥，而是给金庸留着面子，这也是他的性格使然。唯其如此，讽刺的意味反而更重，责任感可见一斑。

对金庸读研、读博的行为，董桥也曾经谈及，言语之间，也隐隐似有对金庸的批评。

哎呀，这是他自己的一个心魔吧。他总是觉得自己的武侠小说不够高贵，不够学术，他要去剑桥牛津去学术一下。其实他大可不必啦！我以前就整天跟他说，查先生你就坐在那边吧，你都已经是金庸了，你还怎么着，你还求什么。（笑）他总是耿耿于怀，觉得武侠小说人家看不起，觉得武侠小说不是文学，那简直是开玩笑。②

这便是董桥，他以赤子般的诚心敬佩和赞誉亦师亦友的金庸，也会以政敌般的精警和深刻来批评他素来景仰的老板。汉代刘向说："吾不能春风风人，吾不能以夏雨雨人，吾穷必矣。"若换成董桥，他或许会说："吾不能春雷惊人，春雪省人，吾惭恧何如哉！"

董桥在接受《南方都市报》采访时这样评价自己：

哈，我是一个很堕落的、老派的遗少。纨绔子弟，就会花钱，就喜欢漂亮东西。我不买名牌，可我穿的东西的料子都很考究，剪裁也是，意大利的比英国的就好。我穿便装，但一定要舒服，看起来要潇洒，那就是学问了。我也喜欢吃，香港著名的陆羽茶室，只要进去说董桥要位置就有位置了，反

---

① 引自董桥《金庸在杭州的谈话》，后收入《没有童谣的年代》，文化艺术出版社 2001 年 1 月版。
② 引自田志凌《董桥：老纨绔子弟》，文学会馆 2007 年 4 月 30 日。

正喜欢精致的生活就是了。①

一个人最难的是认清自己,客观地评价自己,评价自己的时候,毫无做作之嫌;批评自己的时候,也无作秀之虞。因为自己"身在庐山中",自然易"不识庐山真面目";更因为对自己关爱太殷,太过爱惜羽毛,自然会考虑种种不利因素,难免嘴下留情。这点,董桥先生是我们的表率。

老小孩:黄霑

沧海笑,滔滔两岸潮,浮沉随浪记今朝。苍天笑,纷纷世上潮,谁负谁胜出天知晓。江山笑,烟雨遥,涛浪淘尽红尘俗事知多少。清风笑,竟惹寂寥,豪情还剩一襟晚照。苍生笑,不再寂寥,豪情仍在痴痴笑笑。

这首歌叫《沧海一声笑》,是金庸武侠剧《笑傲江湖》主题曲,由黄霑作词作曲。

这首意境高远、气势磅礴的《沧海一声笑》烘云托月般表现出了《笑傲江湖》中令狐冲那种放任自适、率性豁达、笑看人生、重感情轻名利的可贵个性,达到了词曲与作品原著的完美结合,不仅奠定了其在金庸武侠剧音乐作品中无可替代的江湖地位,而且也成为香港乐坛久唱不衰的经典之作。

黄霑先生……挥洒自如地表现着他对金庸武侠小说的洞彻和理解,表现着他对人生江湖的把握和领悟,既为香港流行乐坛创制了华彩绚烂的辉煌历史,同时也造就了金庸武侠剧音乐作品"前无古人、后无来者"的"黄霑时

---

① 引自田志凌《董桥:老纨绔子弟》,文学会馆 2007 年 4 月 30 日。

代"。①

黄霑与金庸、倪匡、蔡澜并称为香港"四大才子"。他1941年出生于广州，到香港后，任过香港电视台、电台主持人。后成为香港最著名的"三大名嘴"（另二人为倪匡和蔡澜）之一和香港"词坛教父"。

黄霑与金庸的合作主要是为金庸小说改编的电影和电视剧写歌配乐，最成功、最著名的当为上文提及的《沧海一声笑》，此外还有《只记今朝笑》（电影《东方不败》插曲）、《开心做出戏》（电影《新鹿鼎记》主题曲）、《情剑》（电影《新碧血剑》主题曲）、《碧血剑》（佳视《碧血剑》主题曲）、《倚天屠龙记》（无线《倚天屠龙记》主题曲）、《熊熊圣火》（无线《倚天屠龙记》插曲）、《两忘烟水里》（《天龙八部》主题曲）、《万水千山纵横》（《天龙八部》主题曲）等等。

正是因为黄霑做到了与金庸、与金庸武侠小说、与金庸武侠小说中的人物同呼吸、共命运的高度契合，他才写出了与金庸作品相得益彰的音乐佳作，从这个角度来说，这绝不仅仅是工作上的合作，更是心灵上的默契。

黄霑的生命里有三个女人，其一是他的第一任妻子——歌手华娃，第三个女人是第二任妻子陈惠敏，第二个女人是著名作家林燕妮。黄霑与林燕妮恋爱之后，曾创办黄和林公司，在香港文化界传为佳话，更为佳话的是黄霑在报纸上刊登他与林燕妮结婚的消息，证婚人是金庸。然而，林燕妮却愤怒地公开声明，此事纯属子虚乌有。真相大白之后，原来是黄霑对林燕妮久追不成使出的"杀手锏"。不知道黄霑登结婚消息时金庸知道不知道，更不知道这算不算他与黄霑的又一合作。从感情上而言，黄霑的这一"无赖""欺骗"之举，倒不失为一种执著。

离婚后，黄沾与林燕妮曾同居，黄沾对林燕妮的迷恋亦从未消退，1989

---

① 引自《黄霑：金庸武侠剧冠世音乐之一代绝响》，金庸江湖论坛，2011年3月31日。

年除夕，黄霑在金庸家里，当着倪匡夫妇、刘培基、倪震、李嘉欣多人的面，下跪向林燕妮求婚，并拍下了照片以记录这动人的时刻，金庸自然做了他们的证婚人。林燕妮当时深受感动，亲笔签下婚书，这场14年的爱情长跑终于皆大欢喜。

然而，1991年，林燕妮突然澄清，他们没有婚姻关系，才子与才女的爱情终告落幕。

黄霑与金庸的又一次合作是歌手罗文去世之后，罗文在娱乐圈纵横35年，他的逝世令歌坛内外一片哀痛，他出殡，为秉承箩记要求完美的性格，其定于2002年10月29日的丧礼一定要办得好看，故特地邀请了金庸亲笔为罗文写上"歌在人心"的横匾，黄沾写了一对挽联，送给箩记。[1]

黄霑曾经在文里记下金庸这样一件事：

财经巨子问金庸："我国历史人物，谁人的收场最好？"金庸想也不想就说范蠡。我们起初听见有点奇怪，但经他解释之后，也就举座称是了。为什么会"举座称是"？金庸说范蠡"能功成身退，保存令誉，再挟陶朱巨资，拥着心爱美人，隐于美丽的山光水色之中，安享晚年，是人生的最佳收场"，云云。[2]

有人用金庸小说里的人物来比喻黄霑，颇有趣味。说黄霑像《射雕英雄传》中的"东邪"黄药师，身怀绝世武功而超越世俗、嬉笑怒骂，却又同时兼备"北丐"洪七公的济世情怀，以及南帝一灯大师的悲天气质，老顽童周伯通的大智若愚，唯独没有"西毒"欧阳锋的阴柔狠毒。

2004年11月24日，黄霑因癌症去世于香港，时年63岁。此时，他刚拿到香港大学文化研究博士学位一年。老而好学，这点也与金庸相同。

黄霑被倪匡誉为奇才和香港粤语流行曲之父。传说两人是下凡的"文曲

---

[1] 引自《黄霑亲笔写挽联悼念罗文 金庸题"歌在人心"横匾》，南方网2002年10月24日。
[2] 引自黄霑《知时者智》。

星"一分为二的结果。1993年秋，倪匡曾赠黄霑一副对联："两日烹调有黄霑，一生煮字无白雪。"但黄霑却认为这两句次序应该对调。

黄霑是一个极单纯的人，也恐怕也是他喜欢暴粗口的原因之一，因此他才被称为"不文霑"，似乎很喜欢这个绰号，竟将自己的书命名为《不文集》。

在他口中，只要有机会，就会提到一个人，洪金宝。

不因为大哥大给了他什么，只是因为大哥大那样救了他一次。那次黄霑喝醉了，在酒吧的楼梯上忽然就解开裤头来撒尿，结果成龙从对面走来，一把尿就撒到成龙身上。成龙怒火一冲，就要上去打他。洪金宝刚好走在后面，一下死死地把成龙抱住大喊"不能打，不能打，是黄霑，是自己人，他喝醉而已，喝醉而已……"

黄霑说，如果那次真的给成龙打了，就死定了，因为那时文质彬彬的他，是无法承受正血气方刚的成龙的一顿痛打的。

算不算救了一命，其实很难说。但他数十年来，就将这事放在心里挂在嘴边，只有一说起洪金宝，他就十分感激地提起。[1]

可能正因为这种单纯的性格，他才会批评金庸的经营之道："你看金庸卖给央视的《笑傲江湖》才1元钱。要是拿给我卖，账面上还是1元钱，声誉还是很好，但下面还可以帮助收很多钱。"[2]

多才与洒脱并存，人世间原无那么多条条框框；喜剧与悲剧同在，生命里享有无数个多情的暮暮朝朝，这便是黄霑。遗憾的是，黄霑去世后，未见金庸对老友谢世的反映，或许是由于笔者资料所限吧。

---

[1] 引自梁荼《我，与黄霑》，梁荼博客《自主媒体的时代》，2004年11月24日。
[2] 引自《批评金庸的经营之道 携手林燕妮创业 黄霑实业、演艺两不误》，《经营者》2004年第12期。

真潇洒者：蔡澜

金庸这样评价蔡澜："论风流多艺我不如蔡澜，他是一个真正潇洒的人。"

倪匡这样评价蔡澜："蔡澜这小子写什么像什么。有一次，他冒了我的名字，把自己的剧本交给某制片人，结果对方即刻交剧本费给我。如果我死了，他会第一个来凭吊我。"

蔡澜年轻时，突然想到《明报》写专栏。朋友倪匡面露难色，认为金庸当《明报》是自己的性命，尤其是副刊，要写《明报》副刊，真是难过登天。但架不住蔡澜哀求，便答应了。接下来的几天，凡是有金庸的场合，倪匡必谈蔡澜。一周后，金庸终于忍不住问蔡澜是谁，倪匡便建议金庸去买张《东方》看看。三天之后，金庸见了倪匡主动称赞蔡澜，表达欲见面之意。见面之后，金庸提出请蔡澜为《明报》写稿子的请求。这也算是倪匡为朋友"计赚金庸"的又一证据吧。[①]

若干年后，蔡澜在香港文化界与金庸、倪匡、黄霑并称为"四大才子"。金庸曾撰文称赞蔡澜："蔡澜见识广博，懂得很多，人情通达而善于为人着想，琴棋书画、酒色财气、吃喝嫖赌、文学电影，什么都懂。他不弹古琴、不下围棋、不作画、不嫖、不赌，但人生中各种玩意儿都懂其门道，于电影、诗词、书法、金石、饮食之道，更可说是第一流的通达。他女友不少，但皆接之以礼，不逾友道。男友更多，三教九流，不拘一格。他说黄色笑话更是绝顶卓越，

[①] 引自林凤《香港大才子蔡澜印象》。

听来只觉其十分可笑而毫不猥亵，那也是很高明的艺术了。"①

蔡澜评价金庸说："他是我最佩的人，因为那时候看他的小说，看得入迷了。"

蔡澜与黄霑同岁，1941 年 8 月 18 日生于新加坡，祖籍广东潮州，由于在多个国家居住过，得以通晓潮州话、英语、粤语、普通话、日语、法语。曾做过电影制片人、电影监制、美食家、专栏作家、电视节目主持人、商人，世界华人健康饮食协会荣誉主席等职，且每一种职务均有不俗业绩，他的书已经出版 200 本以上，拥有一大批忠实的读者，难怪金庸也在才艺上自叹弗如。

蔡澜曾讲过一个关于金庸的故事：有一次在他的签售活动中，有一读者拿了一堆书去找蔡澜签名，其中居然有金庸的作品。蔡澜在扉页上写下："金庸的书，蔡澜照签！"

作为老友，蔡澜对金庸的生活习惯非常熟悉："金庸先生对海鲜没有兴趣，他爱吃肉，西餐厅牛扒绝对没有问题。一起去旅行时，到中国餐厅，他喜欢点酸辣汤，北方水饺也吃得惯。上杭州餐厅和去沪菜食肆，金庸先生不必看菜单，也可以如数家珍地一样样叫得出来。至于水果，金庸先生最喜欢吃西瓜。

"说到酒，据说金庸先生年轻时酒量不错，但我没看过他大量喝，来杯威士忌不过不加冰，净饮倒是常见。近年来他喜欢喝点红酒，每次摘下眼镜后细看酒牌，所选的酒厂和年份都不错。不时喝到侍者推荐的好酒，也用心记下来。"②

蔡澜说，因为医生不许金庸吃甜食，于是，金庸会先把一长条巧克力藏在女护士的围裙袋里，又在自己的睡衣口袋中再放一条，故意露出一截。查太太发现后，便将睡衣里的巧克力没收。避开太太视线后，便把护士衣袋里

---

① 引自金庸《走近蔡澜》，蔡澜《蔡澜四谈日本》，天地图书有限公司 2000 年版。
② 引自吴波《蔡澜：金庸"稀奇古怪"》，《广州日报》2010 年 8 月 24 日。

的拿出来偷吃，其机智堪与小说里的黄蓉媲美。

对于金庸过早封笔，蔡澜说："当然是一个损失了，我常常跟金庸先生说，为什么你不写佛经的故事呢？但是金庸先生说这个题目太大了，他现在还是想研究历史，想写关于历史的事，我希望能够看到他讲历史的文章。"[1]

金庸由衷地写道："除了我妻子林乐怡以外，蔡澜兄是我一生中结伴同游、行过最长旅途的人……我们共同经历了漫长的旅途，因为我们互相享受作伴的乐趣，一起享受旅途中所遭遇的喜乐或不快。蔡澜是一个真正潇洒的人。率真潇洒而能以轻松活泼的心态对待人生，尤其是对人生中的失落或不愉快遭遇处之泰然，若无其事，不但外表如此，而且是真正的不萦于怀，一笑置之。"[2]

这一点上，同为好友的黄霑与金庸颇有同感："他是我最值得信赖的朋友。"

"明月"耀明：潘耀明

中国人都知道俗语"天上不会掉馅饼"，但对于潘耀明而言，不但天上掉了个大馅饼，还直接砸中了他。因为这个"馅饼"，他才有了今天的名气和地位。

说是馅饼，其实也是他与金庸之间的缘分和潘耀明本人无心插柳的努力。

潘耀明1948年2月生于福建省南安一个贫困的山区，由于家境贫寒，两岁时，潘耀明被卖给养父养母。到香港之后，因为养父在菲律宾还有一个家，

---

[1] 引自彭志强、何海洋、彭骥《香港"四大才子"蔡澜：别再乱改金庸作品》，中新社2004年07月19日。

[2] 引自金庸《走近蔡澜》，蔡澜《蔡澜四谈日本》，天地图书有限公司2000年版。

很少回港，潘耀明与养母过着更加贫寒的生活。但潘耀明非常争气，在曹聚仁[①]的鼓励下，刚出中学校门便进入了一家报纸《正午报》，从见习校对、校对、见习记者，直当到编辑。

1983年，潘耀明意外地获得了一次到美国爱荷华大学进修的机会，在三十六岁的时候，他终于弥补了少年失学的遗憾。1985年，学成返回香港的潘耀明被任命为香港三联出版有限公司的副总编辑。[②]

1990年的某天，这个大馅饼掉下来了——潘耀明忽然接到了《明报》总编辑董桥的电话，说金庸要见他。潘耀明意外且激动，截至此时，他与金庸从未谋面，只在工作工作场合见过金庸，但由于他长期以来就崇拜金庸，就急急忙忙去了。刚见面，金庸就拿出早已拟好的聘书——聘任潘耀明任《明报月刊》总编辑兼总经理，要知道，此前在《明月》工作过的胡菊人和董桥等人都只任总编辑，从未兼过总经理——交给潘耀明签字。

这个时候，因为《明月》销量一降再降，再不收拾局面，恐怕就有关闭之虞。而此时的潘耀明因为向港、澳、台地区出版发行了80多种中国古典和中国现代作家选集丛书，在当时引起了较大的轰动，事业正处于急剧上升期。

不管怎样，单是金庸先生亲下聘书这一举动，已令我热血澎湃、感动万分。虽然我当时任香港三联书店董事兼副总编辑，办理辞职手续有一定程序。我却顾不得这么多，当场在聘书上签了字。[③]

时至今日，潘耀明仍然清晰地记得当时的情景。

金庸此举完全是商业行为，但潘耀明却有情感的成分在其中，事实证明，

[①] 曹聚仁（1900—1972），字挺岫，号听涛，笔名袁大郎、陈思、彭观清、丁舟等，1900年7月7日出生于浙江浦江蒋畈村，代著名作家、学者、记者和杰出的爱国人士。作品有《国学概论》、《我与我的世界》、《今日北京》等。
[②] 引自《潘耀明·心海潮汐》，《永恒流动的情感：说潘耀明（彦火）那一程山水》，人民日报出版社2011年3月版。
[③] 引自《泉州晚报》记者《独家揭秘金庸先生因何结缘泉州——访泉籍著名作家、香港〈明报月刊〉总编辑潘耀明》，《永恒流动的情感：说潘耀明（彦火）那一程山水》，人民日报出版社2011年3月版。

他们都是正确的。此后，由于潘耀明采取了一系列恰当的举措，终于止了《明月》下滑的脚步，进而慢慢提升了销量。

金庸转让《明报》集团股份之后，潘耀明离开了《明月》，追随偶像金庸到明河出版有限公司担任董事总经理兼总编辑。不久，潘耀明又回到《明报》，再次主编《明报月刊》，并任明报出版社和明窗出版社①总编辑及总经理。

提及金庸，潘耀明总是难掩感激之情，他认为，《明报》之所以成功，最大的原因是金庸本人的魅力："我想，这跟金庸先生的个人魅力、凝聚力、名望有关，金庸先生就是凭借个人非凡的气度、风范，凝聚了一批社会文化传媒和经营管理的佼佼者。"②

谈到金庸的小说，潘耀明认为，金庸虽然是业余作家③，但其小说却达到了非常高的成就，是非常纯粹的汉文，没有丝毫的欧化痕迹，是中文书写方面的典范。在金庸作品中，他认为《天龙八部》最令人震撼；人物塑造最成功的当数韦小宝，他表示相信，金庸作品能够经得起时间的淘洗，并且将愈发晶莹剔透。

---

① 明窗出版社是明报集团旗下一家图书出版公司，于1986年成立。明窗主要出版流行之消闲性书籍及实用知识性图书，其姊妹公司明报出版社则以出版政治、经济、历史及学术专题的丛书为主，近年出版社为配合读者兴趣和需要，推出多本大型图书及画册。
② 引自《泉州晚报》记者《独家揭秘金庸先生因何结缘泉州——访泉籍著名作家、香港〈明报月刊〉总编辑潘耀明》，《永恒流动的情感：说潘耀明（彦火）那一程山水》，人民日报出版社2011年3月版。
③ 2011年11月8日，受邀到成都的潘耀明在接受《华西都市报》采访时透露："据我所知，在香港单凭靠写作能活得不错的，大概只有倪匡。但他非常辛苦。"他还笑称，金庸先生写武侠小说，名满天下，"但其实他也不是专职作家，而是业余作家，他的正职是办报，写武侠小说是他的副业。可以说，金庸的财富大部分是来自办报的收入。据我粗略了解到，金庸先生因《明报》获利大概有10个亿。"（引自张杰《潘耀明：金庸是业余作家，他身体不错！》，华西都市报）

读武侠的学者：严家炎

我们从他的小说中，常常可以感觉到作者综合了武侠小说、言情小说、历史小说、侦探小说、滑稽小说等众多门类的艺术经验，创造性吸收，从而使他成为通俗小说的集大成者……有容乃大，金庸这种多方面的借鉴、汲取和创新，使他成为一位杰出的小说大师，他在武侠小说中的地位不是单项冠军，而是全能冠军。①

总体说来，金庸小说情节紧张，热闹，曲折，合理，大开大合，针脚绵密，因而异常精彩。这是金庸小说的一大成就，也是其他武侠小说家难以望其项背的。②

这是严家炎对金庸的评价。

金庸小说在内地的起起伏伏，直到今天金庸小说及相关影视作品在内地的被热捧，严家炎始终都是站在最前沿的一位学者。

1994年10月25日，北京大学授予金庸名誉教授称号，以表彰他在法学（包括香港基本法起草工作）、新闻事业和小说创作等方面的成就和贡献，严家炎在这一仪式上发表了《一场静悄悄的文学革命》的贺辞，对金庸小说给予高度评价。

接着便是鄢烈山《拒绝金庸》的发表和由此而来的激烈辩论，辩论中，严家炎始终前在最前排，以瘦且小的身躯抵挡批评者的指摘，以丰沛的事实和有力的理论阐释自己对金庸作品的理解和推崇，他以《答〈拒绝金庸〉——

---

① 引自严家炎《一场静悄悄的文学革命》。
② 引自严家炎《论金庸小说的情节艺术》。

兼论金庸小说的文学史地位》等文为武器，来捍卫自己的主张。

自 1995 年开始，他便在北大开了金庸作品研究课，并多次演讲（包括在北大校风外校的演讲），推介金庸作品。

1996 年，文化艺术出版社出版的《评点本金庸武侠全集》中，也有严家炎的评点，他和自己一名学生合力评点了《连城诀》。

1999 年 1 月，严家炎的金庸研究专著《金庸小说论稿》由北京大学出版社出版。

一波乍平，一波又起，另一番论战——王朔《我看金庸》的论战随即兴起，严家炎仍然参与其中并站在风口浪尖，撰《以平常心看新武侠》一文继续申明自己的观点。

在金庸该不该做浙大人文学院院长和有无资格当博导等事情上，严家炎一直以赞成和态度。

2000 年 9 月，严家炎的金庸研究专著《再探金庸情节趣味》由远流出版社出版。

2007 年 12 月，严家火的金庸研究专著《金庸小说论稿（增订版）》在北京大学出版社出版。

对金庸和他的小说，严家炎仍然不改初衷，他多次强调："我在《一场静悄悄的文学革命》的贺辞中曾说：如果说"五四"文学革命使小说由受人轻视的"闲书"而登上文学的神圣殿堂，那么，金庸的艺术实践又使近代武侠小说第一次进入文学的宫殿。金庸小说作为 20 世纪中华文化的一个奇迹，自然成为文学史上光彩的篇章。"[1]

---

[1] 引自《严家炎：金庸小说是 20 世纪中华文化的一个奇迹》，大公网 2010 年 8 月 6 日。

横跨"红学""金学"：冯其庸

我每读金庸小说，只要一开卷，就无法释手，经常是上午上完了课，下午就开始读金庸的小说，往往到晚饭时，匆匆吃完，仍继续读，通宵达旦，直到第二天早晨吃早饭，才不得已暂停……通宵不寐地读金庸的小说，成了我最大的乐趣……我在美国，一直把陈先生所藏的金庸小说统统读完，大约已占金庸小说的三分之二，才不得不暂时停止。但是，隔了些时候，就觉得当初读得太快，来不及品味，所以又回过头来重读了几部。[①]

切莫误会，这一段文字并非一个少不更事、爱冲动的学生所写，而是出自大学者、《红楼梦》研究专家冯其庸之手。《读金庸》是国内第一篇公开肯定金庸及其小说的学者文章，写于 1986 年 2 月 11 日。

一位红学家，能够如此褒扬金庸，当可称为一段佳话。

冯其庸与金庸同年，出生于 1924 年 2 月的江苏无锡，文、书、画皆精，历任中国人民大学教授、中国艺术研究院副院长、中国红学会会长、中国戏曲学会副会长、中国作家协会会员、北京市文联理事《红楼梦学刊》主编等职，现任中国红楼梦学会名誉会长、中国汉画学会会长、中华炎黄文化研究会副会长、敦煌吐鲁番学会顾问。2009 年 11 月被聘为中国文字博物馆首任馆长。

1980 年，冯其庸参加完《红楼梦》国际研讨会自美国回国，路过香港

[①] 引自冯其庸《读金庸》，王敬三、金庸学术研究会《名人名家读金庸》，上海书店出版社 2000 年 1 月版。

时与金庸见面，金庸赠他一部《天龙八部》。冯其庸尚未来得及看，便又应美国斯坦福大学讲学之邀，匆匆动身再赴美国。讲学期间，冯其庸住在陈冶利先生家，陈先生夫妻都是金迷，家里有不少金庸小说，偶然机会里，冯其庸也翻翻看看，不料这一看，竟致看出冯、金之间的渊源来。

1984年，金庸又寄给冯其庸一部《鹿鼎记》，虽然他在美国时已经看过，但这次重看，感悟又有所不同。

《读金庸》一文前面，有冯其庸写的一首诗《赠金庸》——

千奇百怪集君肠，巨笔如椽挟雪霜。
世路崎岖难走马，人情反复易亡羊。
英雄事业春千斛，烈士豪情剑一双。
谁谓穷途无侠笔，青史依旧要评量。[1]

该诗对金庸评价极高，这可以从其首、尾两联看出。

自此，冯其庸在研究"红学"之外，还研究"金学"。1991年起，冯其庸撰写了《瓜饭楼上说金庸》（《读书》1991年12期）、《论〈书剑恩仇录〉》、《〈笑傲江湖〉总论》等文，成为金庸的文字之交和金庸小说的研究学者之一。

1996年，冯其庸再次题诗，对金庸评价更高[2]，并与同年12月做出了一件大事：冯其庸觉得，金庸小说中涉及的历史、地理、风物掌故都需要评点，这样可以让读者更清晰地理解小说内容和人物感情，使读者更深刻了解金庸小说的博大精深。于是，他与文化艺术出版社的代表赴香港，与金庸签定了一份合同，由文化艺术出版社出版《评点本金庸武侠全集》，冯其庸本人亲笔评点了金庸小说中的两部——《书剑恩仇录》和《笑傲江湖》。为做好这两

---

[1] 引自冯其庸《读金庸》，王敬三、金庸学术研究会《名人名家读金庸》，上海书店出版社2000年1月版。

[2] 这首《题〈金庸研究〉》的诗写道：奇才天下说金庸，帕米东来第一峰。九曲黄河波浪阔，千层雪岭烟霞重。幻情壮采文变豹，豪气干云笔屠龙。昔日韩生歌师鼓，今朝寰宇唱金庸。引自冯其庸《读金庸》，王敬三、金庸学术研究会《名人名家读金庸》，上海书店出版社2000年1月版。

本书的评点工作，冯其庸"五次到了新疆"，"还到了塔克拉玛干大沙漠和塔里木盆地深处"，"还去了莎车、叶尔羌河、黑水营遗址和横盘乡"，直抵密尔岱山，这些小说中人物留下踪迹的地方，冯其庸都不辞艰苦，欲悉数去遍。

然而，业内学人对评点之举尤其是亲临小说中人物"工作和战斗"过的地方之举颇不以为然。他们认为，小说毕竟是小说，人物和情节均为虚构，若当成历史事件去一一考证，岂不荒唐？然而，金庸青年研究专家陈志明[①]却认为："金庸小说，继承了中国古典小说之优秀传统：谋篇讲求起、承、转、合；布局正如渔人织网；行文往往曲折错落；落笔不免翻空出奇；博大精深而又无体不备，千头万绪然终各有脉络，是现代文学史上极宜以'评点'和'笺注'来进行诠解的文学作品。"[②]

1998年8月，这套《评点本金庸武侠全集》由文化艺术出版社推出。让冯其庸不曾想到的是，他的一番好意竟然闹出了一番《评点本》风波。所幸，经过一番波折之后，评点人、出版社和金庸达成和解，风波才算最终评息。

[①] 陈志明，1976年出生，河南安阳人。笺注有《金庸笔下的文史典故》（上、下）、《金庸笔下的文史典故（续编）》（上、下）、《金庸笔下的兵法奇谋》等。

[②] 引自陈志明《金庸笔下的文史典故（续编）·自序·我注金庸》（上），东方出版社，2008年5月版。

第十章
红雨随心翻作浪　青山着意化为桥

香港，是金庸数十年的家园，也是他铸就人生辉煌的福地，金庸亲之、爱之；大陆，是金庸永远的故乡，家在那头，故乡在这头，数十年来，魂牵梦萦，金庸忆之、念之；台湾，是金庸数次访问的地方，面对同祖同宗的同胞，披肝沥胆，金庸期之、盼之……

香港，永远的家园

香港是金庸落脚的地方，也是金庸赖以生存的地方，在这块土地上，他从《大公报》的一个普通编辑崛起为一个世界知名的武侠小说大师、社评家和报业大佬，全得益于香港。因此，对于香港，他是有极深的感情的。

首先，金庸对于香港回归是充满期待的。

1983年10月20日，金庸在《明报》发表社评《中英歧见，应可调和》："中国收回香港，完全是合情、合理、合法之事，在国际法上，并不需要得到香港居民的同意……在这中间，香港居民也可尽量表达自己的意愿。"[1]这与一年前他与撒切尔夫人会晤时的观点是一致的。[2]撒切尔夫人这次访华，邓小平以一个伟大爱国者的情怀，严正驳斥了撒切尔夫人的"三个条约有效论"，宣布中国领导人决不当李鸿章，表明了中国政府收回香港、维护中国主权与统一的坚定立场。以后，邓小平又驳回了英方"以主权换治权"的要求，使中英关于香港问题的谈判朝着1997年顺利回归、一国两制的方向稳步发展。

1984年9月26日，中英双方代表周南与伊文思草签了关于香港问题的《中英联合声明》；12月9日，国家总理赵紫阳和撒切尔夫人在人民大会堂正式签署了《关于香港问题的联合声明》；1985年4月10日，全国人大第六届第三次会议上通过决议，成立香港基本法起草委员会，负责起草基本法。此前，

---

[1] 引自张圭阳《金庸与报业》，湖北人民出版社2007年版。
[2] 1982年9月，英国首相撒切尔夫人访问中国，就香港前途问题与中国领导人进行会谈。之前，经过香港时，由时任香港总督的查理浩安排，撒切尔夫人与金庸单独会见了45分钟，就中英香港问题的谈判征求金庸意见。

中国政府已通过新华社香港分社邀金庸参加基本法起草委员会。接到邀请之初，金庸是犹豫的，他怕成为基本法草委之后，会影响《明报》在办报宗旨上的自由与中立，但后来，他还是改变了主意。是香港，将曾经一无所有的他成就了一番大事业，数十年来，香港给予他的已然太多，而他对香港的回报太少太少，需要他为香港做些事情的时候到了。经过思忖之后，金庸还是接受了香港基本法草委之邀。

1985年7月1日，金庸到北京人民大会堂出席了香港基本法起草委员会第一次全体会议。他成了发言最多、观点最精彩、身影最活跃的草委之一。他的观点得到了草委们的认同，也得到了雷洁琼的赞许。

1986年4月18日开始的基本法草委会第二次会议将草委会分为五个小组[1]，金庸成为了"政治体制"组的负责人，代表港方，这是一个任务最重、讨论问题最多、意义最重大的组，金庸为此付出了很多努力。

从1986年4月"政治体制"小组成立到1988底长达两年半的时间里，小组成员经过了多番开会、提出提案、激烈讨论，金庸付出了足够的心血，克服了无数困难，终于使该小组的"主流方案"出台，提交1988年12月初的草委主任扩大会议和1989年1月的全体草委会议讨论修改并通过。如果这两次会议对该方案修改不大的话，将成为香港未来政体的发展方向。

金庸的观点让香港市民非常气愤，包括他《明报》的同事。争论的焦点在未来香港特别行政区首长的产生问题，金庸的"政治体制"小组拿出的方案是前三届由间接选举[2]产生，第三届特首任期内，由香港全体选民投票决定第四届特首是否由普选产生，而香港民众力主第一届特首就必须由全民普选产生。

---

[1] 这五个小组是："中央和香港特别行政区的关系"、"居民的基本权利和义务"、"政治体制"、"经济"和"教育、科学、技术、文化、体育和宗教"。每个小组设两句负责人，分别代表港方和中方。引自傅国涌《金庸传》，北京十月文艺出版社2003年7月版。

[2] 按金庸小组的方案，未来的香港行政长官是由一个选举委员会选举产生候选人，再由中央政府任命，而不是直接由香港所有具有选举权的民众选举。

有人骂金庸此举是出卖了全体港人包括下一代港人选举的权利，甚至有人猜测金庸是想自己当香港的第一任行政长官，至少也想当立法会主席。于是批评甚至谩骂铺天盖地而来。对此，金庸解释道："认识金庸这个名字的人，较认识卫奕信[①]的人还多，我实在没理由为出名而去做将来的特区首长。当行政首长有什么好？金庸的名与利相信都不会差过港督。"同时，金庸利用《明报》这个阵地，发表了多篇社评，向民众解释，以息众怒。

1988年11月25日，《明报》刊登了金庸的社评《没有一国的行政长官是直选产生》；接着又写了《直选首脑，少之又少》的社评，公开表达自己的意思。让金庸不曾想到的是，他的解释点燃了香港民众更大的愤怒：11月30日，20多名大学生举行游行，打着"你有强词夺理的自由，我有火烧《明报》的道理""歪曲事实惹得人人愤，断章取义必须引火烧"的横幅，来到《明报》大厦前，将11月25日到27日登有金庸相关社评的《明报》和放大了的金庸社评当众焚毁。

到了12月3日，即基本法草委会主任扩大会议前夕，反对"主流方案"者组织了更大规模的示威——"民主饥馑二十四小时"绝食行动，第二天，游行队伍700多人到新华社香港分社递交抗议书，烧毁基本法草稿。"主流方案"得到通过当天，香港民众再次示威，由24小时绝食变成了马拉松绝食，要求立即举行全民投票，以决定香港未来的政体。

1989年年2月21日，全国人大常委会通过草委会提交的《基本法草案》，其中就包括金庸的"政治体制"小组拟定的"主流方案"[②]，并进入咨询意见时期。

1989年5月20日上午，经历了五年草委生涯的风风雨雨之后，金庸公

[①] 卫奕信，1935年2月14日出生，早年以魏德巍为中文译名，英国外交官，现任苏格兰皇家学会会长。1986年12月，时任香港总督尤德爵士突然逝世，英国政府遂决定以卫奕信接任港督。卫奕信于1992年7月卸任港督，在离任前不久他获英廷册封为终身贵族。

[②] 此时，原"主流方案"已经得到略微修改，因为修改方案由另一位草委查济民提出，故修改后的"主流方案"又被称为"双查方案"。

开宣布，辞去基本法草委职务。

1990年2月16日，在"双查方案"的基础上，草委会第九次会议通过了许崇德提议、毛钧年附议的"新主流方案"，至此，"政治体制"小组需要拿出的该板块的提案尘埃落定，此时，金庸已经不在草委之列数月。

1990年4月4日，《中华人民共和国香港特别行政区基本法》由中华人民共和国第七届全国人民代表大会第三次会议通过，自1997年7月1日起实施。这其中也饱含了金庸的心血。

金庸对香港的感情还表现在对港督彭定康的笔伐上。

1992年7月9日，彭定康[1]接替卫奕信正式出任第28任港督，同年10月，他迫不及待地推出了他的首份施政报告——《香港的未来：五年大计展新猷》[2]，彭定康的施政报告一出台便遭到了中国有关方面的严厉抨击，时任港澳办主任的鲁平[3]斥责彭定康为"香港的千古罪人"。

此时的金庸刚自英国牛津讲学半年回港，得遇此事，当然不能袖手旁观，责任感促使已然68岁的他两次拿起了写社评的笔。

10月19日，《明报》登载了金庸《是否既能"定"，又能"康"？》的社评，批判彭定康的施政报告；第二天，金庸再写《功能选举的突变》的社评，对彭定康的施政方案进行嘲讽。

体现了对香港稳定的担忧和负责态度。

在强大的压力下，彭定康的施政方案并未得到实施。

---

[1] 彭定康，1944年5月12日出生，英国保守党资深政治家，曾任环境部长、保守党主席及香港最后一任总督。2000年至2004年出任欧盟外交事务专员，卸任后被封为英国终身贵族，封号巴恩斯男爵。

[2] 《香港的未来：五年大计展新猷》中的政改方案部分，提出了一个香港政制改革的方案，对基本法没有明确如何产生的十席选举委员会议席，建议由民选的区议员产生；将新增的九席功能组别选民扩大到两百多万选民（除家庭主妇及退休人士外）。该施政方案蓄意要大改政制，造成香港社会混乱，是违反中英联合声明，违反基本法有关规定，违反中英过去达成的有关谅解。3月12日。彭定康悍然把这一方案刊登于《宪报》，企图以立法形式公布，进一步破坏合作。

[3] 鲁平，1927年出生，历任国务院港澳办秘书长、副主任、主任，香港、澳门特别行政区基本法起草委员会秘书长，香港特别行政区筹备委员会副主任。

自 1948 年 3 月起香港便成为金庸的家乡，数十年间，香港这个面积不大的地方却以无比博大的胸怀接纳他，培育他，最终成就他。这儿的一草一木、一梁一柱都对他有恩，他也对这儿的一砖一瓦、一人一事感恩。当风暴袭来的时候，香港给他避风的港湾，让他化险为夷、安然渡过；但香港需要他的时候，他又如何会不全力以赴、倾心回报呢？

大陆，梦里的故乡

1981 年 7 月 16 日，天气炎热，但金庸心里更热。这一天，他应邀到中国内地访问，这是他自 1948 年 3 月到香港后 33 年来的第一次[①]。自离开内地以来，无数次梦里回去，徜徉在祖国的灵山秀水之间。长城的每一块砖都沁沥着古人的智慧，长江的每一簇鳞浪都是细碎的叮咛，黄河的细沙是堆积难解的悠长思念，即便是遥在边陲，天山的雪莲精镶着美丽的梦境。数十年弹指一挥，前尘如梦，常萦心间。金庸一直关注着国内的大小变化，一方面是他的职业敏感，另一方面更是他感情所系。1971 年 10 月，中国加入了联合国，他欣喜；1972 年，美国总统尼克松访华、中日建交，他高兴；1977 年，"文革"结束，邓小平重返政坛，他激动，因为他一直关注着邓小平，并在内地批邓最很激烈时写过赞扬邓小平铮铮铁骨的社评。于是，金庸盼望重回内地的心不由得又插上了翅膀。

1981 年 7 月 18 日，金庸在全国人大副委员长、国务院港澳办主任廖承志

[①] 1950 年，金庸曾怀揣当外交官之梦到北京求职，那是短暂的一次内地之行；1953 年金庸曾去过重游上海、杭州，与胞妹查良璇和同学沈德绪、朱帼英重聚并合影，很快洒泪而别；1962 年，金庸曾去广州、佛山、新会等地，仍然是来去匆促，流恋何如哉。而这次是应邀，且由国务院港澳办、新华社香港分社和中国旅行社安排其全部行程，情形自然不同。

第十章　红雨随心翻作浪　青山着意化为桥

陪同下，在北京人民大会堂福建厅见到了邓小平①，他是邓小平在人民大会堂正式单独接见的第一位香港人士，央视在当晚便播放了该新闻，港澳和海外媒体纷纷报道此事，《明报月刊》第9期上不仅刊登了金庸与邓小平会见的谈话记录，还发表了记者对金庸的采访——《中国之旅：查良镛先生访问记》。

记者：新华社报道说，邓小平在大厅外欢迎你，和你家人一起摄影。这主要是为了你一贯支持他的政策？

金庸：这主要在于他谦和平易的作风，谈话完毕后，他一直送我到大厅之外，站着又谈了一会儿，他待人是很和蔼亲切的。②

金庸的家人也在7月18日晚上看到了这一振奋人心的新闻。金庸从北京回到杭州后，他的亲人纷纷自四面八方前往杭州见面，相聚的喜悦抚平了沧海桑田的惆怅，涌动的亲情填平了数十载岁月的风烟。③

这次大陆之行，金庸收获颇丰：既见了不少老同学、老朋友，如曾与他

---

① 那天，北京天气炎热，金庸郑重其事，穿着西装，打着领带，带着妻子林乐怡和一对子女，走进大会堂。邓小平穿着短袖衬衫，站在福建厅门口迎接，一见到金庸，他就立即走上前，热烈地握着金庸的手，满脸笑容地说："欢迎查先生回来看看。你的小说我读过，我们已经是老朋友了。"20世纪末，金庸接受香港《壹周刊》记者访问时表示，他到北京谒见邓小平时，邓曾提到他的武侠小说，事实上邓小平每晚睡前都看金庸的小说。金庸自豪地说，邓小平与蒋经国晚年时的共同读物之一是他的小说。金庸的第一句话是："我一直对你很仰慕，今天能见到你，很感荣幸！"一番寒暄之后，金庸将家人一一介绍给邓小平，邓连说"欢迎！"并问孩子们多大了，叫什么名字，在哪里读书。两个孩子分别做了回答。合影留念之后，两人坐下会谈。邓小平见金庸穿着西装，就对他说："今年北京天气很热，你除了外衣吧。我是粗人，就这样地衣服见客。咱们不用拘礼。"
邓小平抽出一根熊猫牌香烟递给金庸，自己也用火柴点了一根。他们就中国经济建设的展望、"文化大革命"的评价、中美关系等问题进行了广泛的对话。
② 引自《中国之旅：查良镛先生访问记》，《明报月刊》1981年9月号。
③ 据金庸最小的胞弟、时任淮南市政协副主席和淮南矿业集团高级工程师的查良钰回忆："7月底的一天，小阿哥给我发来电报：小毛弟，×日在杭州一聚。接着，我就收到了小阿哥寄来的路费。8月初，我带着两个孩子到了杭州。33年了啊！见面时，我们都是扑向对方的，那种骨肉相见的激动，真是无法用言语来表达的，我与小阿哥拥在一起，久久没有分开。在杭州那几天，我和小阿哥总像有说不完的话。"引自宾语、潘泽平《金庸是我的小阿哥》，葛涛、谷红梅、苏虹选编《金庸其人》，社会科学文献出版社2004年9月版。

在《大公报》同事过的黄永玉①，还游了很多祖国的名山大川，每块砖都见证着历史变迁的长城、美丽而神奇的天山、梦一般广阔的蒙古草原、苍凉浩瀚的大漠……这些只在他梦境里出现，然后通过他的笔描绘过的神秘的地方，他终于亲眼见到了。

金庸的这次大陆之行，共33天。33年的期盼，仅用33天是难以填平的，但总算部分消解了他对祖国内地、对可亲的家乡、对朝思梦想的亲人的渴盼。回港之后，他在接受《明报月刊》专访时，从一个老报人的角度将这次内地之行的见闻与感受从政治、经济、治安、百姓生活等方面客观地描述了一番，体现了他对内地的关切和信心。他说："我发觉中共从上到下，不再浮夸吹牛，多讲自己的缺点，很少讲成绩，这一点给我的印象最深刻。"②首次正式的内地之行，金庸收获了太多的乐观。

1984年10月19日，金庸再次应邀至内地，这一次让他难忘的是，他受到了时任中共中央总书记的胡耀邦的接见。此前两周的9月26日，中英两国就香港前途问题，在北京草签了《中英联合声明》，此时中国共产党十二届三中全会正在召开，主持会议的胡耀邦仍拨冗在中南海接见了金庸。③

这是金庸与胡耀邦唯一的一次会晤，他终生难忘。1989年4月15日，胡耀邦因心肌梗塞逝世时，金庸写下了一篇感人至深的社评《致力改革、正

---

① 黄永玉，1924年7月出生于湖南常德，原籍湖南凤凰，土家族，笔名黄杏槟、黄牛、牛夫子。画家，现为中央美术学院教授，曾任版画系主任。代表作有版画雷锋像、中国第一张生肖邮票、1980年猴票等。

② 引自孙宜学《千古文坛侠圣梦：金庸传》，团结出版社2001年1月版。

③ 当时在座的还有中央书记处书记胡启立、中央办公厅主任王兆国。胡耀邦一见到金庸，便热情地握着他的手说："很欢迎你到北京来！香港的朋友们以前见过几次，个别会见谈话的你是第一位。"还说，"读你的书让人豪情万丈，天大的困难也不放在心上。"金庸听了非常高兴，马上说："我感到很荣幸，尤其是这几天正在开重要会议，各位特别忙。"两人互相握手寒暄之后坐下，胡耀邦将身边的胡启立、王兆国介绍给金庸认识。55岁的胡启立，42岁的王兆国，是当时政坛上的新星。会谈中，胡耀邦坦率地谈了敏感的领导人接替问题："老同志总要一步一步退下来，这是自然法则，不可抗拒。我们的接替问题，总要一辈一辈上，一批一批退。"……谈话持续近两个小时。告别时，胡耀邦亲自起身送金庸，并问他："查先生明天不走吧？欢迎你下次再来，全国没有去过的地方，可以到处去看一看！"引自杨莉歌《金庸传说》，次文化堂1997年版。

直诚恳、深得人心》，高度评价了作为党的最高领导者的胡耀邦的丰功伟绩，尤其是他热诚、坦率、可爱的人格魅力。①

1993年3月18日，金庸应邀再回内地，第二天下午，他受到了时任中共中央总书记、国家主席、国家军委主席江泽民的接见。预定的谈话时间是一个小时，但由于他们谈得太过投入，竟然忘记了时间。② 会晤结束时，江泽民送给金庸一叠书，包括《浙江文化史》《浙江地名简志》《浙江民俗研究》等共17本之多，江泽民笑着对金庸说："这③里面有一篇关于你中学时代的事，很有趣，说到你在中学时给训导主任开除的经过。"江泽民在《浙江地名简志》上亲笔签名：

良镛先生惠存

江泽民
一九九三年三月十八日

当晚，金庸还在钓鱼台国宾馆见到了他的围棋老师聂卫平，由丁关根（时任中共中央宣传部部长）作陪。

---

① 金庸这篇文章里有这样的句子："中国成千上万老百姓，尤其是知识分子，对他着实有一份敬爱和亲厚的感情。与其说他是作出了巨大的贡献和功绩，因而使人爱戴，不如说由于他对开放和改革的热诚与坚持，坦率性格之可亲可爱，感动了千千万万中国普通人民的心。在政治生涯上，胡耀邦以失败而告终；但在人民心目中的评价上，胡耀邦是成功的，他赢得了海内外无数中国人的感佩和敬仰。"

② 金庸小弟弟查良钰回忆说："江总书记说：'查先生久仰了，今日初次见面，我们十分欢迎。你的小说在内地有很多读者，许多领导人也很爱看。我没有仔细读过，但翻阅过，知道你的小说中饱含了丰富的历史知识、地理背景、中国文化传统、人情风俗等等。'当时，正值全国人大、政协两会召开期间，江总书记用100分钟时间，与小阿哥谈了托尔斯泰的《安娜·卡列尼娜》，谈了莎士比亚的Timon of Athens，谈了香港、西藏问题，谈了新闻领域和文艺领域方面如何进一步开放及股份制度等问题。小阿哥对江总书记表示，要为香港回归我做工作。"引自宾语、潘泽平《金庸是我的小阿哥》，葛涛、谷红梅、苏虹选编《金庸其人》，社会科学文献出版社2004年9月版。

③ 指《两浙趣事》，萧乾所编文史笔记丛书中的一本。

这次内地之行，金庸又游了山东的青岛、威海、烟台等地，崂山、蓬莱等盛产神话和传奇的神秘之处都令金庸流连忘返。

多次往返于香港内地之间，让金庸对内地的感情更加强烈。这以后，他接受北大授予的名誉教授之聘、到北大等地演讲、接受浙江大学人文学院院长兼博导之聘、建"云松书舍"并捐赠给杭州市政府等行为，无不是他大陆情结的具化。

陈启文在文章中写道："金庸先生已三次回乡探亲观潮，先后投资35万美元和148万美元，与嘉兴郊区大桥乡中华化工厂合资办起'安发化工香料有限公司'和'中华热电开发有限公司'，帮助农村解决用电困难，并把分得利润投入再生产，支持家乡经济建设，被乡亲们称颂为'大度胸怀的爱乡楷模'。"①

大陆，这一片热土，既是金庸的梦想起飞之地，又是他灵魂归依之乡。

台湾，美丽的期待

台湾一直是金庸向往的地方，在他心里，台湾是中国的一部分，台湾人自然也是自家人。正因如此，他才在社评中多次批评或讽刺蒋介石的治台政策，他觉得这不但是作为一个媒体人的正直秉性和责任感，更是作为一个炎黄子孙的血肉情感。

1973年4月18日，应台湾国民党政府之邀，金庸初访台湾，为期10天。

---

① 引自陈启文《金庸大度的胸怀》，葛涛、谷红梅、苏虹选编《金庸其人》，社会科学文献出版社2004年9月版。

因为这次访台关系重大[①]，金庸未去之前便公开宣称自己是以一个普通记者的身份访台，而非《明报》社长，这是金庸沉稳性格的体现。但大家都知道，他之所以被邀，原因恰恰是他后者的身份。

接待金庸的规格非常高，除了蒋介石之外，其他政要如"副总统"严家淦[②]和国民党中央党部秘书长张宝树[③]等均与之会晤。除了政要之外，金庸与台湾文化界朋友、报业同仁、金庸在台亲友也有了重聚与把酒言欢的机会。其余的时间和精力金庸都交给了在台湾的"旅行"——台北、高雄、新竹、桃园……这些原来仅仅是概念的地名，现在都变成活泼的美景，都变成新鲜的故事，都变成亲近的梦想。金庸边走边赏玩，边赏玩边陶醉，年近五十的他忽然变得年轻起来，脚步那样轻快，心跳那样强劲，渴望那样强烈，兴趣那样高涨，总也不知道疲累。

这次台湾之行给金庸印象最深的有两点：

一是金门这个离大陆最近的地方，随处可见的军事设施，彰显着这里的战备状态，但金庸似乎从这里嗅到了一种渴望和平的味道——这可以从金门环境的清洁、居民心态的淡定和生活的有条不紊上看得出来。他多么想和平鸽的身影此刻就飞翔在金门的上空！

二是与时任行政院长的蒋经国的对话，虽然蒋经国说的是上海话，但金庸分明感觉到他就是自己的浙江同乡，是自己的华夏同胞。他觉察到蒋经国的口气，似乎对共产党和大陆不再如以往那般仇视，新的形势下，蒋经国已在渐渐适应和面对，便乘机劝蒋经国不要反攻大陆，因为反攻不会成功，还

[①] 金庸此前与国民党素无交往，因社评之刺激可能与国民党结下"梁子"，此次被邀，说明对方并未怀恨于心，有抛出橄榄枝之意；金庸小说自上世纪60年代初就被列为禁书，这次访台，或许对他的小说"开禁"有所帮助；台湾与大陆的关系虽然有所缓和，但毕竟敏感话题太多，若不谨慎，或许会有意外的结果出现。

[②] 严家淦（1905－1993），号兰芬，字静波，江苏吴县人。1975年4月，继蒋介石之后出任"总统"，旋即领衔推举蒋经国出任国民党中央委员会主席暨中常会主席，拱手将最高权力转移至蒋经国手中，时称"蒋严体制"时期。

[③] 张宝树，1911年出生，河北高阳人。曾任国民党河北省党部副主任委员、河北省政府秘书长。到台湾后，曾任台湾大学教授，国民党中央政策委员会、中央委员会秘书长，"总统府"资政。

会造成无数生灵涂炭。不管他的话在蒋经国心里占多少分量，但他还是做了自己该做的。

回到香港，金庸写了一篇长文《在台所见·所闻·所思》，从题目上已经交待了文章的宗旨，这篇长达 3 万字的文章在《明报》上连载了整整 10 天，它像一个清新无比的窗口，窗口里能够清晰地看到台湾的种种新鲜诱人的人、景、事，一下子吸引了港人的目光，《明报》因此而销量大增①，为了满足公众的阅读需求，该文又出了单行本。

金庸通过《在台所见·所闻·所思》表达了他的最大愿望："我相信中国最大多数人民所盼望的，就是这样一个政府，希望大陆和台湾将来终于能和平统一，组成一个独立、民主、中立，人民享有宗教自由、信仰自由、言论自由、企业自由，人民权利获得充分保障的民族和睦政府。"

这次台湾之行以后的几年里，金庸的小说仍未解禁②，这是他的遗憾，但他敏锐的眼光似乎看到这一天很快就地到来。

直到 1979 年 9 月，台湾远景出版社才被允许出版除了《射雕英雄传》之外的《金庸作品集》，因为台湾有关部门认为《射雕英雄传》涉嫌映射政治③，只能以《大漠英雄传》的名字出版。

---

① 1972 年下半年，《明报》销量已由上半年的 111510 份下滑到 94419 份，至 1973 年上半年，又上升至 95816 份，下半年更是达到了 98316 份。遗憾的是，1974 年再次出现了更大的下滑态势。数据源自张圭阳《金庸与〈明报〉》附录之《〈明报〉历年销量表》，湖北人民出版社 2007 年 9 月版。

② 早在 1960 年 2 月中旬，台北市警察局出动大批警察，到市区和郊区大大小小书店进行搜查，没收了所有武侠小说，其中包括金庸的《书剑恩仇录》《碧血剑》《射雕英雄传》。台湾当局认为，这些小说内容"毒素颇深"，是"统战书本"，"影响读者心理，危害读者安全"。1965 年，金庸小说披着"司马翎"的外衣在台湾登陆。70 年代以后，他的小说开始通过非正常渠道悄悄流行。台湾统治集团中也不乏"金庸迷"。严家淦曾专门派侍卫去出版社帮他找《射雕英雄传》。蒋经国就任"行政院长"后，在一次年末记者游园会中，他与海外记者说起《射雕英雄传》中人物如话家常。台湾政坛的明日之星、时任"新闻局长"地宋楚瑜曾私下向远景出版社发行人沈登恩借阅《射雕英雄传》。孙中山的儿子孙科生病住院时，念念不忘金庸的武侠小说。在普通老百姓中，"金庸迷"更是无法统计。

③ "射雕"两字让人想到毛泽东《沁园春·雪》中的"一代天骄，成吉思汗，只识弯弓射大雕"，台湾有关人士认为此语意在讽刺蒋介石是赳赳武夫；另外，因为《射雕》中有一个"东邪"，他所住的地方是桃花岛，桃花岛在东方，又被人理解为桃花岛映射台湾，东邪影射蒋介石。

然而，金庸在答台湾网友问中明确表示："我任何小说的情节都不影射任何事物，所谓影射云云，全都是瞎猜，认为《笑傲江湖》有影射性的人更多，也都毫无根据。自古以来，所谓'影射'，都是捕风捉'影'，无的'射'矢。"[1] 然而，金庸可能忘记了，他的小说是有影射的，他已经明明白白地写进了《笑傲江湖》后记里。[2] 想想也可以理解，有此后记的《笑傲江湖》系香港明河出版社 1975 年出版，彼时金庸 51 岁，而和台湾金庸茶馆网友聊天时他已 80 岁高龄。

金庸再去台湾，是 2001 年 4 月[3]，是去接受台湾清华大学授予他的荣誉教授证书。在台期间，金庸除与亲民党主席宋楚瑜会面外，还与陈水扁会面。

会见中，金庸同样向陈水扁表达了反对美国出售军火给台湾、希望两岸莫起战争、要和平的观点。此间，金庸还从陈水扁那里得到了一个意外收获，陈水扁的女儿陈幸妤也是标准的金庸迷。分别时，陈水扁赠给金庸两样纪念品，一是杨潮观[4]的一首词："百年事，千秋笔；儿女泪，英雄血。数苍茫世代，断残碑碣。今古难磨真面目，江山不尽闲风月。有晨钟暮鼓送君边，听清切。"二是"武圣"关羽的布袋戏偶。

1993 年 11 月 24—26 日，第一届海峡两岸及香港新闻研讨会在香港举行，

---

[1] 引自《金庸答台湾金庸茶馆网友问》，葛涛、谷红梅、苏虹选编《金庸其人》，社会科学文献出版社 2004 年 9 月版。
[2] 见本书第二卷第五章中的《笑傲江湖》一节中的相关内容。
[3] 1997 年 3 月，台湾《中国时报》开设浮世绘版"金庸茶馆"专栏，随后金庸在台湾举行个人第一场公开演讲——《历史人物与武侠人物》；1998 年 11 月，是金庸第二次赴台，这一次是去参加"金庸小说国际研讨会"，期间，他与"心目中的女神"——影视红星萧蔷有过一番关于女人的对谈。萧蔷也是金迷之一，她跟金庸一见面便说："帮主的书陪伴我度过了充满联考压力的青春岁月。"称金庸为"帮主"，足以证明金庸在她心目中的地位，也佐证了金庸小说魅力之大。
[4] 杨潮观（1712—1791），字宏度，号笠湖，江苏金匮（今无锡）人。清代戏曲作家。作品有均为单折的短小杂剧三十二种，合编为《吟风阁杂剧》。

金庸在开幕式上任主礼嘉宾，提出了"三地同业，皆兄弟也"①的口号。

需要提出的是，金庸此处所说的"同业"，指从事同一种事业的人；"兄弟"，指的是内地、香港和台湾的"新闻事业"，与三地的政治、种属关系无关。

虽然早已于1989年5月辞去香港基本法划委职务，但金庸在内地与香港的关系上所做的贡献是有目共睹的；对于台湾与内地的关系，金庸也做出了使之改善的行动，并取得了成效——

大陆与台湾，经常为"中国台北"还是"中华台北"的称呼发生争议，特别是台湾运动员外出参加国际比赛，经常因为遇到这个称呼上的问题，而被取消参赛资格。大陆一直反对台湾用"中华台北"名称参加比赛，坚持台湾要以"中国台北"名义参赛，就因为"国"与"华"一字之差，两岸经常闹得水火不容，严重影响体育比赛。沈君山在金庸家里，当面向许家屯提出这件事，许表示向北京高层反映。不久，国家体委同意台湾以后可以用"中华台北"名义参赛，解决了两岸之间长期以来因为这一称呼而出现的问题，金庸自然功不可没。②

金庸频繁往返于内地、香港与台湾之间，从某种意义上说，成了联系两岸三地的一座桥梁。

这是由金庸的性格决定的。据与金庸同事过、又有着半个世纪友情的曾敏之③说："金庸确是一介文人，却是以文人论政的风格达至事业理想境界的……因为精研历史，兼通法学，于国家盛衰兴亡之道熟谙于胸……金庸深

---

① 金庸在演讲中说："我有时遐想，我将来临终之时会想到哪些人呢？除了自己的亲人和许多感情深厚的老师和同学之外，我一定会想到许许多多新闻界的好朋友，大陆的、台湾的、香港的，以及国外的。"引自金庸《三地同业，皆兄弟也》，《金庸散文集》，作家出版社2006年9月版。
② 引自杨莉歌《金庸传说》，次文化堂1997年版。
③ 曾敏之，1917年10月出生，广西罗城人。历任《大公报》记者、采访主任、暨南大学教授、香港《文汇报》副总编辑、香港作家联合会会长。著有杂文集《曾敏之杂文集》、散文集《望云海》、专著《诗的艺术》等。

受梁启超、张季鸾的影响，论政文革，效法清议，有情感，有文采，不媚权势，不阿群众，明辨是非……"①

---

① 引自曾敏之《从〈明报〉看金庸》，《金庸散文集》，作家出版社 2006 年 9 月版。

第十一章
情到深处最动人 儿慧女娇有天伦

　　金庸不仅给我们营造了刀光剑影的武侠世界，而且也构建了自己丰富而深邃的情爱世界。金庸是写情圣手，他笔下的情感世界风光旖旎，充满着万种风情；金庸又是铸爱高手，他生活中的情爱世界美丽迷人，尤让人称羡。娇妻兰心慧质，数十载相携相亲；儿女各自有成，生命里天伦尽享。

"忘年爱情"经营术

金庸现在的妻子林乐怡是他的第三任妻子,也是他钟情一生一世的女人。对于这段"忘年爱情",金庸和林乐怡都倍加呵护,全力使之保鲜。

金庸极少谈起自己的爱情和婚姻,然而,当有人问起金庸与妻子"爱情保鲜"之道时,金庸颇感兴趣,不免一改平日的沉默,侃侃而谈,这也是为年青人支招的一贯的责任感吧。

金庸首先认为,遇到好的爱恋对象是要与之并结连理,步入美好的婚姻并保持一生一世、永远不变的。当网友问"有位美国专家说,真爱只有18—30个月,之后就会走进平淡的婚姻,您认为这样对吗?"的问题时,金庸这样回答:"这位美国专家那样说可能是因为他自己的爱情就靠不住,四个月五个月就过去了,这专家是假专家,我认为真爱是一生一世的,可能死了之后还有……"[1]

金庸认为,爱情就是爱情,家庭就是家庭,事业就是事业,三者是没法排序,也不必排序的。在这方面考虑得多了,便会分散精力,甚至会争吵、会闹矛盾,而闹矛盾的时候更会将它们排个谁先谁后。会觉得还是事业是人的支撑、家庭是人的港湾等等,这是对爱情的不当处理。

在与林乐怡的相处中,互相关心和鼓励是充溢于生活的各个角落的。据陈祖芬[2]回忆,金庸1994年10下旬在北大演讲期间,她曾陪同金庸、林乐

---

[1] 引自谢晓《金庸畅谈人生:真爱是一生一世的》,葛涛、谷红梅、苏虹选编《金庸其人》,社会科学文献出版社2004年9月版。

[2] 陈祖芬,1943出生,作家。主要作品有:《陈祖芬报告文学选》、《祖国高于一切》、《青春的证明》等。

怡夫妇在北京"忆苦思甜大杂院饭庄"吃饭，席间上了一道菜——油炸知了，林乐怡不敢吃。金庸显然也没吃过，但他还是发扬大无畏的精神先吃了一只。然后，金庸又夹起一只给了林乐怡，告诉她，吃的时候要闭上眼睛，要有点儿冒险精神。林乐怡受到了金庸的鼓励，不但吃了，还没有闭上眼睛，边吃边叫好，吃完又夹了一只。①

在金庸心里，尊重、宽容、互让也非常重要。金庸认为，夫妻间有很多共同的志趣爱好固然好，但生活往往不是这样。这就要求夫妇间要互相尊重对方的选择，要有意给对方留出足够的私密空间，要宽容，要迁就。

他说："我太太喜欢澳洲，但我不喜欢……我看的英国书多，受那边大学的影响也深，我也喜欢法国、意大利。每次去这些国家就去瞻仰古迹。这种心情又跟我回大陆一样。"②

金庸的话里透露这样的信息：由于他与林乐怡的生活阅历、教育经历和个人爱好不同，他们喜欢的生活方式和所爱的地方自然也不同，但这样的"冲突"摆在面前时，他们是迁就的，夫妻互相陪伴着，到对方喜欢去的地方去，见对方喜欢的人，吃对方喜欢吃的食物。即，为所爱的人而改变。

金庸曾说，林乐怡很照顾他的饮食起居，这种照顾就包含限制、控制。金庸喜欢吃的东西，比如巧克力等甜品，如果对他身体不好，她就会限制甚至控制。对此，金庸深谙妻子的苦心，总会欣然接受。林乐怡喜欢装饰家居，喜欢依照自己的思路将家里装饰得很好看，但这种好看首先是她的标准，并非一定是金庸的，但金庸总是能够做到欣赏地接受，真心地热爱，因为这种变化是太太的智慧和心血。

陈祖芬有一段话写得极为精彩传神："他平素沉默寡言，不说话的时候像雾中雕像，有一种神秘感莫测感，叫人肃然。他一笑，眼睛里流动着幽默

---

① 见陈祖芬《成年人的童话——查良镛先生北大行》，《金庸散文集》，作家出版社2006年9月版。
② 引自船海《金庸鲜为人知的一面》，《名人传记》2000年第7期。

和自信,流动着活泼泼的生命。他的眼睛笑得弯弯的,笑意顺着笑纹扩散开来,笑皱一池春水。笑没了眼睛,或者说除了眼睛,人笑没了。"①

在旁观者的眼里,由于金庸的性格使然,他的变化是剧烈的。他像"雾中雕像"的时候,作为妻子,林乐怡已经适应;他笑得像个顽童的时候,林乐怡也更能欣赏;作为丈夫,金庸也会让自己"雾中雕像"的时候少些,"笑皱一池春水"的时候多些。

美食"八袋弟子":查传倜

金庸的次子查传倜长得酷似金庸,正像其名一样,潇洒倜傥,他未继承父亲的武侠事业,而是另辟蹊径,成了一位美食家。

由于查传倜衣着随便,毫无派头,以致社会上不少人怀疑他是金庸次子的身份,但潇洒的他对这类嘲讽味道十足的话不屑一顾。查传倜说:"对我来说,金庸是一个成功的武侠小说家,而查良镛是我的父亲。"

虽然如此,并不影响查传倜对父亲的孝敬。据潘耀明讲,金庸最喜爱吃川菜的东坡肘子这道菜,查传倜尝遍了香港的东坡肉,一旦找到好菜馆,便带着父亲去品尝,孝心委实令人感动。查传倜原来在英国上学时选读会计,他认为"会计属于系统性科目,只要将数字填入固定的框框便会算出答案,最适合懒人读",回港后曾做了近10年的会计工作,最后还是因为会计终悖其志而离开,后来曾在潘耀明手下工作过一段时间,负责金庸书籍的出版工作,工作期间他认真负责,但最终还是"道不同不相为谋",告别了出版界。

---

① 引自陈祖芬《成年人的童话——查良镛先生北大行》,《金庸散文集》,作家出版社2006年9月版。

他爱吃爱喝，生活随意而简单，在香港生活几十年，一直在餐饮界的圈子里打转，吃遍香港大大小小的美食，不但爱吃也爱提建议，最喜欢和主厨交流，因此赢得了美食家的称谓。查传倜写过美食专栏，开过私房菜酒楼，还被香港旅游发展局连续几年聘为"香港美食大赏"评委，介绍起香港的美食来，还真是没有他不知道的呢。最近几年，查传倜把他的生活重点转移到深圳来，对内地的美食也多有涉猎。①

因为查传倜对川菜、粤菜、印度菜、法国菜均很有研究，查传倜曾师承父亲老友——以美食为本的著名美食家、作家蔡澜，在给高级酒楼当美食指导的同时，查传倜还给餐馆杂志写专栏，也算是部分"子承父业"吧。

查传倜坦承，自己小时候不是读书的料，读书成绩平平。对于父亲的书房，他从无进去的兴致，加上金庸对子女要求甚严，写作时绝不允许打扰，他便乐得远离这个藏书甚富的地方，除了因为成绩不好被在书房罚站时他才不得已进去。但进去之后，他对书的恐惧更为强烈："老爸的书房冷气很凉，加上他吸烟以致烟雾迷漫，好似一个藏经阁，我最怕让我一个人在里面读书。"查传倜回忆，"小时候，我与兄长查传侠同在圣保禄学校读书，兄长成绩优秀，深得师长欢心，我就非常顽皮，要被教务处罚站，有时还有家长来校。"

2001年前后，查传倜在香港北角与朋友合开了一家菜馆，名曰"食家菜"，他负责管理和试菜。他是美食家，虽然不懂亲自烹调，但颇精于为菜品命名，如"八戒相思又一年"、"如花邂逅负心人"等，绝对够吸引人。他觉得这是娱人又娱己的事情，是他的最爱。

"食家菜"渐上轨道之后，他发现了更富有刺激作用的新元素，于是功成身退，让朋友独力经营。他认为，饮食业是顾客的口碑支撑起来的，要苦心经营，要将顾客看得很高。这或许也是受父亲的遗传吧，因为金庸经营《明报》的宗旨中也有这样的元素。

---

① 引自熊丽《采访香港美食家查传倜》，熊丽博客2008年2月1日。

生于 1962 年的查传倜自号"八袋弟子","八袋"是指柴、米、油、盐、酱、醋、茶、酒，这不仅是他作为美食家的宣传语，也是他写美食专栏的署名。

丹青缘于心灵：查传讷

查传讷出生于 1963 年，是金庸与第二任妻子朱玫所生的最小的女儿，也是金庸最疼爱的女儿，她和相夫教子、安享婚姻之乐的姐姐查传诗[①]不同，她极富才华、非常活跃，积极参与公益活动。查传讷 12 岁时便拜水墨画家丁衍庸[②]为师，她的聪慧曾得丁衍庸称赞。可惜入师门两年后，丁衍庸辞世，从此查传讷开始了自学绘画的生涯。2007 年以前，查传讷主攻中国画，以后又浸淫于油画之中。

2008 年 5 月 12 日，四川汶川大地震发生后，查传讷积极参与公益活动，为四川灾区筹款。

2011 年 5 月 25 日到 26 日，查传讷在香港视觉艺术中心举办了个人画展——《子非余，焉知余之乐》，参展作品 50 多幅。在诠释画展名字时，查传讷说："爸爸也亲笔撰写一个'余'字做画展名，'余'字代表了三个含意：我，鱼，第三个含义：'余'字加'一'就变成金。正是'金庸'的金字。"画展的所有收入将会捐给香港弱听儿童购买助听器。画展以"鱼眼与人眼"为主题，探讨人类眼中的世界与鱼眼中的世界之区别。查传讷说："我承认，我（个性）挺反叛的，你们摄影师全部拿着鱼眼镜头，这是人类想出来的。

[①] 查传诗是金庸与朱玫所生的长女，极少公开露面，在家相夫教子，一直过着平静的生活。查传诗的夫婿赵国安，很有才气，先后在香港商业电台、《明报晚报》任过记者、副总编辑，现在内地一家财经电台当总监。

[②] 丁衍庸（1902—1978），改名丁鸿，字叔旦，号肖虎、丁虎，广东茂名人。中国现代美术的重要倡导者之一，现代著名国画家、油画家、篆刻家、美术教育家。代表作品《丁衍庸的书画印章》、《丁衍庸画集》等。

我想了一下，如果我是鱼，未必是这样的，可能是另外一个视角，另一个世界，另一个层次，我想尝试用鱼眼去看世界。"开幕当天，除不少文化界名人到场助阵之外，金庸也亲临现场为女儿画展开幕剪彩。

查传讷绘画用料广泛，除画布外，木板、金属、捕鱼网和盛载冰海鲜的发泡胶盒，都成为她铺排创意与挥洒灵感的载体。查传讷亦乐于尝试塑胶彩和油彩之外的其他颜料，如日本的天然颜粉和欧洲的蛋彩。查传讷说自己常用百分之八十的时间思考题旨与构图，余下百分之二十的时间才提笔作画。

今次展出的五十余幅画作个个都有别致的名字，如一组人物肖像画被命名为《繁拙的岁月　真正触到他的心》，而一件用金属丝和发泡胶盒制作的装置作品更被冠以《那些年轻的痛苦　都淡忘了》这样诗意的名字。透过这些小诗一般精巧的画名，观众亦可见到查传讷深厚的文学功底……

查传讷作品中既能见到西洋油画的写实，又不乏中国画的留白技巧。东西美学元素的交融与冲撞，是作者不拘泥于传统绘画模式的体现。"我不愿意用一个框框束缚自己的创作。"查传讷说。[1]

金庸对小女儿的这次个展非常满意，他说，他一直以小女儿为荣；潘耀明也对查传讷的画作给予高度评价，他认为，查传讷的画作非常有灵气。

---

[1] 引自李梦《查传讷画作题旨构图别致》，《大公报》2011年5月16日。

晚年，不晚点

金庸不管是在他渣甸山的别墅还是太平山的别墅[①]，还是在国内、国外的其他别墅里生活，不管转让《明报》前后，没有特殊情况（外出参加社会活动等），金庸总是每天将一部分重要的时间花费在看书上。他的同学、《明报》投资人之一沈宝新说："他从小到大，就喜欢看书；跟他做同学时，每天都见他看书，一看就好几小时，而且看得很专心、很认真。"求学时如此，成功以后更是这样。

长子查传侠自杀身亡后，他又多了研究佛经的爱好，浸淫于佛经之中，中文的，英文的，全读；《杂阿含经》、《中阿含经》、《长阿含经》，各种大乘经，循序渐进地读。"我向伦敦的巴利文学会订购了全套《原始佛经》的英文译本……佛法解决了我心中的大疑问，我内心充满喜悦，欢喜不尽……"[②]

从2010年初开始，金庸就基本不出香港，因为他的身体状况已经不怎么允许他坐飞机了。现在的金庸就是一个内心平静、想过普通老人过的颐养天年的生活的高龄老人。但这种颐养天年的生活里，仍然离不开书，离不开佛经和围棋，离不开天伦之乐。

姜舜源曾说："老人家这几年潜心于生平向往的学术研究，……每年又有计划地到他出任名誉教授的大学讲课及学术交流，从而尽量减少"曝光"。现在金庸先生身体状况很好，精力充沛，心情非常愉快，一如既往，每天看

[①] 金庸的太平山别墅在山顶道一号，占地约2000平方米，金庸已于1996年以1.9亿港元将其拍卖。
[②] 引自金庸、池田大作《探求一个灿烂的世纪——金庸、池田大作对话录》，北京大学出版社1999年版。

书学习。"

完全退休了的金庸生活非常有规律：每天"黎明即起"，在跑步机上边慢走边看晨早新闻，15到20分钟以后用早餐；上午有选择地读读书、浏览报纸；中午不休息，悠闲地看看电视；下午需要的话就到写字楼办公室会会客，不去的话，就留在家中书房里看书。

尾 声

查姓是一个古老的姓氏,是一个以封地为姓的姓氏,在宋《百家姓》中编列为397位,在当今中国姓氏排行中列第171位。人口普查显示,查姓分布较广,人口近100万,约占全国汉族人口的0.07%左右,尤以安徽、江苏多查姓,这两省的查氏人口约占全国汉族查氏人口的85%。[①]

[①] 引自崇兰《查姓书简》,小说阅读网。

尾声

这是对全国查姓概略性的介绍。

查姓人口众多、分布广泛、人才济济，难以一一介绍。我们走近的只是浙江海宁的查氏家族。海宁查家有多才而正直的查慎行，他的诗才不仅在他生活的时代赫赫有名，也代表着海宁查氏家族古典诗歌上的高度；有正义而仁慈的金庸的祖父查文清，他的为官而仁、重压下而不屈膝堪称国人楷模；有善良而略带些迂的金庸父亲查枢卿，他被镇压致死的命运令人唏嘘。

查人伟是比金庸高四代的长辈，他与辈分比他低的查猛济同样为查氏家族的另类，他们"背离"了海宁查氏"诗文传家"的家风，以文弱之躯，赋刚强之性，投身革命洪流，表现出了革命家特有的坚强；然而，他们毕竟是查家后裔，他们一手握刀枪，一手搦笔管，同样写出了锦绣文章。

查良铮无疑是一个悲情人物，因爱国而投笔从戎，因爱国而九死一生，因爱国而屡遭艰辛，因爱国而毅然抛弃优厚的待遇回归，却又因回国而横遭劫难。漫长的时间里，诗的灵性被埋葬，翻译的笔被锈蚀，满腹才华无着处，满腔挚诚无人知。直至贫病交加，赍志而殁，令人叹息。如果说，查慎行代表着老一代诗才的高度的话，查良铮则无愧于晚辈的巨擘。

查济民是一位实业与政治均取得极高成就的查氏后人，他与妻子刘璧如白手起家，惨淡经营，凭辛勤与智慧开创偌大事业，在多个国家均有查氏产业，实非"成功"二字所能概括；更加可贵的是，他爱国爱乡并身体力行，有时不计报酬甚至不考虑后果，也并非每一个实业家都能做到。给予的已然甚多，却"惭愧浮生号济民"，胸襟之大，足以令人仰视。

查良镛是现当代海宁查家最重要的代表人物。这不仅仅因为金庸是查氏家族中名气最大、粉丝最多、号召力最强，更因为他代表着现当代查氏家族的高度：他横跨多个领域，在文化、实业、政治上均取得了极高成就。他拥有数亿金迷，受之教益者难以数计，影响自不必赘言；他创办《明报》，使之终成一个庞大的财富集团，才能亦不言而喻；他撰社评，剖时事，关注政治，草拟法律，获大紫荆勋章。他曲折的成长经历是一本小说，他偶然中蕴藏必然的成功之路是一部传奇。金庸似乎一刻不想让自己寂寞，因此才每每将自己置于舆论甚至冲击的最前沿；媒体也似乎不想让金庸寂寞，才时刻瞪大眼睛盯着：上世纪六七十年代的"移民风潮"和"六七风暴"，金庸以辛辣的社评赚人眼球，赢得世人或信任或怀疑的目光，换得《明报》销量大增，一跃而成"名报"；成功之后，转让《明报》、牛津讲学、《评点本》风波、云松书舍风波，金庸一次次将自己放在风口浪尖，出任浙江大学人文学院院长、招博尴尬、辞去院长，金庸在众人和媒体的纷扰中浮沉；以八秩之年，远赴英伦硕博连读，与步非烟论战，入中国作家协会并被特聘为名誉主席……金庸似乎不想让媒体闲着，当然媒体也不甘稍闲。至于众人出于各种心态进行的或"捧"或"棒"的口水之争就长期存在。或许正因如此，金庸才是金庸。

……

地灵人杰，袁花镇孕育了查氏家族的世代辉煌；回报桑梓，查氏后裔又为袁花镇增添了太多传奇；一幕幕悲喜情节，日居月诸，流不尽千古才子繁华梦；一段段沉浮故事，天地永恒，任岁月淘漉辉煌依然耀眼。

海宁查氏，集山水之灵，感造化之工，秉家族之精，扬诗礼之风，勤勉经营，世代传承，终成一个令人瞩目的传奇、一个传颂不息的神话。这样的家族很多，有了这些神话般的家族，人类才有高标，世界才会精彩。